Vorhergehende Seite:
Unkonventionelles Haus an der
Küste Oregons. Das Regenwasser
wird in einem versenkten Tank
gesammelt. Die Pfosten an der
rechten Seite dienen als Stützen und
belebendes Strukturelement.

Diese Seite: Das »m-house«
(ausgesprochen wie »mouse«) ist
eine mobile Behausung, mit der
man den Standort so zurücklässt,
wie er vorgefunden wurde. Sie
wurde von dem britischen
Architekten Tim Pyne entworfen,
ist komplett eingerichtet, hervorragend wärmegedämmt und mit
speziell gefertigten skandinavischen
Fenstern ausgestattet.

Bibliografische Information Der Deutschen
Nationalbibliothek
Die Deutsche Nationalbibliothek verzeichnet diese
Publikation in der Deutschen Nationalbibliografie;
detaillierte bibliografische Daten sind im Internet
unter http://dnb.d-nb.de abrufbar.

Titel der Originalausgabe: *Eco House Book*
Erschienen bei Conran Octopus Ltd, ein Unternehmen der
Octopus Publishing Group (Hachette Livre UK Company)
London 2009
Text und Gestaltung Copyright © 2009 Conran Octopus Ltd

Deutsche Erstausgabe
Copyright © 2010 von dem Knesebeck GmbH & Co.
Verlag KG, München
Ein Unternehmen der La Martinière Groupe

Gestaltung: Jonathan Christie
Skizzen: Colin Wilkin
Lektorat und Satz: VerlagsService Dr. Helmut Neuberger &
Karl Schaumann GmbH, Heimstetten
Druck: C&C Offset Printing Co Ltd
Printed in China

ISBN 978-3-86873-187-3

www.knesebeck-verlag.de

WIDMUNG

Für Barack und Michelle Obama, Gordon und Sarah Brown,
Nicolas und Carla Sarkozy und ihre Freunde in China,
Russland und Indien sowie die Grünen in aller Welt. Bitte
lesen Sie dieses Buch und helfen Sie mit, die Welt sicherer und
besser zu machen, für unsere Kinder und uns selbst.
Für Liz Wilhide, meine Mitverfasserin, die zu diesem Buch
einen ganz wesentlichen Beitrag geleistet hat. Ohne sie wäre es
nicht zustande gekommen.
Mein Dank gilt auch Matt Wood von Conran & Partners für
seine unschätzbaren Ratschläge in Bezug auf umweltfreundliches Bauen.

Terence Conran

ÖKO
WOHNBUCH

TERENCE CONRAN

KNESEBECK

Auf einer windgepeitschten Anhöhe in der Wüste von New Mexico liegt das von Steven Holl entworfene »Turbulence House«. Es ist aus 32 Fertigteilen zusammengesetzt und von der Form her so konzipiert, dass die für diese Region typischen stürmischen Winde über einen zentralen Windkanal durchgeleitet werden und zur Kühlung dienen.

Unten: Fotovoltaikanlage über der päpstlichen Audienzhalle im Vatikan. Auf dem Dach der Aula Paolo VI wurden etwa 2400 Solarmodule installiert, um auf umweltfreundliche Weise Strom zu erzeugen. Im Hintergrund der Petersdom.

Folgende Seiten: Eine weite Öffnung auf die sonnige Terrasse sorgt für die natürliche Ventilation eines umweltfreundlichen Hauses im Napa Valley in Kalifornien.

INHALT

EINFÜHRUNG

Es ist dies nun mein fünftes Buch über Häuser. Mit Umweltthemen habe ich mich zwar schon früher auseinandergesetzt, aber dieses Mal werde ich mich aus ökologischer Sicht mit allem befassen, was mit Wohnen zu tun hat – technische Ausstattung, Design, Dekoration und Einrichtung. Bis vor relativ kurzer Zeit galt ökologisches Wohnen als alternative Möglichkeit zum Herkömmlichen und Üblichen. Heute ist Nachhaltigkeit die »neue Normalität« und selbstverständliches Element eines guten und verantwortungsbewussten Gestaltens und Lebens.

Gebäude sind die schlimmsten Verschmutzer unseres Planeten. Sie sind für einen weit größeren Teil der alljährlich in die Atmosphäre ausgestoßenen CO_2-Mengen verantwortlich als Autos, Flugzeuge oder Fabriken. Zu meiner Überraschung erfuhr ich, dass in Großbritannien 25 bis 33 Prozent aller Emissionen auf das Konto der Privathaushalte gehen. Die Statistiken sind zwar von Land zu Land verschieden, es ist aber offensichtlich, dass im Bereich der Wohnhäuser ein riesiges Potenzial für Veränderungen liegt. Wenn wir heute vor der Aufgabe stehen, unsere Lebensgewohnheiten zu ändern, um unseren CO_2-Ausstoß und den Wasserverbrauch zu reduzieren, so ist dies die beste Gelegenheit, unsere Häuser in umweltfreundlichere und gesündere Wohnstätten zu verwandeln.

Links: Dieses von Bruno Pantz entworfene Schweizer Öko-Haus ist ein Holzbau mit wirksamer Wärmedämmung und Zedernholzverkleidung. Seine Ausrichtung ermöglicht eine passive Nutzung der Sonneneinstrahlung.

Bei den meisten Häusern, auch den vor relativ kurzer Zeit erbauten, stehen weder Planung noch Bauweise und technische Ausstattung im Zeichen des Umweltschutzes. Man braucht sein Haus aber nicht durch einen Neubau zu ersetzen, um die selbstverursachten Umweltbelastungen spürbar zu reduzieren. Ob es sich um relativ geringfügige und kostengünstige Veränderungen oder umfassende Neugestaltungen handelt – niemals war die Zeit günstiger, um das eigene Heim umweltfreundlicher zu machen.

Renovierungen gehen heute über die bisher üblichen optischen und funktionalen Verbesserungen weit hinaus. Bei jeder Entscheidung, die in diesem Bereich getroffen wird, sollte der Umweltaspekt eine Rolle spielen – von der Wahl der Stoffe und Hölzer für die Raumausstattungen bis hin zur Planung von Erweiterungsbauten. Ziel dieses Buches ist, alle Informationen zu liefern, mit deren Hilfe man den CO_2-Fußabdruck seines Hauses reduzieren und zugleich die eigene Lebensqualität verbessern kann.

Der Begriff »Ökologie« leitet sich vom altgriechischen »oikos« (Heim oder Haus) ab. In seiner modernen Bedeutung zur Beschreibung der Beziehungen zwischen Menschen und Umwelt wurde er erstmals Ende des 19. Jahrhunderts von dem dänischen Botaniker Eugenius Warming benutzt. Ungefähr zur gleichen Zeit prägte der österreichische Geologe Eduard Suess den Begriff »Biosphäre«. Als Wissenschaft, die insbesondere die Auswirkungen der menschlichen Aktivitäten auf die Umwelt untersucht, bildete sich die Ökologie erst in den 1970er Jahren heraus. Im selben Jahrzehnt veröffentlichte James Lovelock seine umstrittene »Gaia-Hypothese«, der zufolge die Erde ein lebender Makroorganismus ist.

Mein erstes Buch über Häuser erschien 1974, als die Welt von einer Energiekrise heimgesucht wurde. Als Reaktion auf einen neuen Nahostkonflikt erhöhte die OPEC 1973 den Rohölpreis und verhängte ein Lieferembargo gegen den Westen und Japan, die Israel im Yom-Kippur-Krieg unterstützt hatten. Als die Ölknappheit in den USA zu leeren Tankstellen führte, begann man den Treibstoff zu rationieren, und Spritfresser fanden keine Käufer mehr. Die Wirtschaft des Westens wurde in Mitleidenschaft gezogen. Die Aktienkurse fielen dramatisch, die tödliche Kombination von langsamem Wachstum und hoher Inflation führten zur »Stagflation«, dem Albtraum jedes Ökonomen. Erstmals dachte man damals ernsthaft über alternative

Energiequellen nach – die Nutzung der erneuerbaren Kraft des Windes, der Wellen, der Gezeiten und der Sonne, und die Folgen dieses Umdenkens zeigten sich bald in der Alltagskultur.

Angesichts der gegenwärtigen Wirtschaftslage, in der jeder Tag neue Beweise für den Schaden bringt, den unsere Abhängigkeit von fossilen Brennstoffen dem Planeten zugefügt hat und weiterhin zufügt, erscheint eine auf Selbstversorgung und Nachhaltigkeit ausgerichtete Lebensweise immer weniger exzentrisch und immer vernünftiger.

Zu Beginn des 21. Jahrhunderts steht fest, dass der durch die Erderwärmung bewirkte Klimawandel das Leben auf unserem Planeten ernsthaft zu gefährden vermag. Angesichts der Dimensionen des Problems und der offensichtlichen Unfähigkeit der internationalen Gemeinschaft, sich in Bezug auf die CO_2-Emissionen auf realistische Ziele zu einigen und diese weltweit durchzusetzen, ist es verständlich, dass viele Menschen das Gefühl hatten, ihre Bemühungen um eine umweltfreundliche Gestaltung ihrer Lebensweise seien bloß ein Tropfen auf den heißen Stein. Mir scheint freilich, dass sich diese Haltung ändert.

Am 1. Mai 2007 wandelte sich eine britische Kleinstadt in Süd-Devon zur ersten plastiktütenfreien Stadt Europas. Modbury ist die Heimatstadt der Dokumentarfilmerin Rebecca Hosking. Bei den Dreharbeiten zu *Message in the Waves*, einem auf Hawaii für BBC gedrehten Dokumentarfilm, erkannte diese die verheerenden Auswirkungen der Plastikverschmutzung auf die Meeresfauna. Eine eindrucksvolle Sequenz des Films zeigt eine Grüne Meeresschildkröte beim Verschlucken einer Plastiktüte, was tödlich sein kann. Schätzungen zufolge verenden alljährlich 100 000 Meerestiere nach dem Verschlingen von Plastikobjekten. Weltweit werden pro Minute eine Million Plastiktüten verbraucht, wobei der einzelne Erdenbewohner die Plastiktüte im Schnitt nur zwölf Minuten lang benutzt, bevor er sie wegwirft. Ein riesiger Teil dieses Plastikmülls endet im Meer. Als Hosking nach Modbury zurückkam, war sie entschlossen, etwas dagegen zu unternehmen. Nach einer neuartigen und mutigen Kampagne konnte sie die Geschäftsleute in Modbury dazu bewegen, die Plastiktüten durch Stofftaschen, Papiertüten, Kartons und andere rezyklierbare Behälter zu ersetzen – ein aufsehenerregender Erfolg.

Mittlerweile handhaben viele der großen europäischen Supermarktketten die Ausgabe von Plastiktüten sehr res-

Rechts: Dachbegrünungen ersetzen verbauten Boden, tragen zur Wärmedämmung bei und bieten Lebensraum für frei lebende Tiere. Neben einem Gründach umfasst dieser produktive Londoner Garten einen Komposter und die dazu gehörenden Behälter, einen Regenwasserspeicher und Weißdornbüsche, die Vögel anlocken.

triktiv. Geht man heute durch eine beliebige Geschäftsstraße, so sieht man immer mehr Menschen, die ihre Einkäufe in Papier-, Stoff- oder Jutetaschen transportieren. An der Kasse eine Plastiktüte zu verlangen, wird in naher Zukunft geradezu peinlich wirken. In Delhi könnte ihre Benutzung dann sogar zu einer saftigen Geldbuße oder gar einer Haftstrafe führen. Angesichts des wachsenden Müllproblems – in dieser Stadt werden täglich rund zehn Millionen Plastiktüten verbraucht – haben die Behörden beschlossen, sie zu verbieten und bei Zuwiderhandlung drakonische Strafen zu verhängen.

Die Abkehr von den Plastiktüten bedeutet noch nicht die Rettung des Planeten, aber die Kampagne in Modbury hat gezeigt, dass die Menschen ihre Gewohnheiten ändern können, sobald man ihnen bewusst macht, welchen Schaden ihr mehr oder minder gedankenloses Handeln der Umwelt zufügen kann. Kombiniert man diese eine Verhaltensänderung mit vielen anderen ebenso einfachen – z. B. den Thermostaten um einige Grad herunterzudrehen oder den Fernseher abzuschalten –, so ergibt sich ein deutliches Verbesserungspotenzial.

Grundlegende Veränderungen können auch durch Naturkatastrophen bewirkt werden. Im Mai 2007 wurde Greensburg in Süd-Kansas auf einem 2,5 km breiten Streifen durch einen Tornado verwüstet, der Spitzengeschwindigkeiten von über 325 km/h erreichte und fast alles dem Erdboden gleichmachte. Nach dieser Katastrophe fassten die Stadträte den kühnen Entschluss, Greensburg als »grünste Stadt Amerikas« wiederaufzubauen. Bei der Neuerrichtung der kommunalen Gebäude wurden hinsichtlich Energieeffizienz und Nachhaltigkeit die höchsten Standards vorgeschrieben. Zurzeit wird die Stadt mithilfe einer Reihe von grünen Technologien zu einem Musterbeispiel nachhaltiger Entwicklung gemacht. Viele der 1500 Einwohner haben aus eigenem Antrieb beschlossen, für den Wiederaufbau ihrer Häuser umweltfreundliches Baumaterial einzusetzen und die höchsten Energieeffizienz-Standards einzuhalten.

So können auch kleine Gemeinden bei der Reduzierung des CO_2-Ausstoßes eine wesentliche Rolle spielen. Präsident Bush mag sich geweigert haben, das Kyoto-Protokoll ratifizieren zu lassen, aber er konnte damit nicht verhindern, dass Al Gores Film *Eine unbequeme Wahrheit* ein breites Publikum erreichte. Ungeachtet der Zurückhaltung

Washingtons versprachen die Bürgermeister von mehr als 740 amerikanischen Städten – ein Viertel der US-Bevölkerung –, sich an das Kyoto-Abkommen zu halten, und Arnold Schwarzenegger, der Gouverneur von Kalifornien, machte Umweltfragen in diesem Staat gar zur Chefsache. Die in den USA gegründete »Eco Mom Alliance« hatte eine bedeutende Auswirkung auf die Sensibilisierung der Bevölkerung durch Kampagnen wie »One Night Off«, in der die Haushalte aufgefordert wurden, einen Abend lang keine Energie zu verbrauchen. Um die Umwelt besorgten Amerikanern und allen, die sich Gedanken wegen des Klimawandels machen, bringt Präsident Obama nun endlich Hoffnung.

Deutschland kann eine gute Umweltbilanz vorweisen und hat derzeit die 200-fache Solarenergie-Kapazität Großbritanniens installiert. Unterstützt wird dies durch entsprechende staatliche Förderung und die Möglichkeit, in Privathäusern erzeugte elektrische Energie gegen eine entsprechende Vergütung ins öffentliche Netz einzuspeisen. Auf diese Weise wird der Wechsel zu erneuerbaren Energien sogar lukrativ. Dessen ungeachtet ist es auch hier nach wie vor erforderlich, den Umweltgedanken durch individuelle Kampagnen und lokale Aktionen zu fördern. Als Ulla Gahn, die später eine dieser Kampagnen initiierte, zu einem Ökostromanbieter wechseln wollte, wusste sie nicht recht, für wen sie sich entscheiden sollte. Nachdem sie sich entsprechend informiert hatte, wurde sie von Freunden um Rat in der gleichen Angelegenheit gebeten. Sie organisierte daraufhin Ökostrom-Wechselpartys, auf denen man Informationen austauschen konnte. Sie waren derart gut besucht, dass sie jetzt in ganz Deutschland stattfinden.

Viele der erfolgreichsten Umweltprojekte haben ihre Basis in der Gemeinde, wobei sich das Umweltbewusstsein von Haus zu Haus verbreitet wie ein »wohltätiges Virus« oder eine grüne Version des Wettbewerbs um Sozialprestige unter Nachbarn.

Um der britischen Regierung nicht unrecht zu tun: Ihre Erklärung, dass ab 2016 alle neu erbauten Privathäuser emissionsfrei sein werden, zeugt von Kühnheit und Weitblick. Bei den zahlreichen existierenden Eigenheimen ist es jedoch dringend nötig, sie ökologisch nachzurüsten.

In gewisser Weise bedeutet umweltfreundlich zu leben eine Umkehr zum Einfacheren. In dem, was zurzeit eine führende Supermarktkette als »schildkrötenfreundliche

Links: Holz ist ein beliebtes umweltfreundliches Material für tragende Strukturen und Innenverkleidungen. Allerdings ist darauf zu achten, dass es aus nachhaltig bewirtschafteten Beständen und nicht von gefährdeten Baumarten stammt. Die überdachte Terrasse im ersten Stock des von Michael Winter entworfenen Boundary House in Kent zeigt eine aus Bau-Schichtholz gefertigte Trägerstruktur.

Tragetasche« verkauft, erkennen Menschen meiner Generation das einfache Einkaufsnetz wieder. Ich bin im Zweiten Weltkrieg aufgewachsen, einer Zeit des Improvisierens und Ausbesserns, in der jede Familie ermuntert wurde, »für den Sieg zu graben«, selbst Gemüse anzubauen, ein Schwein und ein paar Hühner zu halten und einen Komposthaufen anzulegen. Da der Treibstoff rationiert war, bewegte man sich mit dem Fahrrad fort. Diese Jahre und die Sparsamkeit der Nachkriegszeit haben mich so geprägt, dass mir jedwede Verschwendung bis heute zuwider ist. Daher ziehe ich es vor, schadhafte Gegenstände zu reparieren statt sie wegzuwerfen, und ich schätze Qualitätsprodukte, die dem Zahn der Zeit widerstehen.

In meinem Landhaus in Barton Court ziehen wir unser eigenes Gemüse, kompostieren unsere Haushaltsabfälle, speichern das Regenwasser und gärtnern so weit wie möglich biologisch. Ich bin stolz darauf, dass meine in Nebengebäuden untergebrachte Möbelmanufaktur vor Kurzem einen Preis für Nachhaltigkeit erhalten hat. Wir verarbeiten keine gefährdeten oder exotischen Harthölzer wie Rosenholz oder Teak, sondern ausschließlich FSC-zertifiziertes Holz und erzeugen die erforderliche Wärmeenergie durch Verbrennen von Holzhackschnitzeln, mit denen man mehr Hitze erzielt als mit Holzscheiten. Mein Architekturbüro Conran & Partners arbeitet zurzeit an einem Öko-Bau, dessen Energieversorgung auf Biomasse basieren wird.

Interessant finde ich, dass sich just in dieser Zeit des Fast Food, des Onlineshopping und der Computerspiele ein Hang zur Rückkehr zu einer gemächlicheren und befriedigenderen Lebensweise herausbildet. Man merkt dies z. B. am steigenden Interesse für traditionelle Handarbeiten wie Stricken und Schneidern und an der riesigen Nachfrage nach Schrebergärten. Immer mehr Menschen pflanzen in ihren Hausgärten Gemüse statt Blumen, fahren mit dem Rad zur Arbeit und kaufen lokale Produkte auf Bauern-

märkten. Sie tun das nicht, weil die Gesetze es ihnen vorschreiben, sondern weil sie es angenehmer und befriedigender finden, so wie ich mein Gemüse selbst anbaue, weil es einfach besser schmeckt.

In vielerlei Hinsicht ist ein reduzierter Konsum der Weg zu einem nachhaltigen Leben. Es geht nicht bloß darum, Energie und Wasser zu sparen. Es geht auch darum, weniger, aber Besseres zu kaufen. Denn, wie das Sprichwort sagt: »Wer billig kauft, kauft zweimal.«

Weniger Technik ist jedoch nicht der einzige Weg zu einer grüneren Lebensweise. Die Technik kann hier sogar von großem Nutzen sein. Um nur ein kleines Beispiel zu nennen: Wir werden ständig gedrängt, die elektronischen Geräte nicht im Stand-by-Modus zu belassen. Computer und Fernseher verbrauchen dabei 85 Prozent des Stroms, den sie im Betrieb verbrauchen. Viele Menschen trennen sich aber nur ungern von alten Gewohnheiten. Mit einem der jetzt verfügbaren Stand-by-Saver, der uns die Kleinarbeit abnimmt und alle Geräte zugleich abschaltet, hat selbst der größte Faulpelz keine Ausrede mehr.

Was aber die Menschen mehr als alles andere brauchen, sind Informationen, damit sie wirksame Entscheidungen treffen, um ihren CO_2-Fußabdruck und ihren Wasserverbrauch – und damit auch die entsprechenden Kosten – zu reduzieren. Wie viel CO_2 verhindere ich durch eine wirksame Wärmedämmung meines Hauses? Was bringt mehr, ein Windgenerator auf dem Dach oder Solarmodule? Welche Arten von Wasser sparenden Armaturen gibt es und wie effizient sind sie? Dieses Buch soll die Antworten geben.

Was man hier allerdings nicht finden wird, sind Schuldgefühle auslösende Katastrophenszenarien. In den Zeitungen gibt es davon genug, und ich halte sie für kontraproduktiv. Ich bin immer optimistisch gewesen in Bezug auf die Rolle, die das Design bei der Verbesserung der Lebensqualität spielen kann, und das gilt heute mehr denn je.

Rechts: In nordischen Ländern sind Holzhäuser seit jeher üblich, Bauholz ist hier reichlich vorhanden. Dieses Ferienhaus in den Stockholmer Schären wurde zur Gänze aus Holz errichtet, das aus kontrolliert bewirtschafteten schwedischen Wäldern stammt. Die Außenfronten wurden weder versiegelt noch gestrichen. Das Haus ist hochgradig wärmegedämmt, als einzige Heizung dient ein mit Bruchholz befeuerter Kaminofen.

HAUSTECHNIK

Links: Die Lighthouse, erbaut nach einem Entwurf des britischen Architekten Sheppard Robson, ist das erste emissionsfreie Wohnhaus Großbritanniens. Ein mit einem Windfang bekrönter Lichtschacht sorgt für natürliche Ventilation und erhellt das Innere mit Tageslicht.

Im Lauf der Jahre haben wir uns angewöhnt, das Licht anzuknipsen, sobald es dunkel wird, den Thermostaten hochzudrehen, wenn uns kalt ist, ein Vollbad zu nehmen, wann immer wir Lust dazu verspüren. Doch die Tage der billigen Energie sind nun vorbei, und Gleiches gilt für das Wasser, mit dem wir immer noch umgehen, als sei es kostenlos und praktisch unbegrenzt verfügbar. Um unsere Ressourcen nicht zu erschöpfen, müssen wir den Verbrauch senken und nach alternativen Versorgungsmöglichkeiten suchen.

ÖKO-AUDIT

Wer wirksame Veränderungen vornehmen will, muss zuerst seinen Lebensstil überprüfen, um zu sehen, in welchen Bereichen Verbesserungen erforderlich sind. Als ersten Schritt gilt es den Wasserverbrauch und den CO_2-Ausstoß zu berechnen. Dafür gibt es mehrere Methoden. Man kann sich z. B. an einen unabhängigen Gutachter wenden. Er wird den individuellen Wasser- und Energieverbrauch berechnen und Empfehlungen zu seiner Verringerung abgeben. Man kann aber auch einen Online-Rechner benutzen – es gibt dazu zahlreiche Websites, die besten und verlässlichsten sind im Anhang dieses Buches aufgeführt. In jedem Fall muss man eine Jahresbilanz der Kosten für Wasser- und Energieversorgung erstellen, den jährlichen durch Kraftfahrzeuge anfallenden Kraftstoffverbrauch berechnen und über die eigenen Einkaufsgewohnheiten nachdenken.

CO₂-AUSSTOSS

Die für den Klimawandel verantwortliche globale Erwärmung wird durch den Anstieg der Treibhausgase verursacht, die im letzten Jahrhundert in die Atmosphäre geblasen wurden. Zu diesen gehören Methan, Lachgas und FCKW, doch am schädlichsten wirkt sich Kohlendioxid (CO_2) aus. Es entsteht bei der Oxidation fossiler Brennstoffe wie Kohle, Erdöl und Gas, aber auch durch Abholzung – Bäume entziehen der Atmosphäre CO_2.

Dass es heute so schwierig ist, die Menschen zu einer Veränderung ihrer Gewohnheiten zu bewegen, liegt nicht zuletzt am Fehlen allgemein anerkannter Methoden zur Messung der von uns verursachten Auswirkungen auf die Umwelt. Als praktikabelstes Modell erweist sich derzeit der CO_2-Fußabdruck. Er besagt, wie viel jeder Einzelne von uns jährlich zum Ausstoß von Treibhausgasen in Tonnen CO_2 beiträgt. Zum Vergleich: In den USA beträgt die mittlere CO_2-Bilanz etwa 20 Tonnen, knapp darunter liegen die Australier, in Großbritannien und Deutschland sind es etwa 11 Tonnen pro Kopf. Der durchschnittliche Äthiopier ist dagegen lediglich für 0,01 Tonnen verantwortlich. Eine nachhaltig wirtschaftende Menschheit dürfte pro Kopf nicht mehr als 1 Tonne emittieren. Der CO_2-Fußabdruck basiert auf drei Hauptfaktoren: dem Energieverbrauch der Haushalte für Heizung und Elektrogeräte, dem Energieaufwand für Transporte und dem indirekten Verbrauch – Gütererzeugung und Dienstleistungen. Der direkte Energieverbrauch lässt sich relativ einfach berechnen, wesentlich schwieriger ist es, den indirekten zu quantifizieren.

Was immer man kauft, es kostet Energie, angefangen bei der Gewinnung der Rohstoffe über ihre Verarbeitung bis hin zu Transport, Verpackung und Vertrieb der Fertigprodukte. Die meisten CO_2-Rechner stützen sich auf das Haushaltseinkommen, den Lebensstil und die Einkaufsgewohnheiten, um daraus einen Schätzwert zu erstellen. Natürlich wird jemand, der häufig Fertiggerichte kauft, viel Geld für neue Kleidung ausgibt und sich die jeweils aktuelle Unterhaltungselektronik leistet, einen größeren Fußabdruck hinterlassen als jemand, der sparsam lebt, sein eigenes Gemüse zieht und Neuanschaffungen auf das Nötigste beschränkt.

SMART-METER

Quartalsabrechnungen bedeuten, dass man Beschlüsse zum Energiesparen stets rückblickend trifft. Angesichts einer hohen Stromrechnung nehmen wir uns vor, öfter das Licht abzuschalten. Solche Vorsätze neigen aber dazu, genauso lange Bestand zu haben, wie jene, die man am Neujahrstag fasst. Ein weit besserer Sparanreiz sind Smart-Meter, intelligente Zähler, die in Echtzeit über den Energieverbrauch informieren. Es gibt davon zwei Arten: Das mobile Modell zeigt an, wie viel Strom unser Haushalt gerade verbraucht

wer über den DVB-Receiver Radio hört, verbraucht 50-mal so viel Energie wie bei normalem Radioempfang.

WASSER

Warum sollte man sich wegen des Wassers Sorgen machen, vor allem in unseren nördlichen Ländern, in denen oft mehr Regen fällt, als uns lieb ist? Auch hier ist das Problem der Klimawandel, der in manchen Gebieten zu nie gekannten Überflutungen und in anderen zu langen Dürren geführt hat und damit jeden von uns betrifft. Wenn auf einem anderen Kontinent eine Überschwemmung in einem Weizenanbaugebiet die Ernte vernichtet, treibt das den Preis des Brotes auch in unserem Einkaufskorb hoch. Ebenso führt eine Dürre in einem Agrarland global zur Verknappung und Verteuerung von Lebensmitteln.

Wenn wir über unseren Umgang mit Wasser nachdenken, neigen wir dazu, nur den direkten Verbrauch zu betrachten – Wasser, das wir trinken oder zum Kochen, Waschen und Gießen benutzen. Mit steigenden Wassergebühren machen sich immer mehr Menschen bewusst, wie viel sie verbrauchen und wie sie Wasser sparen können. Übersehen wird aber zumeist das »virtuelle« Wasser, wie die Ökologen es nennen, also Wasserverbrauch, den wir durch unsere Verbrauchsgewohnheiten verursachen, etwa zur Herstellung von Lebensmitteln, Stoffen oder Papier. In stark importabhängigen Ländern kann ein großer Teil des nationalen Wasser-Fußabdrucks außerhalb der Landesgrenzen entstehen. An der Spitze stehen auch hier die Vereinigten Staaten. Weitere Länder mit hohem Wasserverbrauch sind Griechenland, Italien und Spanien. Der mitteleuropäische Wasserverbrauch ist etwa halb so groß wie jener der USA, und auch hier entsteht der größere Teil davon im Ausland.

Bei der Berechnung der Wasserbilanz, die ebenfalls online erfolgen kann, werden sowohl der direkte als auch der indirekte Verbrauch erfasst. Wie schon beim CO_2 lässt sich der Direktverbrauch leicht ermitteln. Nehme ich Vollbäder oder begnüge ich mich mit der Dusche? Habe ich einen Swimmingpool? Wie oft wasche ich mein Auto? Wie oft gieße ich meine Blumenbeete? Der indirekte Verbrauch hängt von den Einkaufsgewohnheiten und vom Lebensstil ab. Esse ich z. B. häufig Fleisch, so vergrößert sich mein Fußabdruck – 16000 Liter Wasser sind nötig, um 1 Kilo-

Links: Mithilfe eines intelligenten Zählers kann man mit einem Blick den aktuellen Stromverbrauch feststellen und diesen augenblicklich reduzieren. Diese Geräte bieten einen unmittelbaren Anreiz, mit Energie sparsam umzugehen.

Oben: Wasser zu speichern ist ein weiteres wesentliches Merkmal eines ökologischen Lebensstils, und das nicht nur für Menschen, die in heißen Regionen mit häufigen Trockenzeiten leben. Eine mögliche Strategie ist das Sammeln von Regenwasser.

und wie viel das kostet. Die für Steckdosen bestimmte Version spürt die Geräte auf, die den meisten Strom benötigen. Neuere Tests haben gezeigt, dass Verbraucher ihre eingefahrenen Gewohnheiten leichter aufgeben, wenn sie sehen, wie viel Energie sie vergeuden. Die beim Gebrauch von Wasserkochern, Toastern oder Wäschetrocknern auftretenden Spitzenwerte machten deutlich, wo Energie – und Geld – verbraucht wurde. Das sichtbare Absinken der Verbrauchswerte beim Ausschalten elektronischer Geräte aus dem Stand-by-Modus wirkte ebenfalls sehr überzeugend.

Wie uns die Smart-Meter drastisch vor Augen führen, sind die größten Energieverbraucher Geräte, die Wärme erzeugen oder entziehen. Ganz oben auf der Liste stehen somit Backöfen, Wäschetrockner, Klimaanlagen, Heizlüfter, Toaster, Kaffeemaschinen und Wasserkocher. Ausgesprochene Stromverschwender sind auch Glühbirnen mit Wolframdrähten, die 95 Prozent der aufgenommenen Energie als Wärme abstrahlen.

Überraschen wird den Laien, dass etwa ein Drittel des privaten Stromverbrauchs auf das Konto elektronischer Geräte geht, und wahrscheinlich wird dieser Anteil noch steigen. Große Plasmabildschirme sind Stromfresser, und

ENERGIE

gramm Rindfleisch zu produzieren, 2400 Liter für einen Hamburger. Trinke ich lieber Kaffee als Tee, so vergrößert das den Fußabdruck ebenfalls – für eine einzige Tasse Kaffee sind 140 Liter Wasser erforderlich, nur 35 Liter für eine Tasse Tee. Auch die Herstellung von Kleidung ist wasseraufwendig – 2000 Liter werden für ein Baumwoll-T-Shirt, 8000 Liter für ein Paar Schuhe verbraucht.

ENERGIE

Im Haushalt verbrauchen wir Energie auf vielerlei Art, direkt und indirekt. In den Industrieländern wird ein großer Teil für die Temperaturregelung in Wohnräumen verwendet. Hinzu kommen Beleuchtung sowie elektrische und elektronische Geräte. Der indirekte Energieverbrauch verbirgt sich in unseren Einkäufen und unserem Abfall.

In vielen Ländern ist die energetische Infrastruktur völlig veraltet. Typisch sind eine relativ kleine Zahl von Großanlagen, klassische, mit fossilen Brennstoffen betriebene

Kraftwerke oder alternde Kernkraftwerke, die die einzelnen Haushalte über ein nationales Netz mit Strom versorgen. Pipelines transportieren über Tausende von Kilometern Öl oder Gas, die in den Haushalten verheizt werden. Organisationen wie Greenpeace haben auf die diesem System inhärente Verschwendung hingewiesen. Zwei Drittel der in einem Kraftwerk erzeugten Energie erreicht niemals den Verbraucher, sondern wird über die Kühltürme an die Atmosphäre abgegeben.

In einigen Ländern wurden beachtliche Anstrengungen unternommen, um von diesem zentralistischen System loszukommen, das von begrenzten und schädlichen fossilen Brennstoffen abhängig ist. So haben eine Reihe von Städten in Schweden, Dänemark, Holland und Deutschland z. B. in die »Kraft-Wärme-Kopplung« investiert und kleine Kraftwerke gebaut, die die Kommunen und ihr Umland mit Strom und Wärme versorgen. Viele davon werden mit Biomasse betrieben, andere erzeugen Biogas aus Müll, wodurch die Emissionen reduziert werden. Da die Kraft-Wärme-Anlagen kleiner dimensioniert sind und in den von ihnen belieferten Gemeinden liegen, entfallen die beim Transport über große Entfernungen entstehenden Verluste.

Wichtig ist die Unterscheidung zwischen Biomasse und Biokraftstoff, auch wenn die Begriffe oft verwechselt werden. Biomasse ist Abfall, während die oft als Alternative zu Mineralöl eingesetzten Biokraftstoffe aus Feldfrüchten auf Anbauflächen gewonnen werden, die sonst Getreide produzieren würden. Die zunehmende Erzeugung von Biokraftstoffen gilt als eine der Hauptursachen für die gegenwärtige weltweite Lebensmittelknappheit. Möglicherweise werden in Zukunft Kraft-Wärme-Kopplung und erneuerbare Energien wie Sonne, Wind, Wellen und Gezeiten die zentralen Dinosaurier-Kraftwerke ablösen. Gegenwärtig aber ist Sparen unsere wichtigste Energiequelle.

ENERGIESPAREN

Energiesparen sollte ein Automatismus sein wie das Anlegen des Sicherheitsgurts. Die meisten Maßnahmen kosten nichts und sparen Geld. Mit wenig Aufwand lässt sich durch einfache Veränderungen wie verbesserte Isolierungen eine merkliche Energieersparnis erzielen. Zu guter Letzt: Wer den Abfall verringert (s. S.172), reduziert auch den indirekten Energieverbrauch.

Unten: In manchen Teilen der Welt werden große Solarkraftwerke zu einem gewohnten Anblick.

Rechts: Windkraftwerke als Quelle erneuerbarer Energie verursachen erhebliche Kontroversen. Ein Kritikpunkt ist der hohe Betrag an grauer Energie.

HEIZUNG

- Den Thermostaten um ein Grad herunterzudrehen bringt eine Verminderung des jährlichen CO_2-Ausstoßes um 240 kg. Ist Ihnen zu kalt, ziehen Sie sich etwas wärmer an. Niedrigere Temperaturen sind gesünder und machen aktiver.
- Nachts die Heizung abschalten. Das Bett nicht mit einer Elektrodecke, sondern mit der Wärmflasche vorwärmen.
- Bei Abwesenheit die Heizung abschalten. Leere Häuser braucht man nicht zu heizen.
- Möbel und Vorhänge von den Heizkörpern fernhalten, da sie die Luftzirkulation behindern.
- Nachts die Vorhänge zuziehen, damit die Wärme im Raum bleibt. Gefütterte Vorhänge isolieren besser.
- Hinter den Heizkörpern angebrachte Metallfolien reflektieren die Wärme in den Raum.
- Thermostate an jedem einzelnen Heizkörper ermöglichen es, die Temperatur individuell zu regeln.
- Warmwasserspeicher auf maximal 60 °C einstellen.
- Wird bei einer Gaszentralheizung der Austausch des alten Speichers fällig, so bietet sich als hocheffizienter Ersatz der Einbau eines Brennwertkessels an.
- Duschen anstelle von Vollbädern spart Warmwasser und damit Energie.
- Wechseln Sie zu einem ökologisch arbeitenden Stromanbieter, der in erneuerbare Energien investiert. Dass die »grünen Tarife« der klassischen Stromversorger tatsächlich der Förderung erneuerbarer Energien dienen, ist höchst unsicher.
- Lassen Sie Ihren Warmwasserspeicher regelmäßig warten, damit er optimal arbeiten kann. Bei Umluftheizungen regelmäßig die Filter austauschen.

ISOLATION

- Isolieren Sie Ihren Warmwassertank und die Warmwasserrohre.
- Sparen Sie Heizkosten mit einer Außenisolierung.
- Isolieren Sie den Dachboden oder verbessern Sie die vorhandene Isolierung.
- Bringen Sie, soweit möglich, eine Isolierschicht unter dem Fußbodenbelag an.
- Dichten Sie Fenster und Türen ab und decken Sie den Briefkastenschlitz und die Schlüssellöcher ab.
- Doppelt und dreifach verglaste Fenster halten die Wärme zurück. Verwenden Sie Energiesparglas für große Glasflächen wie z. B. im Wintergarten (S. 136).

GERÄTE

- Altgeräte nur durch die energieeffizientesten Neugeräte ersetzen, sie verbrauchen im Schnitt ein Drittel weniger Energie. Geben Sie Geräten mit dem GED-Energielabel oder dem Blauen Engel den Vorzug. Eine Reihe von Websites bietet die Möglichkeit, den Energieverbrauch verschiedener Markengeräte zu vergleichen – zwei Geräte gleicher Leistung können sich vom Stromverbrauch her deutlich unterscheiden.
- Tauen Sie regelmäßig den Kühlschrank ab und entfernen Sie den Staub von den Kühlschlangen an der Rückseite, um Strom zu sparen. Stellen Sie ihn nicht in der Nähe des Küchenherds oder Boilers auf, damit er nicht zuviel leisten muss, lassen Sie ihn aus diesem Grund auch nie offen. Überprüfen Sie die Dichtungen, Tür und Gefrierfach müssen dicht schließen. Stellen Sie keine heißen oder auch nur warmen Speisen in den Kühlschrank, sondern lassen Sie die Speisen vorher abkühlen.
- Tauen Sie regelmäßig das Tiefkühlfach ab. Gefriertruhen sollte man in kühlen Räumen wie Garagen oder im Keller stehen haben, um sie zu schonen.
- Tiefkühlgeräte arbeiten am besten, wenn sie fast voll sind. Kühlschränke hingegen sind am effizientesten, wenn man sie nicht mehr als zu drei Vierteln befüllt.
- Waschmaschinen und Geschirrspüler nur bei voller Beladung betreiben. Bei möglichst niedrigen Temperaturen bzw. ECO-Programmen waschen.
- Manche Geschirrspüler und Waschmaschinen, vor allem Produkte aus den USA, können direkt an die Warmwasserversorgung angeschlossen werden. Auf diese Weise kann das benötigte Wasser ohne Stromverbrauch erwärmt werden, z. B. über eine Solaranlage.
- Machen Sie nicht mehr Wasser heiß als erforderlich. Für eine Tasse Tee reicht eine Tasse siedendes Wasser. Ein neuer Öko-Wasserkocher verfügt über ein Reservoir und einen Dosierknopf, der die zum Erhitzen bestimmte Wassermenge in eine Heizkammer fließen lässt. Beim Kochen auf dem Herd oder Ceranfeld auf die Größe von Heizplatte oder Kochfeld achten. Stellt man einen kleinen Topf auf eine zu große Heizfläche, entweichen rund 40 Prozent der verbrauchten Energie in die Luft. Sofern das Rezept es nicht anders erfordert, den Topf zudecken, damit das Gargut schneller heiß wird.
- Schalten Sie den Backofen fünf Minuten vor Ablauf der angegebenen Backdauer ab. Für die verbleibende Zeit reicht die Resthitze.
- Schnellkochtöpfe, Dampfgar- und Mikrowellengeräte sparen Energie. Toaster verbrauchen weniger Strom als Grillgeräte, Heißluftherde sind sparsamer als herkömmliche Backöfen.
- Versuchen Sie, ohne Wäschetrockner auszukommen und hängen Sie bei warmem oder trockenem Wetter die Wäsche an die Leine. Für die Wohnung gibt es Wäscheständer in den verschiedensten Ausführungen, auch zur Befestigung über der Badewanne. Ist der Trockner unverzichtbar, so empfiehlt sich die Kombination mit einer Waschmaschine mit hoher Schleuderdrehzahl. Reinigen Sie regelmäßig das Flusensieb des Trockners.
- Generell: Reduzieren Sie Ihre Komfortansprüche. Verwenden Sie auch Besen und Staubtuch, anstatt ständig den Staubsauger einzusetzen, benutzen Sie Hand- und Badetücher mehrmals, anstatt sie bereits nach einmaligem Gebrauch zu waschen.
- Lassen Sie den Föhn im Schrank und trocknen Sie Ihr Haar mit einem Handtuch.

BELEUCHTUNG

- Gewöhnen Sie sich an, beim Verlassen eines Raums das Licht auszuschalten.
- Wechseln Sie ausgebrannte Glühbirnen schon heute gegen Energiesparlampen aus, vor allem bei den Beleuchtungskörpern, die Sie am meisten benutzen. Ohnehin wird die klassische Glühbirne in der Europäischen Union in den nächsten Jahren vom Markt verschwinden.
- Nutzen Sie so viel wie möglich das Tageslicht, um den unnötigen Einsatz von künstlichem Licht zu vermeiden (S. 54).
- Wenn Sie bei Abwesenheit aus Sicherheitsgründen das Licht brennen lassen, benutzen Sie eine Zeitschaltuhr, damit es nicht ständig eingeschaltet bleibt.
- Benutzen Sie im Garten mit Solarstrom gespeiste Beleuchtungsgeräte.

ELEKTRONISCHE GERÄTE

- Regel Nummer eins: Ausschalten, und zwar am Geräteschalter! Lassen Sie Fernseher, Receiver, DVD-Player, Set-Top-Boxen, Stereoanlagen, Drucker und andere elektronische Geräte nicht im Stand-by-Modus. Ein DVD-Player verbraucht im Stand-by-Modus immer noch 85 Prozent der Energie, die er beim Abspielen einer DVD benötigt.
- Schalten Sie den Computer aus, wenn Sie ihn nicht benutzen. Computer im Energiesparmodus verbrauchen fast ebenso viel Energie wie im Normalbetrieb.
- Notebooks sind energieeffizienter als Desktop-Computer.
- Stecken Sie Ladegeräte aus, sobald der Ladevorgang beendet ist, z. B. bei Mobiltelefonen. Ladegeräte verbrauchen Strom, auch wenn das aufgeladene Gerät entfernt wurde.
- Geben Sie nicht der Versuchung nach, sich größere Geräte mit höherem Stromverbrauch anzuschaffen, z. B. Fernseher mit Plasmabildschirmen.
- Schalten Sie den Fernseher nur an, wenn Sie sich etwas ansehen wollen. Lassen Sie ihn nicht als Dauerberieselung laufen.

HILFREICHE GERÄTE

Ich bin der Letzte, der andere Menschen dazu bewegen will, ein Gerät zu kaufen, nur weil es Erleichterungen verspricht. Viele dieser Haushaltsgeräte, zu deren Kauf die Leute animiert werden, enden in einer Schrankecke oder nehmen auf der Küchenarbeitsplatte wertvollen Platz weg. Selbst wenn sie regelmäßig benutzt werden – was sie leisten, könnte man mühelos auch manuell erledigen. Braucht man wirklich einen elektrischen Dosenöffner? Was jedoch die Energieeinsparung betrifft, so gibt es einige Geräte, die tatsächlich von Nutzen sind.

- Zu nennen sind hier zunächst die Smart-Meter, intelligente Zähler, die Ihnen die notwendigen Informationen über Ihr Energieverbrauchsschema liefern (S. 24). Sie kosten nicht viel, manche Stromanbieter wollen sie in naher Zukunft ihren Kunden kostenlos zur Verfügung stellen.
- Eine andere gute Idee sind Stand-by-Saver. Man kann damit per Knopfdruck sämtliche Geräte vom Stromnetz trennen, die man normalerweise im Stand-by belässt. Einer dieser Stand-by-Saver gleicht einer üblichen Steckdosenleiste. Daran schließt man alle Geräte an, die sonst im Stand-by bleiben. Schaltet man mit der Fernbedienung den Fernseher aus, so werden zugleich alle anderen Geräte vollständig vom Netz getrennt.
- Bei Neubauten oder wenn in Ihrem Haus die komplette Elektroinstallation neu verlegt wird, lässt sich dieser Effekt auch mithilfe unterschiedlicher Leitungen erzielen. Die eine liefert Strom für ununterbrochen in Betrieb befindliche Geräte (z. B. Kühlschränke) und solche, die wir üblicherweise abschalten (z. B. Lampen oder Bügeleisen). Die andere ist für Geräte bestimmt, die oft im Stand-by belassen werden. Diese können damit nach Gebrauch oder nachts alle gleichzeitig abgeschaltet werden.

Links: Beim Energiesparen helfen die ECO-Programme der Geschirrspüler und Waschmaschinen.

Rechts: Energiesparlampen verbrauchen weit weniger Strom als die herkömmlichen Wolframdrahtglühbirnen, deren Herstellung in vielen Ländern bereits ausläuft und deren Vertrieb in der EU eingeschränkt und bis 2012 eingestellt wird.

Ganz rechts: Verwenden Sie nur Geräte mit optimalen Bewertungen in Bezug auf Energieeffizienz und Wasserverbrauch.

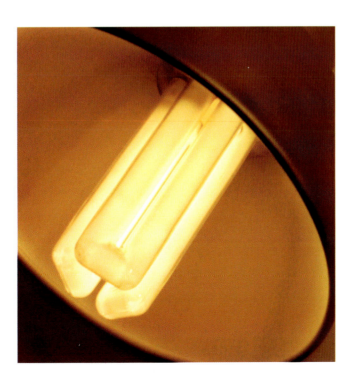

HEIZEN

In den gemäßigten Zonen wird weit mehr als die Hälfte der verbrauchten Energie zu Heizzwecken verwendet. Spürbare CO_2-Einsparungen lassen sich durch verbesserte Wärmedämmung, Modernisierung der Heizgeräte sowie durch den Wechsel zu nachhaltigen Wärmequellen erzielen.

PASSIVE STRATEGIEN

Wir neigen heute dazu, unsere Wohnungen als Behälter aufzufassen, die wir nach Belieben heizen oder kühlen je nachdem, wie das Wetter gerade ist. Das war nicht immer so. Charakteristisch für traditionelle Behausungen, von der Jurte bis zum Iglu, war ihre ganzheitliche Konzeption, die von den vorherrschenden Bedingungen und speziellen Standortmerkmalen abhing. In kühlen Zonen bedeutete das, dass man die Häuser in der Regel nach Süden ausrichtete, um die Sonne passiv zu nutzen, dass Erde als Isolierung diente und sich die Wohnräume eng um eine zentrale Wärmequelle gruppierten. In China kennt man aus Ziegeln gebaute Schlafplattformen mit einem kleinen Ofen – die Matratze liegt obenauf, was für ein warmes Nachtlager sorgt.

Die meisten von uns haben nicht die Möglichkeit, einen Neubau zu errichten. Wir müssen unsere Häuser oder Wohungen nach Lage und Bauweise so nehmen, wie sie sind. Trotzdem gibt es eine Anzahl von Maßnahmen, durch die man weniger stark auf fossiles Beheizen der Räume angewiesen ist. Die wahrscheinlich wirksamste dieser Strategien ist die Wärmedämmung, mit deren Hilfe die nach außen abgegebene Wärme reduziert wird (s. S. 32). Andere Ansätze zielen darauf ab, die Sonneneinstrahlung zu nutzen. Dazu gehören:

- Funktionalisierung der nach Süden gerichteten Fronten durch Vergrößerung von Fenstern und Maueröffnungen zur bestmöglichen Nutzung der Sonnenenergie.
- Flexibilisierung der Wohngewohnheiten. Ist genug Raum vorhanden, so kann man die Raumnutzung nach den Jahreszeiten richten, so dass man im Winter im obersten Geschoss schläft, wo sich die warme Luft ansammelt, und im Sommer weiter unten, im Erdgeschoß oder sogar im Souterrain, wo es kühler ist.
- Bei Baumaßnahmen Verwendung von massivem Baumaterial wie Ziegel, Naturstein und Beton, das sich allmählich erwärmt und die Wärme langsam abstrahlt. So wird die Sonnenwärme tagsüber gespeichert und nachts kontinuierlich abgegeben – vom Prinzip her das Gleiche wie die Schamottsteine im Nachtspeicherofen.

Rechts: Durch große verglaste Öffnungen kann die Sonnenwärme ins Innere eindringen, wodurch sich die Heizkosten spürbar reduzieren.

Ganz rechts: Aufgrund seiner hervorragenden Wärmedämmung und Abdichtung gegen Zugluft muss dieses Null-Emissions-Haus nur geringfügig beheizt werden.

WÄRMEDÄMMUNG

Die Isolierung zu verbessern ist eine der kostengünstigsten Methoden des Energiesparens. In manchen Ländern lassen lokale Behörden mittels Luftaufnahmen thermographische Messungen vornehmen, um herauszufinden, bei welchen Häusern es zu Wärmeverlusten kommt.

Die Isolierleistung eines Bauelements wie eines Daches oder einer Mauer wird als U-Wert (Wärmedurchgangskoeffizient) angegeben. Je kleiner dieser ist, desto besser ist die Wärmedämmung. Die Berechnungen zur Bestimmung des U-Werts berücksichtigen die Wärmeleitfähigkeit der einzelnen Komponenten des Bauelements – Außenschicht, darunter liegende Struktur, Dämmmaterial, Innenschicht und aufgebrachtes Dekor. Die heutigen Bauvorschriften stellen bei Neubauten und Erweiterungen bestehender Bauten sehr hohe Anforderungen an die Wärmedämmung.

VERHINDERUNG VON KONDENSATION UND WÄRMEBRÜCKEN

In gemäßigten Klimazonen ist es erforderlich, das richtige Verhältnis von Ventilation und Wärmedämmung zu finden. Es handelt sich hier um die heikelste aller Energieerhaltungsstrategien. Der Grundsatz lautet: »Dicht bauen, aber gut belüften.«

Eine der Gefahren, die das allzu starke Abdichten von Bauten mit sich bringt, ist die Kondensation von Wasser, insbesondere in feuchteren Räumen wie Küchen, Badezimmern und Waschküchen. Wärmebrücken, die Wärme von einer warmen Innenfläche auf eine kalte Außenfläche übertragen, meist über ein wärmeleitendes Material wie Metall, verursachen ebenfalls Kondensation. Typische Wärmebrücken sind Fensterrahmen aus Metall, massives Mauerwerk und Einfachverglasungen.

Die durch Kondensation bedingte Feuchtigkeit fördert die Schimmelbildung und schadet so der Gesundheit der Bewohner sowie der Bausubstanz. Man kann sie mit folgenden Strategien bekämpfen:

- Passende Dunstabzüge in Badezimmern und Küchen
- Überprüfung der Entwässerungsöffnungen an isolierten Fenstern
- Einbau eines Wärmetauschers oder Wärmerückgewinnungsventilators. Beide Geräte entziehen der austretenden Raumluft Wärme und übertragen sie auf die von außen einströmende Frischluft.
- Passive Kaminventilation mithilfe von Luftschächten und -kanälen oder hoch angebrachten Fenstern. Die warme Luft steigt auf, zieht kühle Frischluft in den Raum und fördert dadurch eine gesunde Ventilation.
- Atmungsaktive Mauern aus halbdurchlässigen Materialien wie Dämmstoffen aus Recycling-Papier
- Verzicht auf undurchlässige Farben oder Wand- und Bodenabdeckungen
- Verhinderung von Wärmebrücken mithilfe von Tür- und Fensterrahmen aus separaten Teilen, Verbesserung der Außenisolierung und Einbau von Doppel- oder Dreifachverglasungen
- Kontrolle vorhandener Dämmungen auf Lücken oder Unterbrechungen im Material

WÄRMEDÄMMSTOFFE

Die verschiedenen Dämmstoffe unterscheiden sich stark nach Zusammensetzung und Isolierleistung. Die für den Ökodesigner »unbequeme Wahrheit« ist, dass synthetische Stoffe wie Polyurethan besser isolieren als Naturstoffe. Die Tatsache jedoch, dass bei vielen synthetischen Dämmstoffen eine negative Auswirkung auf die Raumluft und die Gesundheit nachgewiesen wurde und ihre Herstellung umweltschädlich ist, spricht für Naturprodukte. Manche natürlichen Dämmstoffe müssen allerdings in größeren Stärken verwendet werden, um die erforderliche Wärmedämmung zu gewährleisten. Sie kommen also nur in Frage, wenn z. B. in einer Hohlwand ausreichend Platz ist.

Dämmstoffe weisen sehr unterschiedliche Eigenschaften auf. In manchen Fällen müssen Dämmarbeiten auf jeden Fall vom Fachmann durchgeführt werden. Eine mangelhafte Ausführung kann die Dämmleistung reduzieren – ungewöhnlich geformte Räume sowie Hindernisse wie Stromzähler stellen hier eine große Herausforderung dar. Ein wichtiges Kriterium ist auch die Lebensdauer. Manche Materialien neigen dazu, sich zu setzen, nachzulassen und durch Feuchtigkeitseinwirkung zu zersetzen. Für die Wahl des richtigen Dämmstoffes sollte daher in jedem Fall ein Fachmann zu Rate gezogen werden. Denn den Allround-Dämmstoff gibt es nicht. In manchen Fällen sind auch Kombinationen angezeigt.

GEBRÄUCHLICHE DÄMMSTOFFE

- Schaumpolystyrol (Styropor, EPS). Preisgünstig, hocheffizient, dauerhaft und resistent gegen Feuchtigkeit, Fäulnis, Bewegung und Druck. Erhältlich in Form von Platten und Blöcken. Synthetisches petrochemisches Produkt, somit nicht biologisch abbaubar. Bei der Verbrennung entstehen toxische Rauchgase.
- Platten aus extrudiertem Polystyrol (XPS). Ähnliche Eigenschaften wie expandiertes Polystyrol, von der Dämmleistung nicht ganz so gut.
- Polyurethanplatten und -schaumstoff (PUR). Hocheffizient, wasserbeständig und dauerhaft. Der Schaumstoff muss vom Fachmann verlegt werden. Synthetisches petrochemisches Produkt, entwickelt bei der Verbrennung toxische Rauchgase.
- Glasmineralwolle. Hocheffizient, dauerhaft und resistent gegen Fäulnis. Erhältlich als Rollen oder Matten. Aus natürlichen, in großer Menge vorhandenen Mineralien, möglicherweise mit einem Anteil von Recycling-Material, hoher Gehalt an grauer Energie. Die Fasern können Haut, Nase und Augen reizen. Die Dämmleistung wird durch Feuchtigkeit reduziert.
- Steinwolle. Hocheffizient, dauerhaft, resistent gegen Feuchtigkeit. Aus wiederverwerteter Stahlschlacke. Nicht biologisch abbaubar. Die Fasern können Haut, Nase und Augen reizen.
- Zellulose. Hocheffizient. Hergestellt aus wiederverwertetem Zeitungspapier unter Hinzufügung einfacher anorganischer Salze als Brandschutz. Erhältlich in Mattenform oder lose als Schüttgut. Letzteres ist auch für Heimwerker leicht zu verlegen –

das Material muss »aufgeschüttelt« werden, damit die Brocken zur Verbesserung der Effizienz aufbrechen. Zellulose kann zwecks besserer Haftung auch in leicht befeuchtetem Zustand auf die Wände aufgesprüht werden, was allerdings vom Fachmann durchgeführt werden muss. Ideal für atmungsaktive Mauern und Dachböden. Biologisch abbaubar und recyclebar. Feuchtigkeit ist schädlich.
- Schafwolle. Erhältlich in Form leicht zerschneidbarer und verformbarer Matten. Wiederverwendbar, erneuerbar und biologisch abbaubar. Enthält wenig graue Energie. Natürlich resistent gegen Fäulnis und Zersetzung. Material behält seine Dämmeigenschaften auch bei leichter Feuchtigkeit. Nicht geeignet für unventilierte Mauerhohlräume. Gute Schall- und Wärmedämmung. Hält das Haus im Winter warm und im Sommer kühl.
- Hanf. Naturprodukt, recyclebar, erneuerbar und biologisch abbaubar. Bestens geeignet für atmungsaktives Mauerwerk, Böden, Decken, Wände und Dächer. Geringer Gehalt an grauer Energie. Dichteste unter den natürlichen Dämmungen. Dauerhaft, hervorragende Schall- und Wärmedämmung. Sicher und auch für den Heimwerker leicht zu verlegen.
- Flachs. Einer der billigsten pflanzlichen Dämmstoffe. Geeignet für atmungsaktives Mauerwerk. Gute Wärmedämmung. Erhältlich in leicht zu zerschneidenden und verformbaren Matten. Recyclebar, erneuerbar und biologisch abbaubar.

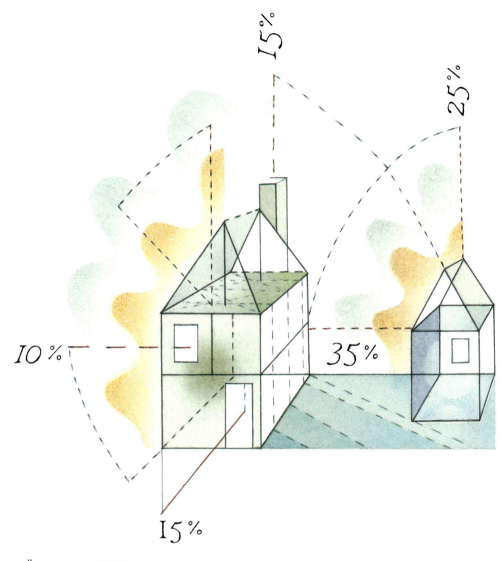

WÄRMEVERLUSTE

- Bis zu 35 Prozent der Wärmeverluste entstehen durch ungedämmte Außenmauern. Hat Ihr Haus Hohlwände, so wird eine zwischen Innen- und Außenwand eingebrachte Isolierung die Wärmeverluste stark vermindern und Ihre Heizkosten reduzieren. Eine Hohlwandisolierung amortisiert sich oft in weniger als zwei Jahren. Bei älteren Bauten lässt sich die Dämmung an den Außen- oder Innenwänden anbringen, wobei eine Außendämmung immer vorzuziehen ist. Dafür kann man die Dämmarbeiten im Innenbereich als Heimwerker meist selbst vornehmen.

- Bis zu 25 Prozent der Wärme geht durch das Dach verloren. Energieberater empfehlen eine mindestens 30 cm starke Dachbodenisolierung.
- Zwischen 15 und 20 Prozent der Wärme gehen durch Undichtigkeit verloren – schlecht sitzende Fensterrahmen, Türen, Briefkasten, Dachluken, Kamine usw. Um Undichtigkeiten aufzuspüren, kann man z. B. eine Feder vor die entsprechenden Stellen halten. Die wichtigsten Gegenmittel sind Bürsten- und Gummidichtungen. Optimal ist der Einbau neuer optimal gedämmter Fenster.
- Weitere 15 Prozent Wärmeverlust gehen auf das Konto von Ritzen

im Boden, zwischen dem Boden und den Fußleisten oder zwischen den einzelnen Bodenbrettern selbst. Dies gilt aber in erster Linie für Altbauten.
- Einfach verglaste Fenster sind für bis zu 10 Prozent der Wärmeverluste verantwortlich. Empfohlen wird eine Doppel- oder Dreifachverglasung. Inzwischen sind neue Glasarten erhältlich, die eine Doppelverglasung um 100 Prozent effizienter machen (s. S. 70). Auch dicke Vorhänge und Jalousien dienen der Dämmung.
- Vergessen Sie nicht, Heißwasserleitungen und -tanks zu isolieren. Die empfohlene Dicke für eine Tankisolierung beträgt 75 mm.

HERKÖMMLICHE HEIZSYSTEME

Wie heizen Sie Ihr Zuhause oder Heim? In Europa ist die meistverbreitete Art von Zentralheizung ein Heißwassersystem mit einem öl- oder gasbefeuerten Speicher, von dem das Heißwasser über Rohrleitungen in die Heizkörper gelangt. Die meisten Heizkörper sowie elektrische Heizsysteme arbeiten nach dem Konvektionsprinzip, das heißt sie erwärmen den Raum durch Verteilung erwärmter Luft. Andere Systeme arbeiten mit Strahlungswärme. Die Heizelemente sind in die Wände oder unter dem Fußboden eingebaut. Öfen oder Kamine liefern zusätzliche Wärme. In der Übergangszeit können elektrische Heizgeräte eingesetzt werden.

In aller Regel basiert herkömmliches Heizen auf der Verbrennung fossiler Brennstoffe. Mit Ausnahme von Holz sind sie weder nachhaltig noch umweltfreundlich. Der ärgste Umweltverschmutzer ist Kohle, bei deren Verbrennung reines CO_2 entsteht. Auch Heizöl verursacht viel CO_2. Bei Gas ist der CO_2-Ausstoß etwas geringer, da bei seiner Verbrennung viel Wasserdampf entsteht.

Nach der Verbesserung der Wärmedämmung ist die Modernisierung des Heizsystems die zweitbeste Lösung. Warmwasserbereiter und Heizkessel erreichen nach zehn bis 15 Jahren das Ende ihrer sinnvollen Nutzungsdauer. Auch wenn das System häufig teure Reparaturen erfordert, empfiehlt es sich, es besser früher als später durch ein anderes zu ersetzen. Bei einer Neuanschaffung ist es ratsam, eine professionelle Bedarfsermittlung durchführen zu lassen. Die meisten Heizungsanlagen sind überdimensioniert und arbeiten daher nicht energieeffizient. Jede Dämmungsmaßnahme verringert den Energiebedarf und damit den Anspruch an die Leistung der Heizungsanlage.

In manchen Ländern, etwa in Großbritannien, dürfen bei Neuinstallationen nur noch hocheffiziente Brennwertkessel verbaut werden. Diese nutzen auch die Wärme der Abgase des Brenners, wodurch sich die für die Erzeugung der gleichen Wärme erforderliche Brennstoffmenge reduziert. Durch die niedrigeren Abgastemperaturen führen Brennwertkessel aber zur Versottung älterer Kamine, so dass eine Kaminsanierung erforderlich wird. Die effizientesten Warmwasserbereiter werden in Deutschland hergestellt – sie erzielen Energieeffizienzgrade von bis zu 98 Prozent.

In zahlreichen US-Bundesstaaten wird die Modernisierung der Heizung mit Steuergutschriften honoriert. Der

Grad der erforderlichen Effizienz hängt zum Teil davon ab, ob der Wohnort in einer Gegend mit strengen Wintern liegt. Ist dies der Fall, so empfiehlt sich ein Energieeffizienz-Rating von 90 Prozent. Einige neue Modelle haben Zweistufenbrenner. Bei milden Temperaturen läuft der Brenner mit geringerer Geschwindigkeit und erzeugt weniger Hitze. Damit werden Temperaturschwankungen reduziert, was wiederum den Verschleiß verringert, da der Ofen nicht ständig aus- und eingeschaltet werden muss.

Die Effizienz von Warmwasserbereitern wird durch moderne elektronische Steuerungen, Zeitschalter, Raum-Thermostate und individuelle Thermostate an Heizkör-

pern (in Großbritannien gesetzlich vorgeschrieben) erhöht. Digitale Thermostate können die Brennstoffrechnungen um bis zu 10 Prozent senken. Intelligente Steuerungen, die sich Ihrem persönlichen Lebensrhythmus anpassen, sorgen für eine zusätzliche Feineinstellung des Systems. Abzuraten ist von Steuerungen, die zu bestimmten voreingestellten Zeitpunkten schalten. In einem für passive Nutzung der Sonnenwärme konzipierten Haus sollte der Hauptthermostat im wärmsten Raum angebracht sein, normalerweise in dem nach Süden ausgerichteten Wohnraum.

STRAHLUNGSHEIZUNG

Da Strahlungsheizungen nicht durch Konvektion, sondern durch Wärmestrahlung wirken, erzeugen sie ein natürlicheres und angenehmeres Raumklima als Heizsysteme, die die Luft erwärmen. Empfehlenswert sind sie auch für Asthmatiker, da Hausstaubmilben und andere Allergene nicht durch aufsteigende Warmluft aufgewirbelt werden. Die bekannteste Form ist die Fußbodenheizung, Strahlungsheizungen können aber auch in Wände installiert werden.

Fußbodenheizungen werden meist elektrisch oder mit einer Warmwasserheizung betrieben. Warmwasser-Fußbodenheizungen sind schwieriger zu installieren, können jedoch äußerst energieeffizient sein, da sie mit niedrigen Temperaturen betrieben werden. Es werden viele hocheffiziente Brennwertkessel angeboten, die speziell für Warmwasser-Fußbodenheizungen entwickelt wurden. Dagegen sind herkömmliche Warmwasserbereiter weniger geeignet, da sie bei niedrigeren Wassertemperaturen zumeist ineffizient arbeiten. Fußbodenheizungen können auch mit solarthermischen Systemen arbeiten, was sich aber nur in Lagen lohnt, in denen auch im Winter ausreichend Sonnenenergie zur Verfügung steht.

Da ein Strahlungssystem die gesamte Fläche des Fußbodens oder einer Wand heizt, spielt die Wahl des Materials eine wichtige Rolle für die Gesamteffizienz. Materialien mit hoher Wärmespeicherkapazität wie Beton, Stein oder Fliesen erwärmen sich langsam und halten die Wärme länger, was Temperaturschwankungen ausgleicht. Fußbodenheizungen können aber auch gut unter Holzdielen oder Parkett eingesetzt werden.

ALTERNATIVE ENERGIEQUELLEN

Die Sorge um die Umwelt und die steigenden Brennstoffkosten bewirken, dass immer mehr Menschen den Blick auf alternative Energiequellen richten, um ihr Zuhause mit Strom und Wärme zu versorgen. Auch wenn Solarthermie, Fotovoltaik, Wärmepumpen und andere Arten grüner Energie (s. S. 38–47) in manchen Teilen der Welt noch alles andere als Standard sind, gelten sie nicht mehr als Lösungen, die nur von einer Handvoll engagierter Öko-Pioniere praktiziert werden. Deutschland kommt in dieser Hinsicht die Vorreiterrolle zu. Hierzulande sind bereits rund eine Million Dächer mit Solaranlagen ausgestattet, in Großbritannien hingegen sind es erst 90 000.

Verschiedene Gründe können die Menschen davon abhalten, diesen Schritt zu wagen. Einer davon ist die optische Wirkung – Solaranlagen sind nicht gerade eine Zierde und werden z. B. auf historischen Gebäuden von den Denkmalschutzbehörden strikt abgelehnt. Außerdem sind insbesondere fotovoltaische Anlagen sehr teuer, was eine lange Amortisationszeit mit sich bringt. Da aber die Energiekosten steigen, hat sich die Amortisationszeit spürbar verkürzt. Viele Leute geben eine Menge Geld für neue Küchen und Badezimmer aus in der Erwartung, ihr Zuhause damit aufzuwerten. Es gibt keinen Grund, Investitionen zur CO_2-Vermeidung nicht in derselben Weise zu sehen.

In manchen Ländern wurden finanzielle Anreize und Pauschalangebote geschaffen, um Investitionen in erneuerbare Energien zu fördern. Wie bereits erwähnt, verdankt sich der bemerkenswerte deutsche Rekord in Bezug auf die installierte Solarkapazität zum großen Teil der Tatsache, dass Privathaushalte ihren Überschussstrom zu einem guten Preis ins Netz einspeisen können. Diese Initiative wurde bisher von 15 weiteren Ländern übernommen. Andere Hilfen sind Solarhypotheken, die den Hauseigentümern ermöglichen, die Zahlungen wie beim Hauskauf günstig zu finanzieren, sowie staatliche Zuschüsse. Bei einem in Berkeley in Kalifornien laufenden Pilotprojekt gewährt die Stadt dem Hauseigentümer einen Solaranlagen-Kredit, der dann über die erhöhte Grundsteuer getilgt wird. Falls die Immobilie verkauft wird, läuft die Rückzahlung über den neuen Eigentümer weiter.

Auch fehlendes Wissen kann ein Hemmschuh sein. Die meisten von uns verstehen die technischen Details einer herkömmlichen Heizanlage, aber wie funktioniert eigentlich eine Wärmepumpe? Auch die Installation des alternativen Systems kann ein Grund zur Verunsicherung sein, besonders in Gebieten, in denen es an Fachleuten mit entsprechender Erfahrung fehlt. Wie in anderen Bereichen der Hausmodernisierung muss man sich auch hier vor dubiosen Angeboten hüten.

Nicht zuletzt werden die Entscheidungen durch kontroverse Beurteilungen erschwert. Ist ein auf dem Hausdach installierter Windgenerator energetisch sinnvoll oder bloß grüner Baudekor? Oft werden bestimmte Formen von erneuerbarer Energie sehr kontrovers diskutiert, der Konsument dadurch verunsichert. Das Pro und Kontra der erneuerbaren Energien abzuwägen bedeutet, dass man selbst Recherchen durchführen muss. Es kann sich auch rentieren, einen unabhängigen Energieberater ins Haus kommen zu lassen, um zu klären, welches System sich am besten eignet und das günstigste Koten-Effizienz-Verhältnis bietet. Möglicherweise ist eine Kombination verschiedener Technologien nötig, um den individuellen Bedürfnissen optimal gerecht zu werden. Vorrangig ist aber stets, dass das Haus in optimaler Weise wärmegedämmt wird – es ist nicht sinnvoll, in alternative Energiequellen zu investieren, wenn die erzeugte Energie anschließend vergeudet wird.

Unten: Stroh und Holzabfall können als Brennstoff für Biomasseheizkessel dienen. Der Großteil davon würde sonst verbrannt, kompostiert oder zur Geländeanfüllung verwendet werden.

Rechts: Fotovoltaikmodule auf dem Dach versorgen dieses Null-Emissions-Haus mit Strom. Das Wasser wird mithilfe thermischer Solarkollektoren erwärmt, die durch einen Biomasseheizkessel ergänzt werden.

SOLARTHERMISCHE ANLAGEN

Solarthermie ist eine bestens erprobte Technologie zur Umwandlung von Sonnenenergie in nutzbare Wärme. Sie verbreitet sich sehr rasch: Die geschätzte Wachstumsrate liegt bei 50 Prozent pro Jahr. Seit einigen Jahren sind Solaranlagen auf Dächern ein vertrauter Anblick in sonnigen Mittelmeerländern. Seit 2006 müssen in Spanien alle neu erbauten Häuser mit thermischen Solarkollektoren ausgestattet sein. Aber selbst in nördlicheren Zonen kann die Solarthermie sehr effektiv sein. Marstal in Dänemark deckt im Sommer seinen gesamten Warmwasserbedarf und ganzjährig ein Drittel des Heizenergiebedarfs mithilfe eines solarthermischen Kraftwerks am Rande der Stadt. In Großbritannien kann eine thermische Solaranlage 60 bis 70 Prozent des jährlichen Warmwasserbedarfs eines Haushalts abdecken, in Deutschland rechnet man mit 50 bis 65 Prozent. Solarthermische Anlagen eignen sich auch für den nachträglichen Einbau.

FUNKTIONSWEISE

Wichtigster Bestandteil einer thermischen Solaranlage ist der Kollektor, dessen Absorber die eingestrahlte Sonnenenergie aufnimmt und sie als Wärme auf eine durchströmende Flüssigkeit überträgt. Es gibt drei Bautypen: Am bekanntesten sind Flachkollektoren, leistungsfähiger und teurer sind Vakuumröhrenkollektoren, die besonders bei häufigem diffusem Licht Vorteile bieten. Absorbermatten aus Kunststoff schließlich dienen vor allem zum Beheizen von Swimmingpools.

Nur in frostfreien Lagen kann die Sonnenwärme unmittelbar auf das Leitungswasser übertragen werden. In Mitteleuropa werden üblicherweise getrennte Kreisläufe installiert. Dabei wird die Sonnenwärme von einer Wärmeträgerflüssigkeit – meist Wasser mit einem Frostschutzmittel – über einen Wärmetauscher auf das Brauchwasser im Warmwasserspeicher übertragen. Eine thermostatgesteuerte Pumpe aktiviert das System, sobald die Kollektoren genug Energie aufgenommen haben, um das Wasser im Speicher zu erwärmen.

Solarthermische Anlagen benötigen entweder einen speziellen Vorheiztank, der zwischen der Kaltwasserquelle und dem Warmwasserspeicher angeordnet ist, oder der vorhandene Speicher muss durch einen größeren mit zwei Wärmetauschern ersetzt werden, von denen der eine mit dem Solarkollektor und der andere mit dem herkömmlichen Heizkessel verbunden ist. Wichtig ist der richtige Durchmesser der Rohrleitungen. Ist er zu groß, so kann es zu Wärmeverlusten kommen.

AUSRICHTUNG DER KOLLEKTOREN

Ausrichtung und Neigung der Kollektoren beeinflussen maßgeblich ihre Leistung. Sie können auf Dächern angebracht werden, an angrenzenden Bauten oder im Garten. Auf der Nordhalbkugel müssen sie innerhalb eines Winkels von 90 Grad nach Süden ausgerichtet sein. Es eignet sich somit jede Richtung von Südost bis Südwest. Der Neigungswinkel richtet sich nach dem Breitengrad und liegt bei 30 bis 45 Grad. Ganz wesentlich ist, dass die Kollektoren nicht von Bäumen oder Bauten beschattet werden.

Pro

- Gratisenergie. Solarkollektoren funktionieren sogar bei bedecktem Himmel, da sie nach dem Prinzip der Lichtabsorption arbeiten.
- Erprobte Technologie.
- Kann zur Ergänzung eines vorhandenen Warmwassersystems oder in Kombination mit einer Fußbodenheizung betrieben werden. Relativ rasche Installation mit minimaler Belästigung.
- Geringe Betriebskosten – etwas Stromverbrauch der Pumpe.
- Geringe Wartungskosten.
- Die preiswerteste Art von Solarheizung. In manchen Regionen bezuschusst.

Kontra

- Erzeugt die meiste Energie zu Zeiten, in denen der Bedarf am geringsten ist.
- Der vorhandene Speicher muss möglicherweise durch einen größeren ersetzt werden, was ein Platzproblem sein kann.
- Es muss sich um eine geeignete Konstruktion handeln, die von autorisiertem Fachpersonal installiert wird.
- Falls das Haus unter Denkmalschutz steht oder sich in einem denkmalgeschützten Ensemble befindet, ist eine Baugenehmigung erforderlich, die in solchen Fällen oft verweigert wird.

Links: Die Solarthermie nutzt die Sonnenenergie zum Erwärmen von Wasser. Es handelt sich um eine bewährte Technik, die selbst in nördlichen Ländern sehr effizient sein kann.

FOTOVOLTAIK

Eine andere Art von Solartechnik ist die Fotovoltaik. Hier wird die Sonnenenergie mithilfe von Solarzellen direkt in elektrischen Strom umgewandelt. Dazu werden aus Silizium gefertigte Solarzellen zu Solarmodulen zusammengefasst. Solardachziegel waren zeitweilig erhältlich, konnten sich bisher nicht durchsetzen. Daneben gibt es auch durchsichtige Zellen oder Schichten, die auf Glasdächern oder in Fenstern installiert werden können.

Wenn auch für die überwältigende Mehrheit der Solaranlagen konventionelle Module verwendet werden, so sind doch in nächster Zeit in diesem Bereich weitere enorme Fortschritte zu erwarten. Eine potenziell revolutionäre Neuerung, durch die in naher Zukunft Fenster als leistungsfähige Solarmodule dienen könnten, resultiert aus Forschungen, die am Massachusetts Institute of Technology betrieben wurden. In Plexiglas eingebettete Farbstoffe beginnen unter Sonneneinstrahlung zu fluoreszieren und emittieren Licht auf Solarzellen im Fensterrahmen, wo es in Strom umgewandelt wird. Da hier weit weniger Solarzellen erforderlich sind, könnten die Kosten beachtlich sinken.

FUNKTIONSWEISE

Auf Solarmodule auftreffendes Sonnenlicht wird direkt in elektrischen Strom umgewandelt. Da das System keine beweglichen Teile umfasst, erfolgt die Stromerzeugung völlig geräuschlos. Es entsteht Gleichstrom, der in der Folge von einem Inverter in Wechselstrom umgewandelt werden muss. An die Netzstromversorgung muss die Fotovoltaikanlage über einen Sicherungskasten angeschlossen werden.

Tagsüber erzeugt die Fotovoltaik-Anlage kontinuierlich Strom, der über einen Zähler ins Netz eingespeist wird. Der vom Anlagenbetreiber verbrauchte Strom wird in konventioneller Weise aus dem Netz entnommen. Der große Erfolg der Fotovoltaik in Deutschland erklärt sich aus dem Umstand, dass die Anlagenbetreiber den produzierten Strom zu einem garantierten höheren Tarif verkaufen als dem, den sie für den verbrauchten Strom bezahlen. In der Regel wird die Rentabilitätsschwelle nach etwa zehn Jahren überschritten.

Fotovoltaik-Anlagen können auch als Inselsystem ohne Netzverbindung betrieben werden. In diesem Fall wird der überschüssige Strom in einem Akkumulator gepuffert, der als Hauptstromquelle dient. Solche Anlagen dienen zur Versorgung z. B. von Wohnmobilen oder Ferienhäusern ohne Anschluss an das öffentliche Stromnetz.

AUSRICHTUNG DER SOLARMODULE

Wie die thermischen Solarkollektoren können auch Solarmodule auf Dächern, an Südfassaden oder auf dem Erdboden installiert werden. Der maximale Ertrag (auf der Nordhalbkugel) wird mit einer Ausrichtung nach Süden erzielt. Der optimale Neigungswinkel richtet sich nach dem Breitengrad. So sind etwa in Südengland 30 Grad optimal, während sich in Schottland der Winkel auf 40 Grad erhöht. Für Deutschland werden 28 Grad empfohlen. Der Schattenwurf von hohen Gebäuden, Schornsteinen und Bäumen verringert den Stromertrag.

Für Planung, Dimensionierung, Ausführung und Installation der Anlage sind ausgewiesene Fachleute heranzuziehen. Wichtige Fragen sind die Platzierung der elektrischen Leitungen und der Anschlussdosen sowie die Beschaffenheit der Trägerstrukturen.

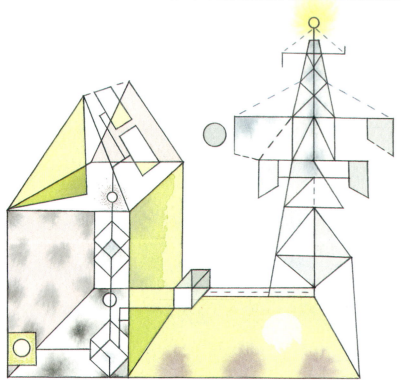

Pro

- Umweltfreundlich, kostenfrei und geräuschlos erzeugter Strom.
- Stromerzeugung auch bei bedecktem Himmel.
- Sehr geringe Wartungskosten, da die Anlage keine beweglichen Teile umfasst.
- Solarmodule haben eine Lebensdauer von bis zu 30 Jahren.
- Verschiedene Zuschüsse und andere Finanzierungshilfen.

Kontra

- Hohe Beschaffungskosten, die sich jedoch in Zukunft aller Wahrscheinlichkeit nach verringern werden. Da die Brennstoffpreise weiterhin steigen, werden sich die Amortisationszeiten entsprechend verkürzen.
- Installation durch ausgewiesene Fachleute erforderlich.
- Falls das Haus unter Denkmalschutz steht oder sich in einem denkmalgeschützten Ensemble befindet, ist eine Baugenehmigung erforderlich, die häufig verweigert wird.

Links: Eine zahlreiche Solarmodule umfassende Fotovoltaikanlage erzeugt sauberen Strom. Wichtig sind die richtige Neigung und Ausrichtung der Module.

WÄRMEPUMPEN

Neben der Solarthermie existieren auch die Wärmepumpen schon seit längerer Zeit. Besonders verbreitet sind sie in Schweden. Die Technik basiert auf dem Prinzip, dass Wärme von einer Stelle, an der sie reichlich vorhanden ist – im Boden, im Wasser oder in der Luft – dorthin transportiert wird, wo man sie zum Beheizen von Räumen oder zur Warmwasserbereitung benötigt. Die Funktionsweise ist ähnlich wie bei der Dampfkompression im Kühlschrank, im Gegensatz dazu wird die am Ende des thermodynamischen Kreisprozesses freigesetzte Wärme jedoch genutzt. Manche Systeme erzeugen lediglich Wärme, andere können auch für Kühlzwecke eingesetzt werden.

Wärmepumpen haben die beste Energiebilanz, wenn sie mit Strom aus erneuerbaren Energien betrieben werden und für Fußbodenheizungen oder Niedrigtemperatur-Heizkörper in hochwärmegedämmten Häusern eingesetzt werden. Mit herkömmlich erzeugtem Strom betrieben entspricht ihre Energieeffizienz in etwa der eines Gasbrennwertkessels für Niedertemperaturheizung. Somit sind Wärmepumpen eine attraktive Alternative für Haushalte, die sonst auf fossile Brennstoffe angewiesen wären. Für die Warmwasserbereitung ist mitunter ein eigenes System erforderlich.

FUNKTIONSWEISE

Bei Wärmepumpen gibt es verschiedene Funktionsmodelle, die alle auf dem gleichen Grundprinzip beruhen:

Die *Luft/Wasser-Wärmepumpe* holt sich die Wärmeenergie aus der Außenluft. Selbst bei –20 °C gewinnt sie noch genug Wärme, um für Heizung und Warmwasser zu sorgen. Häufig wird sie bei der Gebäudesanierung installiert. Die *Sole/Wasser-Wärmepumpe* ist die in Deutschland meistverbreitete Form für den privaten Wohnbereich. Sie nutzt Wärme aus dem Erdreich zum Heizen und zur Warmwasserbereitung. Im Sommer kann die Kälte aus der Tiefe zum Kühlen eingesetzt werden. Die Wärme wird dem Erdreich durch Rohre entnommen, in denen eine Wärmeübertragungsflüssigkeit (Sole, meist eine Mischung aus Wasser und Glykol) zirkuliert. Diese Rohre werden entweder über eine meist 2 x 60 m tiefe Solebohrung eingebracht oder in Form von Solekörben im Erdreich vergraben. Einige renommierte Hersteller bieten Bohrungen und Geräte zu attraktiven Komplettpreisen an.

- Die *Wasser/Wasser-Wärmepumpe* schöpft durch einen Brunnen aus dem Grundwasser die zum Betrieb notwendige Wärme.
- Die *Warmwasser-Wärmepumpe* gewinnt die Wärme aus der Raumluft und setzt sie zur Warmwasserbereitung ein. Dieses Verfahren ist nur in Ländern mit konstant hohen Lufttemperaturen sinnvoll.
- Eine besonders für hochgedämmte Häuser interessante Bauart ist die *Luft/Luft-Wärmepumpe*, die das Haus nicht nur erwärmt, sondern auch belüftet, indem sie die einströmende Frischluft mit Energie beheizt, die der ausströmenden Warmluft entnommen wird.

Pro

- Erneuerbare und kostenlose Energie.
- Gut eingeführt.
- Günstige Energiebilanz, da zusätzliche Energie lediglich zum Betrieb von Kompressor und Umwälzpumpe erforderlich ist, nicht aber zur Wärmegewinnung.
- Die CO_2-Einsparung erhöht sich, wenn zum Antrieb von Kompressor und Pumpe umweltfreundlich erzeugter Strom verwendet wird.
- Ideal für Fußbodenheizungen, insbesondere, wenn der Bodenbelag gute thermische Eigenschaften aufweist. Denn die Wärmepumpe arbeitet am effizientesten, wenn nur geringe Temperaturdifferenzen zu überwinden sind.
- Kostengünstiger als Öl, Flüssiggas und Elektroheizungen.
- Es werden Zuschüsse gewährt.
- Lebensdauer über 40 Jahre.

Kontra

- Hohe bis sehr hohe Anschaffungskosten, die an die Kosten einer Fotovoltaikanlage grenzen können.
- Weniger energieeffizient bei Betrieb mit konventionellem Strom.
- Die erzeugten Temperaturen reichen nicht immer für eine direkte Heißwasserbereitung. Modernste Geräte erreichen aber Temperaturen bis 60 °C.
- Erdwärmepumpen erfordern aufwendige Grabungen oder Bohrungen und bei Verwendung von Solekörben eine ausreichende Fläche für deren Verlegung.

Links: Eine Erdwärmepumpe arbeitet am besten in Kombination mit einer Fußbodenheizung. Fußböden mit hoher Wärmespeicherkapazität wie Beton oder Stein erhöhen die Energieeffizienz solcher Strahlungssysteme.

KLEINWINDKRAFTANLAGEN

Für viele Traditionalisten ist die einzige akzeptable Windkraftanlage die traditionelle Windmühle, deren Flügel sich
übrigens, anders als die Rotoren moderner Windkraftanlagen, gegen den Uhrzeigersinn drehen. Die niederländi-
schen Behörden investieren beachtliche Beträge zur Restaurierung der noch erhaltenen Windmühlen, in anderen
Ländern laufen ähnliche Projekte. In Großbritannien wird
bei alten Wassermühlen überprüft, ob sie sich als kleine
Wasserkraftwerke nutzen lassen.

Windgeneratoren auf dem Dach sind fast ebenso
umstritten wie die großen Onshore- oder Offshorewind-
parks. Theoretisch soll die kostenlose Windenergie einen
beachtlichen Teil des Strombedarfs eines Haushalts abdecken. In der Praxis sind die Ergebnisse allerdings eher ent-
täuschend. Man könnte fast sagen, der größte Beitrag der
Windkraftanlagen auf dem Hausdach bestehe darin, dass
mehr über Umweltfragen gesprochen wird. Untersuchungen haben gezeigt, dass noch sehr viel Entwicklungsarbeit
geleistet werden muss, damit diese Technologie tatsächlich
den Nutzen erbringen kann, den sich ihre Verfechter von
ihr versprechen.

FUNKTIONSWEISE

Kleinwindkraftanlagen übertragen die von Horizontal-
oder Vertikalrotoren gewonnene Rotationsenergie mittels
eines Getriebes oder Keilriemens auf einen Generator. Aufgrund der niederen Anschaffungskosten erschienen diese
Anlagen zeitweilig als attraktive Neuerung. In vielen städtischen Gebieten können sie aufgrund unzureichender
Windgeschwindigkeiten nicht genügend Strom erzeugen.
Besser bewährt haben sie sich in exponierten und windreichen ländlichen Gebieten. Da es sich bei den handelsüb-
lichen Generatoren in aller Regel um Gleichstromgenera-
toren handelt, wird für die Einspeisung des gewonnenen
Stroms ins Netz ein Wechselrichter benötigt. Der Einsatz
von Kleinwindkraftanlagen kann als Insellösung, aber auch
im Netzparallelbetrieb erfolgen. Ihre Verwendung zur
Energieversorgung von Häusern, vor allem Ferienhäusern
ohne eigenen Stromanschluss mag durchaus sinnvoll sein.
Für Phasen der Windstille wird dann die gewonnene elektrische Energie in Akkumulatoren gespeichert.

Pro
- Kleinwindenergieanlagen sind
  vergleichsweise kostengünstig, der
  Preis richtet sich nach der Größe.
- Vorteilhaft in isolierten ländlichen
  Siedlungen, insbesondere in
  windreichen Gebieten. Als ideal
  können sich Küstengebiete
  erweisen.
- Kostenlose Energie.

Kontra
- Zumeist unbefriedigende
  Leistungen in städtischen
  Gebieten aufgrund des von
  Nachbarhäusern erzeugten
  Windschattens.
- Im Allgemeinen ist eine Bau-
  genehmigung erforderlich.
- Aufgrund ihrer Herstellungsweise
  enthalten Windkraftanlagen einen
  hohen Grad an grauer Energie, der
  trotz aller CO_2-Ersparnis zu
  berücksichtigen ist.
- Geräuschentwicklung.
- Bei Dachmontage mögliche
  Auswirkungen auf die
  Bausubstanz. Die meisten
  Experten empfehlen,
  Kleinwindkraftanlagen in
  ausreichender Entfernung von
  Häusern aufzustellen.
- Energieverluste im Zusammen-
  hang mit der Umwandlung in
  Wechselstrom, im Kabel und bei
  einer Einspeisung ins Netz.

MIKRO-BLOCKHEIZKRAFTWERK (MIKRO-BHKW)

Wie große Blockheizkraftwerke, die Gemeinden mit Strom und Wärme versorgen, kombiniert das Mikro-BHKW einen Warmwasserbereiter mit einem Stromgenerator. Diese Technologie ist in der EU vergleichsweise gut eingeführt. Anders als große Blockheizkraftwerke wird das Mikro-BHKW jedoch mit fossilen Brennstoffen, gewöhnlich Heizöl, Gas oder Flüssiggas betrieben. Unter dem Aspekt der Energieeffizienz liegt die Stärke dieser Anlagen in der lokalen Erzeugung von Strom, dort wo er benötigt wird. Auf diese Weise wird weit weniger Energie vergeudet als beim Bezug von Strom aus einem fernen Kraftwerk, aus dem die Energie über weite Strecken zum Verbraucher transportiert werden muss.

FUNKTIONSWEISE

Es gibt verschiedene Typen von Mikro-BHKW, doch grundsätzlich wird darin eine Wärmekraftmaschine betrieben, um Heißwasser für Heizzwecke und Energie zum Antrieb eines Generators zu erhalten. Die Anlage kann sowohl als Insellösung als auch im Netzparallelbetrieb verwendet werden, wobei überschüssiger Strom ins Netz eingespeist wird. Sie bietet somit eine ideale Lösung für Häuser an abgelegenen Standorten.

Pro
- Energieeffiziente Stromerzeugung.
- Kompakt und geräuscharm.
- Erprobte Technik.
- Gut geeignet für abgelegene Standorte, da Übertragungsverluste vermieden werden.

Kontra
- Betrieb mit fossilem Brennstoff.
- Relativ hohe Installationskosten.

Links: In städtischen Gebieten erbringen dachbasierte Windgeneratoren oft nicht die erwünschte Leistung: Der von den umliegenden Bauten verursachte Windschatten kann hier zu einem Problem werden.

Rechts: Mikro-Blockheizkraftwerke werden mit fossilen Brennstoffen befeuert, erzeugen den Strom aber genau dort, wo er gebraucht wird. Auf diese Weise wird weit weniger Energie vergeudet als auf langen Transportwegen zum Abnehmer. Oft dienen sie der Wärme- und Stromversorgung von Häusern an besonders abgelegenen Standorten.

BIOMASSE

Im Prinzip ist Biomasse jedes organische Material, das sich als Energiequelle nutzen lässt, in der Praxis handelt es sich um verschiedene Arten von Holzabfall, der in großen Mengen zur Verfügung steht. Schätzungen zufolge werden in Großbritannien alljährlich sechs Millionen Tonnen Holzabfälle als Geländeanfüllung entsorgt. Viele der kleinen Blockheizkraftwerke, die Gemeinden mit Strom versorgen, werden mit Biomasse befeuert. Dabei kann es sich um Scheite, Holzhackschnitzel und Pellets handeln.

Das Verbrennen von Holz gilt allgemein als CO_2-neutral, da das dabei entstehende CO_2 von Bäumen aufgenommen wird, die wiederum Sauerstoff abgeben. Manche Experten sind jedoch der Meinung, dass auch Bearbeitung und Transport von Holz Energie kosten und Holzrauch eine Reihe schädlicher Substanzen enthält.

FUNKTIONSWEISE

Biomasse kann man in Öfen, offenen Kaminen und mit Holz befeuerten Heizkesseln verbrennen. Theoretisch können letztere herkömmliche Heizkessel ablösen. Sie funktionieren mit dem vorhandenen Heizungssystem. In der Praxis kann es aber Probleme mit dem Rauchabzug geben. Außerdem ist viel Platz zur trockenen Lagerung des Holzes erforderlich. Manche Anlagen sind für Holz in verschiedenen Formen konzipiert, andere speziell für Stückholz oder für Pellets. Man kann die Anlage direkt oder über einen Einfülltrichter beschicken, der die Arbeit erleichtert.

Holz in offenen Kaminen zu verbrennen ist am wenigsten energieeffizient, da ein beachtlicher Teil der erzeugten Wärme mit den Emissionen durch den Schornstein entweicht. In einem gut wärmegedämmten Haus ist ein Holzofen die beste Wahl und außerdem leichter zu installieren als ein Biomasseheizkessel. Moderne Holzöfen sind sehr energieeffizient und reduzieren durch Luftzirkulation die Emissionen. Mithilfe von Durchlässen in der Decke oberhalb des Ofens lassen sich Räume im oberen Stockwerk mitheizen. Auch offene Verbindungstüren helfen, die Wärme auf die Räume zu verteilen. In hochwärmegedämmten Häusern kann ein mit Holz befeuerter Ofen praktisch die gesamte erforderliche Heizkraft liefern. Man kann darauf sogar kochen. Als Grundofen gebaute Kachelöfen speichern die Wärme sehr lange. Dank ihrer hohen thermischen Masse funktionieren sie ähnlich wie Nachtspeicheröfen und geben die Wärme gleichmäßiger ab. Ein weiterer Vorteil sämtlicher Ofentypen ist die Behaglichkeit, die sie in jedes Heim bringen.

Moderne Holzöfen hoher Qualität arbeiten heute ziemlich sauber – einige dürfen sogar in rauchfreien Zonen benutzt werden. Nicht genügend abgelagertes oder feuchtes Holz verursacht einen erhöhten Rauchgasausstoß, und Gleiches gilt für den Betrieb des Ofens unterhalb seiner optimalen Betriebstemperatur. Schlecht brennendes Holz verursacht starken Rauch und viel Teer, der sich im Schornstein ablagert. Öfen dürfen nicht überdimensioniert sein, insbesondere nicht in gut gedämmten Häusern. Mit einem großen Ofen bei geschlossener Luftzuführung zu heizen, um die Hitze zu vermindern, führt zu verstärkter Rauchbildung. Völlig unsinnig ist es, Türen und Fenster zu öffnen, damit die Wärme nach draußen entweichen kann.

Pro

• Mit Einschränkungen CO_2-neutral.
• Nützliche Entsorgung von Holzabfällen.
• Heizen und Warmwasserbereitung sind mit Biomasse wesentlich kostengünstiger als mit herkömmlichen Brennstoffen.
• In hochwärmegedämmten Häusern kann ein energieeffizienter holzbefeuerte Ofen als Zusatzheizung völlig ausreichend sein.

Kontra

• Mit Biomasse befeuerte Heizkessel sind wesentlich teurer als herkömmliche und können eine aufwendige Installation erfordern.
• Der Brennstoff muss trocken gelagert werden und nimmt relativ viel Platz in Anspruch.
• Mit Holz befeuerte Öfen eignen sich nicht generell zum effizienten Erwärmen von Wasser.
• Aufwendige Wartung, regelmäßiges Befüllen und Reinigen erforderlich.
• In städtischen Gebieten kann sich die Brennstoffbeschaffung als schwierig erweisen, auf dem Land ist sie in der Regel völlig unproblematisch.

Ganz links: Es gibt verschiedene Arten von Biomasseheizkesseln. Manche werden mit Scheitholz, andere mit Holzhackschnitzeln, Spänen oder aus Sägemehl gepressten Pellets befeuert.

Links: Moderne Holzöfen können sehr energiesparend sein, müssen jedoch auf höchster Effizienzstufe betrieben werden, damit die Emissionen niedrig bleiben.

KÜHLEN

Vom Klimawandel verursachte warme Sommer belasten unsere Energiereserven zusätzlich durch den Einsatz von Klimaanlagen. In den USA hat die sommerliche Klimatisierung von Eigenheimen einen beachtlichen Anteil am Energieverbrauch. Da die Temperaturen wahrscheinlich weiterhin steigen werden, muss nach alternativen Kühlmethoden Ausschau gehalten werden. Das Mindeste ist, dass man die Klimaanlage auf eine höhere Temperatur einstellt. Übermäßige Kühlung des Wohnbereichs ist unnötig.

Mechanische Kühlung durch Klimaanlagen mit Ventilatoren gilt nicht als umweltfreundlich. Auch wenn man aus alternativen Energien seinen eigenen Strom erzeugt, ist eine solche Strom fressende Vorrichtung nicht die beste Art, ihn zu verbrauchen. Ventilatoren, die die Luft nicht kühlen, sondern lediglich umwälzen, erzeugen im Betrieb Wärme. Einige Kühlanlagen arbeiten energieeffizient, da die von ihnen der Raumluft entzogene Wärmeenergie die zu ihrem Betrieb nötige Energie übersteigt. Vom Standpunkt des Umweltschutzes sind sie jedoch bei Weitem nicht die ideale Lösung. Und die Kühlleistung von Wärmepumpen, sofern diese eine Kühlfunktion aufweisen, ist in der Regel an heißen Tagen nicht ausreichend. Der richtige Weg ist die Entscheidung für eine oder mehrere der traditionellen passiven Lösungen wie Wärmespeicherung, Belüftung und Schattenspender.

WÄRMESPEICHERKAPAZITÄT

Baustoffe mit großer thermischer Masse wie Stein, Mauerwerk und Beton sind bei warmem Wetter nicht weniger vorteilhaft als bei kaltem. Tagsüber absorbiert die im Haus verbaute thermische Masse die Wärme und erwärmt sich dadurch selbst. Die Fenster sollten in dieser Zeit stets geschlossen bleiben, damit die warme Luft draußen bleibt. Zudem sollten sie im Schatten liegen, um sich nicht aufzuheizen. Nachts dagegen sollten die Fenster offen stehen, damit die in der Baumasse des Hauses gespeicherte Wärme entweichen kann.

Die optimale Nutzung der Wärmespeicherkapazität eines Gebäudes setzt eine hochgradige Dämmung und Luftdichtigkeit voraus. Wichtig ist auch die Ausrichtung des Baus. Auf der Nordhalbkugel ermöglichen großzügig verglaste Südfronten, dass die Wärme im Winter ins Hausinnere eindringt, im Sommer müssen diese verglasten Öffnungen jedoch gut beschattet sein, damit ihre Wärmeaufnahme reduziert wird. Eine zweckmäßige Raumaufteilung – nach Süden blickende Wohnräume, nach Norden gerichtete Schlaf- und Nutzräume – trägt dazu bei, diese passiven Strategien optimal zu nutzen.

In warmen Klimazonen hingegen sollten die Fenster auf der der Sonne zugewandten Hausfront möglichst klein sein. Markisen, Sonnendächer, Veranden, Vorbauten und Ähnliches sollten Fenster und Außenmauern gegen die Sonne abschirmen.

Oben: Tief angesetzte Sonnendächer schirmen Fenster und Außenmauern ab und spenden der Terrasse Schatten.

Rechts: Durchbrochene Sonnenschutzwände nehmen dem Sonnenlicht die Stärke und erzeugen angenehme Licht- und Schattenmuster.

BELÜFTUNG

Rechts: Einander gegenüber-
liegende Maueröffnungen
ermöglichen die Kühlung des
Innenraums durch Querlüftung.
Folgende Seite: Ein nach Süden
orientierter Raum in einem New
Yorker Penthouse mit Fensterab-
deckungen, die das Aufheizen der
Verglasung reduzieren.

Luft bewegt sich aufgrund von Druck- und Temperatur-
unterschieden. Bewegte Luft verringert den Feuchtigkeits-
grad und ist kühler. Passive Ventilationsstrategien können
viel dazu beitragen, dass in den warmen Sommermonaten
in den Innenräumen angenehme Temperaturen herrschen.

Eine davon ist die Querlüftung, die den unterschiedlichen Luftdruck nutzt. Öffnet man einander gegenüberlie-
gende Türen und Fenster, so entsteht ein Durchzug, der die
Innenräume kühlt. Liegen diese Öffnungen in der Achse
der Hauptwindrichtung, so ist der Luftaustausch und somit
der Kühleffekt besonders stark, da die Luft von der wind-
zugewandten Hausseite zur windabgewandten zieht. Ein-
seitige Belüftung kann bei kleinen Räumen ausreichen. Die
Querlüftung kann sogar durch den dünnsten Vorhang blockiert werden – Jalousien hingegen verbinden geringen
Luftwiderstand mit Privatsphäre.

Warme Luft steigt auf, kalte Luft sinkt ab. Auch dieser
»Kamineffekt« kann genutzt werden, um die Innenräume
zu kühlen. Die erwärmte Innenluft muss die Möglichkeit
haben, durch hochgelegene Fenster und Dachfenster zu
entweichen. Innenhöfe, Luftschächte oder offene Treppenhäuser ziehen die warme Luft nach oben, wodurch unten
wieder Frischluft einströmen kann. Theoretisch funktioniert der das gesamte Haus erfassende Kamineffekt selbst in
windstillen Nächten, während die Querbelüftung eine
bewegte Außenluft erfordert, damit im Haus ein Druck-
unterschied entsteht. Nachts kann man Querlüftung und
Kamineffekt kombinieren, indem man Fenster in den unteren Geschossen öffnet, sofern nicht Sicherheitsgründe
dagegensprechen.

In heißen Klimazonen ist das Atriumhaus sehr beliebt.
Durch den Innenhof wird die für Wärmeabgabe verfügbare Fläche wesentlich vergrößert, gleichzeitig ergeben sich
erfrischende Querlüftungsmuster. Auch das Abdecken von
Höfen oder Terrassen fördert die Entstehung eines kühlen-
den Luftzugs. Eine althergebrachte Kühlmethode ist der
Badgir, ein auf dem Dach angebrachter Windfänger, der
durch einen Schacht kühle Luft ins Haus lenkt.

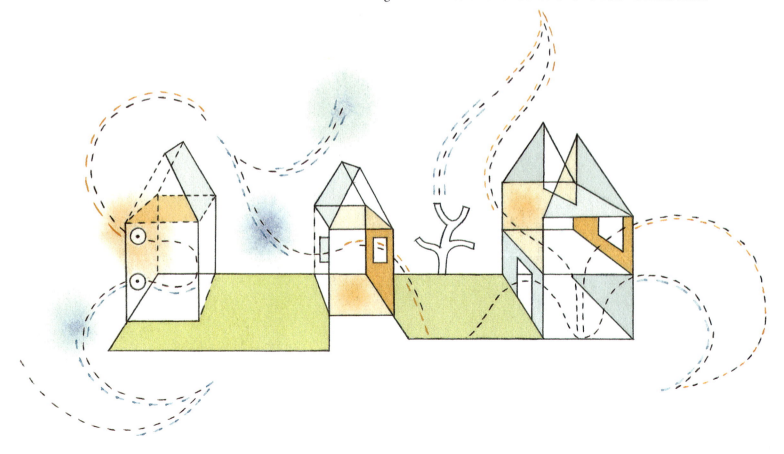

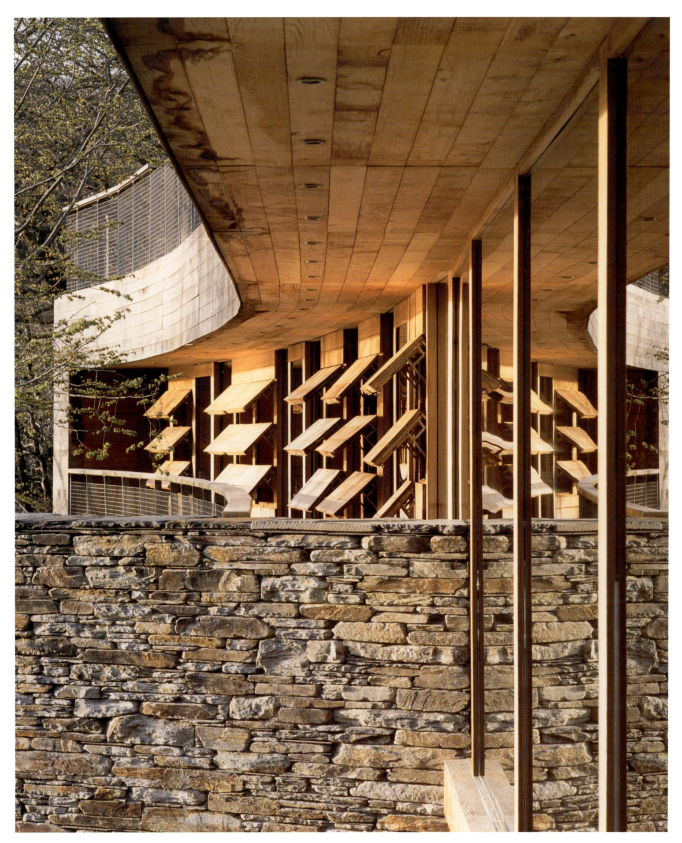

BESCHATTUNG

Die Beschattung von Fenstern ist eine naheliegende Methode zur Verringerung der Raumtemperatur und vor allem bei nach Süden (auf der Südhalbkugel nach Norden) orientierten Maueröffnungen erforderlich. Die meisten Menschen verbinden diesen Begriff mit Vorhängen und Rollos, es gibt aber noch viele andere Methoden. Verstellbare Jalousien oder Fensterläden lassen sich je nach Sonnenstand in verschiedenen Winkeln einstellen. Generell sind folgende Vorrichtungen erhältlich:

- Jalousien. Billig, leicht zu bedienen und gut gegen grelles Sonnenlicht. Sie können aber Wärme ins Innere übertragen.
- Zwischen den Scheiben angebrachte Folien oder Lamellen bei doppelt oder dreifach verglasten Fenstern. Derartige Fenster sind teuer, doch die Lamellen brauchen nie gereinigt zu werden und ermöglichen es, die Fenster voll zu öffnen.
- Markisen. Ermöglichen eine wirksame Beschattung nach Süden gerichteter Fenster.
- Fensterläden. Durchbrochene Fensterläden sind in südlichen Ländern eine traditionelle Methode der Beschattung. Bei nach außen öffnenden Fenstern kann man innen Rollläden anbringen. Bei nach innen öffnenden Fenstern sind äußere Fensterläden erforderlich. Im Winter ermöglichen Fensterläden eine zusätzliche Wärmedämmung.
- Fest montierte Abdeckungen. Äußerst wirksam an Südfassaden bei hohem Sonnenstand.
- Bedeckte Veranden und Vordächer. Eine südländische Lösung zur Beschattung von Außenmauern und Fenstern im Erdgeschoss.
- Bepflanzung. In gemäßigten Breiten können Laubbäume im Sommer Mauern und Fenster beschatten, im Winter lassen sie hingegen das Sonnenlicht durch.

BELEUCHTUNG

Oben links: Eine Treppe mit offenen Trittstufen stellt kein Hindernis für das Licht dar.

Oben rechts: Solartuben bringen das Tageslicht in fensterlose Innenräume.

Thomas Edisons Glühbirne ist weit über hundert Jahre alt. Dieser erste Elektroartikel, den alle Welt haben wollte, verursachte natürlich auch dort Strombedarf, wo es zuvor keinen gegeben hatte. Heute sind ihre Tage gezählt.

Der Grund dafür ist jedem klar, der sich schon einmal an einer Glühbirne die Finger verbrannt hat. Klassische Glühbirnen, ein billiger und bisher allgemein verfügbarer Wegwerfartikel, sind eine unglaubliche Energievergeudung. Sie wandeln lediglich fünf Prozent der verbrauchten Energie in Licht um, den Rest in Wärme. Schätzungen zufolge verursacht die Beleuchtung weltweit ebenso viel CO_2-Emissionen wie sämtliche Personenkraftwagen. Eine Reihe von Staaten hat bereits Gesetze zum Verbot der Glühbirne erlassen. Vorreiter ist Australien, wo die Glühbirnen 2009–2010 abgelöst werden sollen. In der EU ist diese Maßnahme für 2012, in den USA für 2014 geplant. Besonders leistungsstarke Glühbirnen sind in vielen Regionen schon jetzt nicht mehr erhältlich.

Der Wechsel zu energieeffizienten Leuchtmitteln ist eine der wichtigsten ökologischen Aufgaben. Eine ebenfalls sehr wirksame Strategie besteht darin, in den Häusern die Ausbeute an natürlichem Licht zu verbessern.

BESSERE NUTZUNG DES TAGESLICHTS

Je mehr Tageslicht in Ihr Haus eindringt, desto weniger brauchen Sie tagsüber auf künstliches Licht zurückzugreifen und desto weniger Energie wird verbraucht. Natürlich können große verglaste Flächen, die das Tageslicht ins Haus fluten lassen, zu unerwünschter Erwärmung oder Wärmeverlusten führen. Die Position der Fenster und die Verglasungsart müssen daher im Kontext mit der passiven Sonnennutzung (s. S. 30) gesehen werden.

Ein Mittel zur besseren Nutzung des Tageslichts ist eine sorgfältige Planung der Raumanordnung, so dass Arbeitsräume wie die Küche, in denen mehr Licht erforderlich ist,

Oben links: Dieses umgebaute Landhaus in Neusüdwales verdankt seine luftige Atmosphäre den weiten Öffnungen, die das Tageslicht ungehindert hereinlassen.

Oben rechts: Aufgrund von Baubeschränkungen durfte dieses von Alex Michaelis entworfene Ökohaus im Londoner Westen nicht höher werden als die Umfassungsmauer des Grundstücks. Die Lösung bestand darin, einen großen Teil der Räume unter die Erde zu verlegen. Durch eine verglaste Platte werden sie mit Tageslicht erhellt.

dort liegen, wo das Tageslicht optimal verfügbar ist. Eine unkonventionelle Anordnung mit Schlafzimmern im – dunkleren – Erdgeschoss und Wohnräumen im – helleren – Obergeschoss ist insofern sinnvoll, als wir in unseren Schlafräumen ohnehin die meiste Zeit schlafend verbringen.

Neue Maueröffnungen oder die Vergrößerung bereits vorhandener sind ein probates Mittel, mehr Tageslicht ins eigene Haus zu bringen. Besonders wirksam sind hier hochliegende Fenster und Dachfenster. Die Lichtmenge, die ein Fenster ins Haus lässt, hängt mit dem »Himmelsfaktor« zusammen: Fenster in geringer Höhe, bei denen der unverdeckte Himmel nur einen kleinen Teil der Aussicht ausmacht, bringen weniger Licht ins Innere als höher gelegene. Das bedeutet, dass es unter dem Aspekt der Tageslichtnutzung sinnvoller ist, Fensterflächen in der Höhe statt in der Breite zu vergrößern. Hohe und hoch gelegene Fenster bewirken auch, dass das Licht tiefer in die Räume fällt. Auch durch Dachfenster oder über Treppen-

schächte wird das Haus vom Tageslicht durchflutet. Eine andere, bislang meist nur kommerziell genutzte Lösung sind Solartuben, optische Elemente, die das Tageslicht sammeln und in dunkle Räume transportieren.

Besonders bei Etagenwohnungen kann es sinnvoll sein, dunkle Räume zu erhellen, indem man Licht aus vom Tageslicht stärker durchfluteten Räumen in die dunklen Zonen leitet. Bestehende Trennwände können durch transparente ersetzt oder ggf. sogar ganz entfernt werden, und oft wirkt sogar eine einfache Glastür Wunder. Mit runden, bogen- oder schlitzförmigen Mauerdurchbrüchen lassen sich interessante gestalterische Effekte erzielen. Gleichzeitig verbessern solche Lösungen die Belüftung.

Unterschätzen Sie nicht die Wirkung des Innendekors. Weiße, reflektierende Flächen und Anstriche erhöhen auf natürliche Weise die Helligkeit. Helle, luftige Fensterdekorationen lassen einen Raum objektiv wie subjektiv heller und luftiger wirken als schwere, düstere Gardinen.

ENERGIESPARENDE LEUCHTMITTEL

Ein Bereich, in dem meine ästhetischen Vorlieben und Öko-Bestrebungen im Widerstreit liegen, ist die Beleuchtung. Trotz all ihrer Nachteile hat die Glühbirne so lange überlebt, weil die Menschen ihr Licht lieben. Von der Farbtemperatur her sind Wolframglühbirnen ganz nah am Kerzenlicht – das zeigt sich auf Fotos, die nachts in Innenräumen aufgenommen wurden. Warmes Licht entspannt, schmeichelt, ist gemütlich.

Leider lässt sich dies von Kompaktleuchtstofflampen nicht sagen. Zwar hat sich ihre Lichtqualität enorm verbessert, den anheimelnden Lichtschein der Wolframglühbirne erreichen sie jedoch noch immer nicht. Ihr Licht wirkt grünlich und für Privaträume etwas zu klinisch. Mit in warmem Rosa getönten Lampenschirmen kann man es etwas weicher und gemütlicher machen.

Wie auch immer, die klassische Glühbirne wird uns nicht mehr lange erhalten bleiben. Der Durchschnittshaushalt ist mit 25 Glühbirnen ausgestattet, die zusammen etwa 10 Prozent seines Energieverbrauchs verursachen. Energiesparlampen verbrauchen nur ein Fünftel des Stroms, den Glühbirnen verbrauchen. Noch sparsamer sind LEDs. Früher oder später werden wir uns alle umstellen müssen.

Oben: Der Durchschnittshaushalt betreibt 25 künstliche Lichtquellen. Handelt es sich um klassische Glühbirnen, so stellt dies eine Energievergeudung dar. Denn diese lassen sich ohne Probleme durch Energiesparlampen ersetzen, die in den verschiedensten Formen erhältlich sind.

Rechts: Größe und Lage der Maueröffnungen bestimmen, wie viel Tageslicht in Ihr Heim einfällt. Mehr natürliche Helligkeit tagsüber bedeutet weniger Abhängigkeit von künstlichem Licht.

KOMPAKTLEUCHT-STOFFLAMPEN

Die sogenannten Energiesparlampen werden in naher Zukunft die Glühbirnen ablösen. In den verschiedensten Größen und Formen (auch in Glühbirnenform) erhältlich, passen sie in alle erdenklichen Leuchten, so dass der Austausch sehr einfach ist. Sie sind relativ teuer, können aber die fünfzehnfache Lebensdauer der Wolframglühbirne erreichen. Die Lichtfarbe ist, wie bereits erwähnt, nicht ideal, was sich aber in Zukunft sehr schnell ändern kann. Anders als ihre Vorgängermodelle leuchten moderne Leuchtstofflampen sehr schnell auf. Ein Grund zur Sorge ist allerdings, dass sie Quecksilber enthalten, ein gefährliches Umweltgift. Sie müssen als Sondermüll entsorgt werden.

HALOGEN-GLÜHLAMPEN

Manche Hersteller produzieren energieeffiziente Halogenglühlampen, die 30 bis 50 Prozent weniger Strom verbrauchen als Wolframglühbirnen, und Netz- oder Niederspannungshalogenlampen. Sie können die klassische Glühbirne ebenfalls ersetzen und sind stufenlos dimmbar.

LEDS

Leuchtdioden oder LEDs (lichtemittierende Dioden) sind nach Meinung zahlreicher Experten das Leuchtmittel der Zukunft. Diese winzigen »Birnen«, die für Laufschriftanzeigen oder in elektronischen Geräten wie Computern und Fernsehern eingesetzt werden, lassen sich direkt in einen Leiterkreis einbauen. Ihre Leuchtwirkung beruht auf der Elektronenbewegung in Halbleitern. In zunehmendem Maß werden sie auch im Haushalt als Lichtquelle eingesetzt, gleichzeitig werden sie viel billiger. LEDs geben fast keine Wärme ab, verbrauchen nur 10 Watt, um genauso viel Licht zu erzeugen wie eine 75-Watt-Glühbirne. Ihre Lebensdauer ist unglaublich und reicht von 50 000 bis 100 000 Stunden.

NICHT VERGESSEN!

- Beim Verlassen des Raums das Licht ausschalten!
- An hellen Abenden Vorhänge und Fensterläden geöffnet lassen, um die Abhängigkeit von Kunstlicht zu verringern!
- Dimmer sparen leider keinen Strom, sie verbessern aber die Licht- und damit die Lebensqualität.

WASSER

WASSERSPAREN

Wassersparen wird in der Zukunft immer wichtiger werden, und die Haushalte können dazu eine Menge beitragen. Wie bei der Energie können Änderungen der Lebensweise auch den Verbrauch von Wasser spürbar verringern. Nachdem wir das Wasser jahrzehntelang wie ein kostenloses Gut behandelt haben, müssen wir umdenken und sorgfältiger damit umgehen. Vermeiden Sie es, Wasser sinnlos aus dem Hahn laufen zu lassen. In den vergangenen fünfzig Jahren hat sich der Wasserverbrauch verdreifacht, wobei der größere Teil dieser Steigerung für Reinigungszwecke und Toilettenspülungen verwendet wurde. In einigen Trockengebieten der USA werden schwindelerregende 80 Prozent des durchschnittlichen Wasserverbrauchs im Haushalt zum Rasensprengen, Reinigen von Terrassen und Einfahrten sowie zum Autowaschen verwendet. Damit wird sauberes Trinkwasser direkt in den Abfluss befördert.

Rechts: Änderungen der Lebensweise können viel zur Reduzierung des Wasserverbrauchs beitragen. Vernünftig dosiertes Duschen verbraucht wesentlich weniger Wasser als ein Vollbad.

Ganz rechts: Gespeichertes Regenwasser lässt sich unter anderem auch zum Gießen im Garten verwenden.

WASCHEN

- Mit einem modernen Geschirr-spüler verbrauchen Sie weniger Wasser als beim manuellen Spülen. Wenn Sie den Geschirr-spüler erneuern wollen, wählen Sie ein hochgradig energie-effizientes Modell. Auskunft darüber gibt das EU-Label. Dieses Label ist nur eine Klassifizierung. Vergleichen Sie darüber hinaus die exakten Verbrauchswerte. Spülen Sie nur mit voller Beladung und mit niedrigen Temperaturen oder dem ECO-Programm. Eine volle Beladung verbraucht weniger Wasser als zwei halbe.
- Haben Sie keinen Geschirrspüler, so füllen Sie ein Becken mit Spülwasser und das andere mit sauberem Wasser. Nicht unter laufendem Wasserhahn nach-spülen. Pfannen nicht unter fließendem Wasser scheuern, sondern vorher einweichen.
- Gemüse in einer Schüssel oder einem teilweise gefüllten Becken waschen und nicht unter fließendem Wasser. Das Spül-wasser kann später als Gieß-wasser verwendet werden.
- Waschmaschinen nur mit voller Beladung einschalten und stets bei niedrigen Temperaturen oder mit dem ECO-Programm waschen. Bei Neuanschaffungen ein energieeffizientes Modell kaufen.
- Kleidung, Handtücher und Bettwäsche weniger häufig waschen.
- Beim Zähneputzen Wasserhahn schließen. Durch Zähneputzen bei fließendem Wasser werden sechs Liter pro Minute vergeudet.
- Wasserhahn oder Dusche beim Auftragen von Duschgel, Rasier-schaum oder Haarwaschmittel abdrehen.
- Kurze Duschen statt Vollbäder. Ein Vollbad erfordert 80 Liter Wasser, eine durchschnittliche Dusche 6 Liter pro Minute. Bei einer kräftigen Massagedusche werden pro Minute 15 Liter verbraucht. Um nicht zu lange zu duschen – fünf Minuten reichen völlig –, kann man einen Dusch-Timer installieren.
- Fangen Sie in der Dusche das kalte Vorlaufwasser mit einem Eimer auf und verwenden Sie es im Garten oder zum Spülen der Toilette.
- Ist ein Wannenbad unumgäng-lich, die Temperatur während des Auffüllens einstellen.
- Baden Sie kleinere Kinder alle gemeinsam in einer Wanne.
- Installieren Sie wassersparende Duschköpfe und an sämtlichen Wasserhähnen Strahlregler.
- Thermostat-Duscharmaturen ermöglichen es, das Wasser kurz abzudrehen, um das Duschgel aufzutragen, ohne dass die Temperatureinstellung verloren geht.
- Füllen Sie zum Autowaschen einen Eimer, statt einen Schlauch zu benutzen, oder fahren Sie zu einer gewerblichen Waschanlage, in der das Wasser wiederverwen-det wird.
- Regeln Sie den Thermostaten an Ihrem Heißwassertank auf 60 °C herunter.

TRINKEN & KOCHEN

- Stellen Sie einen Krug mit Wasser in den Kühlschrank, anstatt zu warten, bis das Wasser aus dem Hahn kalt wird.
- Kaufen Sie kein in Flaschen abgefülltes Wasser. Vielfach ist die Qualität des Leitungswassers ohnehin besser. Brauchen Sie Trinkwasser für unterwegs, so führen Sie Leitungswasser in einer Plastikflasche mit.
- Füllen Sie den Wasserkocher nur mit der erforderlichen Menge. Für eine Tasse Kaffee oder Tee reicht eine Tasse Wasser. In Regionen mit hartem Wasser muss zur Energieersparnis regelmäßig der Kalkbelag entfernt werden. Umweltfreundlich erfolgt dies, indem man über Nacht Essig einwirken lässt.
- Machen Sie sich Gedanken über die Verringerung Ihres Fleisch-konsums. Bei der Erzeugung von Fleisch wird sehr viel Wasser verbraucht. Zur Herstellung von Tee ist weniger Wasser erforderlich als für die von Kaffee.
- Kochverfahren wie Dampfgaren sind energieeffizient und wassersparend. Verschiedene Gemüsesorten in einem Dampfgarer mit Stapelschalen zu dämpfen ist sparsamer als jede Sorte einzeln zu garen. Die Nährstoffe bleiben am besten bei geringer Wassermenge erhalten, also Gemüse nie mit Wasser bedeckt kochen. Der Topf muss die passende Größe haben.
- Kompostieren Sie Küchenabfälle (s. S. 166), anstatt sie in den Mülleimer zu werfen.

TOILETTE

- Installieren Sie Spül-Stopp- oder Zwei-Mengen-Spülkästen.
- Spülen Sie weniger oft.
- Ein Bidet kann auch als Unisex-Urinal dienen.
- Vermindern Sie die Spülkasten-füllung mit einer der handelsübli-chen Wassersparvorrichtungen. Sie sind billig und sparen pro Spülung bis zu 1 Liter. Man kann auch eine mit Wasser oder Steinen gefüllte Plastikflasche verwenden, der Herzog von Edinburgh legt einen Ziegelstein in den Spülkasten.
- Um zu überprüfen, ob der Spül-kasten rinnt, setzt man dem Wasser Lebensmittelfarbe zu und sieht nach einer halben Stunde nach, ob in der Toilettenschüssel Farbe ist.

GIESSWASSER

- Die Wahl der Pflanzen kann viel zur Verringerung des Gießwasser-verbrauchs beitragen (s. S.158).
- Verwenden Sie zum Gießen Grauwasser aus Spülen, Bade-wannen und Duschen.
- Sammeln Sie Regenwasser in Regentonnen oder Tanks.
- Fegen Sie Terrassen und ähnliche Außenflächen mit dem Besen, statt sie mit dem Spritzschlauch zu reinigen.

WARTUNG

- Reparieren Sie tropfende Wasserhähne und Lecks. Ein tropfender Hahn kann bis zu 140 Liter pro Woche vergeuden.
- Installieren Sie zur Überwachung des Verbrauchs einen Wasser-zähler.
- Haben Sie bereits einen Wasser-messer, so können Sie lecke Stellen feststellen, indem Sie die Hähne zudrehen und den Wasserzähler zweimal kurz hintereinander ablesen. Ergibt sich ein Unter-schied, könnte ein Leck vorliegen.
- Stellen Sie fest, wo sich Ihr Haupthahn befindet.

WASSERSPARENDE ARMATUREN UND GERÄTE

Nach Änderung der Verbrauchsgewohnheiten besteht der nächste Schritt darin, sich mit Wassersparvorrichtungen auszurüsten. Viele dieser Einrichtungen sind kostengünstig und tragen dazu bei, den Verbrauch noch stärker zu verringern.

Hähne und Duschköpfe Wassersparende Hähne und Duschköpfe basieren auf Luftzufuhr oder Durchflussbeschränkung. Einige davon lassen sich problemlos auf die vorhandenen Armaturen aufsetzen. Strahlregler pressen Luft durchs Wasser und reduzieren dadurch den Verbrauch um die Hälfte. Bei gleichem Druck ist der Wasserstrahl sanft und perlend. Gleichzeitig reduzieren viele Strahlregler die Wassermenge, indem das Wasser durch kleinere Löcher gepresst wird.

Links: Leicht verschmutztes Abwasser aus Duschen oder Waschbecken, sogenanntes Grauwasser, kann als Spülwasser für Toiletten, für die Autowäsche oder als Gießwasser im Garten verwendet werden.

Oben: Mit einer Reihe von Zusatzvorrichtungen für Wasserhähne und Duschköpfe kann man Wasser sparen. Sie reduzieren den Wasserstrom oder durchmischen den Wasserstrahl mit Luft.

Wassersparende Toilettenspülungen Als vor einiger Zeit die Spülkästen mit Sparspülung eingeführt wurden, erwiesen sich diese als nicht besonders wirksam. Die Benutzer spülten zweimal, wodurch der Wasserverbrauch stieg. Seitdem wurden die Vorrichtungen wesentlich verbessert. Moderne Spar- oder Zwei-Mengen-Spülkästen verbrauchen wesentlich weniger Wasser als herkömmliche Spülungen und sind in manchen Ländern bei Neuinstallationen bereits obligatorisch. Normalerweise ermöglichen sie sowohl Spar- als auch Vollspülungen. Die meisten Länder schreiben eine Obergrenze von 6 Litern für eine komplette und 3 Liter für eine Sparspülung vor.

Ein seit kurzem erhältliches neuartiges Spülsystem umfasst einen Wasserhahn mit Handwaschbecken. Wäscht man sich die Hände oder füllt es, so wird das Wasser danach in den Spülkasten geleitet und dient für Toilettenspülungen. Mit dieser Lösung spart man 20 Prozent mehr Wasser als mit einem Zwei-Mengen-Spülkasten. Es gibt eine Reihe von Vorrichtungen zur wassersparenden Nachrüstung von Toiletten. Einige davon passen in den Spülkasten und verwandeln diesen in ein Zwei-Mengen-System, andere ermöglichen es, die Dauer des Spülvorgangs zu bestimmen.

Komposttoiletten Schätzungen zufolge geht ein Drittel des Wasserverbrauchs der Haushalte auf das Konto der Toilettenspülung. Eine Methode, ihn spürbar zu reduzieren, ist die Einrichtung einer Komposttoilette. Bei dieser Trockentoilette werden die Exkremente in organischen Kompost verwandelt. Sie ist mit einem großen, verschlossenen Behälter im Kellergeschoss oder Boden verbunden. Von Zeit zu Zeit müssen zusätzlich organische Substanzen wie Garten- oder Küchenabfälle zugegeben werden, um die Zersetzung der Fäkalien zu unterstützen, die vor allem durch im Behälter zirkulierende Luft bewirkt wird. Ein Abluftsystem zieht den Geruch ab und setzt ihn oberhalb der Dachlinie frei. Diese Toiletten erfordern sonst keinerlei Energie, allerdings ist ein kleiner Ventilator zu empfehlen.

Ein Nachteil der Komposttoiletten besteht darin, dass ihre Installation in einem Standardhaus schwierig ist. In manchen Regionen, z. B. in städtischen Gebieten der USA, sind sie verboten. Bei Neubauten hingegen, besonders in abgelegenen Gegenden ohne Anschluss an die Abwasserkanalisation, können sie eine praktische Lösung darstellen.

REGENWASSERSPEICHER

Eine äußerst einfache Methode zur Verringerung des Wasserverbrauchs besteht darin, Regenwasser aufzufangen, um es als Gießwasser im Garten oder zum Autowaschen zu nutzen. Die Installation verlangt wenig Zeit und Geld. Normalerweise reicht es aus, eine Tonne oder einen Trog mit einem von der Dachrinne herabführenden Fallrohr zu verbinden. Um Pflanzenreste oder Ähnliches zurückzuhalten, ist zumeist ein Sieb eingebaut. Allerdings können bestimmte Dachabdeckungen wie Asphalt das Wasser färben und sogar für Gießzwecke im Garten untauglich machen. In Regentonnen gesammeltes Wasser darf nicht lange ungenutzt bleiben, da sich darin Keime bilden können.

Größere und modernere Systeme basieren auf einem in die Erde versenkten Tank. Sie sind mit Pumpen und Filtern ausgestattet und liefern sauberes Wasser, das lediglich als Trinkwasser ungeeignet ist. Sie sind allerdings sehr teuer.

Wird in einem Haushalt gefiltertes Regenwasser genutzt, so darf zwischen der Regenwasser- und der Trinkwasserleitung keine Verbindung bestehen, um eine Verunreinigung des Trinkwassers auszuschließen.

NUTZUNG VON GRAUWASSER

Bereits genutztes, aber nur leicht verschmutztes Wasser – aus Duschen oder Badewannen – wird als Grauwasser bezeichnet, also im Unterschied zu Schmutzwasser aus Geschirrspülern oder Toiletten, das einen hohen Anteil an Fetten, Reinigungsmitteln oder organischen Substanzen enthält. Wenn es nur zum Spülen verwendet wurde und nicht extrem seifenhaltig ist, kann Grauwasser direkt im Garten oder zum Autowaschen verwendet werden. Für andere Nutzungen muss es zuerst gefiltert und aufbereitet

werden. Eine umweltfreundliche Methode besteht darin, das Wasser zuerst mit zerstampftem Kies zu filtern und dann durch Schilfgrasbeete zu leiten, wo es zwischen den Wurzeln lebende Mikroorganismen biologisch reinigen. Diese Art von Aufbereitung erfordert rund 60 Quadratmeter Gartenfläche und bringt auch Risiken mit sich, vor allem eine mögliche Grundwasserverschmutzung.

In der Praxis bewährt hat sich das Membranbelebungsverfahren (MBR). Diese Technologie besteht aus einer Vorklärung (Sedimentation), einer aeroben Belebung (biologischer Abbau) und der folgenden Membranfiltration. Die erzielte Wasserqualität hält die EU-Badegewässer-Richtlinie ein und ist zusätzlich entkeimt.

Viele Experten sind allerdings der Ansicht, dass eine Senkung des Wasserverbrauchs eher durch Sparmaßnahmen und weniger durch Wiederaufbereitung möglich ist.

Ganz links: In Australien wird Regenwasser in Großbehältern gespeichert. Das Wasser rinnt vom Dach direkt in Wellblechzisternen.

Links: In kleinerem Maßstab kann auch eine bescheidene, mit der Dachrinne verbundene Regentonne Wasser für den Garten und zum Autowaschen liefern.

Nächste Seite: Das von Bark Architects entworfene Tinbeerwah House liegt auf einer nach Osten blickenden Böschung im Hinterland von Noosa, Queensland, in Australien. Weit vorspringende Vordächer schützen gegen die sommerliche Sonne, die Maueröffnungen sorgen für kühlende Durchlüftung.

RAUM-AUSSTATTUNG

Beim Bau und der Ausstattung unserer Häuser werden die verschiedensten Materialien verwendet, einige davon sind umweltfreundlicher als andere. Die meisten von uns können ihre Häuser nicht einfach abreißen und von Grund auf neu bauen. Es gibt jedoch vielerlei Möglichkeiten zur umweltgerechten Gestaltung von Oberflächen und Innenausstattung. Natürliche, umweltschonende Werkstoffe haben zudem den Vorteil, dass sie für eine gesündere und angenehmere Raumatmosphäre sorgen. In vielen Fällen ist es einfach eine Frage des richtigen Ersatzes. Bodenbeläge aus Bambus oder Palmholz stammen aus reichlich vorhandenen und nachwachsenden Ressourcen. Sie sind eine praktische Alternative zu Holzparkettböden und ihnen vom Aussehen her überraschend ähnlich. Moderne organische Lacke stehen in zahlreichen intensiven Farbtönen zur Verfügung, sodass man seine ästhetischen Grundsätze nicht zu opfern braucht, wenn man etwas für die Umwelt tun will. Wiederwendbares Material wie Abrisssteine verringert die Müllmengen und verleiht dem Bau seine eigene Note.

Unten: Aus Naturstoffen hergestellte japanische Tatami-Matten können als Schlafgelegenheit auf dem Boden benutzt werden.

Rechts: Wellblechdächer sind ein traditionelles australisches Bauelement, das auch oft im Öko-Design auftaucht. Die Wellung fördert den Ablauf des Regenwassers.

Bei anderen Materialien kann es schwieriger sein zu entscheiden, ob sie umweltfreundlich sind oder nicht. Ein wesentliches Kriterium ist die »graue Energie«, d. h. die gesamte in das Material investierte Energie – von der Ernte oder Förderung über den Transport zur Fabrik oder Raffinerie, seine Be- oder Verarbeitung und den Transport zum Bauplatz oder Lieferanten bis hin zu seiner Verbauung. Unter diesem Aspekt steckt in einem Werkstoff wie Stahl sehr viel graue Energie. Desgleichen enthält aus einer fernen Weltgegend importiertes Hartholz wegen des weiten Transportwegs mehr graue Energie als heimische Hölzer.

Ein weiteres Kriterium sind die Zusätze, die erforderlich sind, um einen Werkstoff leistungsfähig und langlebig zu machen, oder die für seinen Zusammenhalt nötigen Bindemittel. Viele der gebräuchlichsten davon sind Produkte der petrochemischen Industrie und wurden somit aus den weltweit schwindenden fossilen Brennstoffvorräten hergestellt. Synthetische Leime, Binder, Schutzanstriche und Lacke können hochgiftig sein und setzen Gase oder gefährliche Verbindungen frei, die gesundheitsschädlich sein können. Es reicht also nicht, einfach nur ein klimafreundliches Material zu wählen – man muss auch sicher sein, dass es bei Verwendung und Erhaltung seinem guten Ruf gerecht wird.

In der Wirtschaft wächst das Umweltbewusstsein exponentiell. Für den Verbraucher ist das eine gute Neuigkeit, da ständig mehr grüne Produkte und Materialien auf den Markt kommen. Gleichzeitig muss er besonders wachsam sein. Denn viele Hersteller und Händler geben sich große Mühe, um die Kunden von der Umweltfreundlichkeit ihrer Produkte zu überzeugen, wobei die Argumente, derer sie sich bedienen, manchmal recht fadenscheinig sind. Eine unabhängige Zertifizierung ist deshalb das verlässlichste Kriterium bei Kaufentscheidungen.

RECYCLINGMATERIAL

Wiederverwendete Baustoffe oder Bauelemente – Fenster, Türen, Böden usw. – können eine hervorragende ökologische Lösung sein, sind allerdings nicht immer billig. Hochwertige Artikel, vor allem mit ansprechender Patina, kosten manchmal mehr als fabrikneue Produkte. Antike Ziegel oder Dachziegel beispielsweise sind oft sehr teuer, haben aber ein ganz spezielles Flair. Man sollte sich hier an einen seriösen Händler wenden und den Artikel genau prüfen, ehe man sich zum Kauf entscheidet. Nicht sorgfältig aufgearbeitetes Material kann zu einer Belastung werden. In Bodenbrettern z. B. sollten keine alten Nägel stecken, Parkett sollte frei von Bitumen- und Ziegel frei von Mörtelresten sein.

FENSTER

Fenster können in der Öko-Bilanz eines Hauses eine entscheidende Rolle spielen. Je nach Lage, Größe und Beschattung haben sie eine entscheidende Bedeutung bei der passiven Solarstrategie, der natürlichen Ventilation und der Tageslichtnutzung (s. S. 30, 50 und 54). Ein weiterer wesentlicher Aspekt ist, wie und aus welchem Material sie gefertigt sind.

Gewöhnliche Fenster mit Einfachverglasung sind für bis zu zehn Prozent der aus dem Haus entweichenden Wärme verantwortlich. Einen ganz wesentlichen Beitrag zu diesen Wärmeverlusten leisten bei Altbauten oder schlecht eingepassten Fenstern die Fugen zwischen Rahmen und Fensterlaibung. Einfachverglaste Fenster bilden Wärmebrücken. Ideal sind Fenster mit dem Wärmedämmverhalten der angrenzenden Mauer. Ist dies nicht gegeben, so nimmt die Wärme den Weg des geringsten Widerstands und entweicht durch das Material mit der größten Leitfähigkeit. So entsteht eine Wärmebrücke. Wärmeleitfähige Stoffe sind Glas und Metall – einfachverglaste Fenster mit Metallrahmen sind daher besonders ungünstig.

WÄRMEDÄMMFENSTER

Man kann die Energieeffizienz eines Hauses spürbar erhöhen, indem man die vorhandenen Fenster durch wärmegedämmte ersetzt. Jeder kennt das Prinzip der Wärmedämmverglasung, bei der zwei oder sogar drei Scheiben durch eine dämmende Gasschicht getrennt werden. Als Standard gelten PVC-gerahmte Doppelscheibenfenster, wie sie in den letzten Jahrzehnten massenweise verkauft wurden. Was die Ästhetik betrifft, so sind sie zumeist alles andere als eine Augenweide, besonders wenn sie in historischen Bauten die alten Originalfenster ersetzen. Doppelverglasung ist zwar besser als Einfachverglasung, erreicht jedoch niemals die Effizienz einer Dreischeiben-Wärmedämmverglasung. In Deutschland wurde die Doppelverglasung vor kurzem für den Einbau bei Neubauten verboten.

Moderne Wärmedämmfenster sind wesentlich schöner und technisch ausgereifter. Besonders umweltgerechte Versionen haben Holz- oder Verbundrahmen aus Holz und einer Aluhülle. Hochgedämmte Fenster weisen eine Dreifachverglasung mit Argon oder Krypton zwischen den Scheiben auf. Einige Modelle verfügen über zwischen den Scheiben eingebrachte Beschattungen, die von der Fenster-innenseite her eingestellt werden können, um die Wärmeaufnahme zu regeln und die Wartung zu reduzieren. Manche weisen auch Öffnungen im Rahmen oder Entwässerungsöffnungen zur Verhinderung von Kondensation auf. Andere kann man in geöffneter Stellung verriegeln, um nachtsüber die Belüftung zu gewährleisten.

Viele der hochwertigsten Fenster mit dem besten Dämmverhalten werden in Schweden hergestellt. Manche sind in Standardgrößen und -formen erhältlich, aber auch Maßanfertigungen sind möglich. Fenster mit großen Scheiben sind energieeffizienter als solche mit vielen kleinen, da bei großen Scheiben der Umfang insgesamt geringer ist und weniger Wärmebrücken entstehen.

MODERNISIERUNG HERKÖMMLICHER FENSTER

In bestimmten Fällen lassen sich herkömmliche oder historische Fenster auf Isolierverglasung umrüsten. Eine Reihe von Betrieben hat sich auf diese Aufgabe spezialisiert und kann bei Bedarf beraten. Ein solchermaßen nachgerüstetes Fenster wird jedoch nie die Energieeffizienz eines modernen Wärmedämmfensters haben. Das gilt besonders für Sprossenfenster mit vielen kleinen Scheiben. Eignen sich

Links: Dachfenster erhellen ausgebaute Dachgeschosse oder versorgen weiter unten liegende Räume mit Tageslicht von oben. Je mehr Himmel sichtbar ist, desto heller ist der Raum.

Links unten: Hochwärmegedämmte dreifach verglaste Fenster sorgen für höchste Energieeffizienz.

Oben: Hochwertige Fenster sind in vielen Größen und Formen bestellbar. Bei diesem lang gestreckten Horizontalformat handelt es sich um Low-E-Glas (ein Wärmeschutzglas mit einer Niedrigemissions-Beschichtung).

Links: Fenster mit großen, nicht unterbrochenen Scheiben sind energieeffizienter als solche mit vielen kleinen, weil darauf weniger Wärmebrücken entstehen können.

die Fenster nicht für Isolierverglasung, so muss man versuchen, dem Problem des Wärmeverlustes mit Dichtungsmaßnahmen beizukommen.

FENSTERRAHMEN

Die Materialwahl bei Fensterrahmen hat großen Einfluss auf das Dämmverhalten, wobei auch Kriterien wie Lebensdauer und Pflege sowie die Auswirkungen der Materialbeschaffung und -bearbeitung auf die Umwelt bedacht werden wollen. Die bei Fensterrahmen üblichen Werkstoffe sind Hart- und Weichholz, Aluminium, Stahl und PVC.

Da die im Verlauf seiner Lebensdauer über einen Fensterrahmen entweichende Wärme in der Regel eine stärkere Umweltbeeinflussung darstellt als die bei seiner Herstellung aufgewandte Energie, ist es zumeist ratsam, ein Material zu wählen, das eine möglichst geringe Wärmeleitfähigkeit hat, also Holz. An zweiter Stelle steht hier PVC; die höchste Leitfähigkeit hat Metall.

HOLZ

Holzrahmen gewährleisten den höchsten Grad an Wärmedämmung, bringen aber auch Probleme mit sich. Die umweltschonendste Lösung sind Harthölzer aus gemäßigten Zonen wie Eiche oder Kastanie. Sie erfordern keine Nachbehandlung mit Schutzanstrichen und wenig Pflege, sind langlebig, recyclefähig und stammen aus erneuerbaren Ressourcen. Fenster mit Hartholzrahmen liegen freilich immer im oberen Preissegment.

Weichholz bietet viele der Vorteile von Hartholz. Ein wesentlicher Unterschied besteht darin, dass es lackiert oder lasiert werden muss, um Feuchtigkeit fernzuhalten, da es sich sonst verzieht oder faulen würde. Lediglich Lärchenholz kann unbehandelt der Witterung ausgesetzt werden. Der Anstrich muss etwa alle fünf Jahre erneuert werden. Die Verwendung synthetischer Lacke verstößt gegen die Umweltgebote, da es sich um petrochemische, nicht biologisch abbaubare Produkte handelt, deren Herstellung und Anwendung toxisch bedenklich sind. Synthetische Lacke haben zudem einen hohen Gehalt an flüchtigen organischen Verbindungen, die ausgasen und gesundheitsschädlich sein können.

Sowohl bei Weich- als auch bei Hartholz ist darauf zu achten, dass es aus FSC-zertifizierten Quellen stammt (Forestry Stewardship Council). In heimischen Wäldern produziertes Holz enthält weniger graue Energie als Importholz. Weichhölzer wachsen schneller nach als Harthölzer.

ALUMINIUM

Aufgrund seines geringen Gewichts und seiner Festigkeit ist Aluminium ein beliebtes Material für Fensterrahmen. Lackiert oder eloxiert ist es außerdem äußerst haltbar und erfordert kaum Pflege. Wie viele Metallarten ist auch Aluminium ohne Qualitätsverlust recyclebar, und die meisten Alufenster enthalten wiederverwendetes Material. Dennoch ist Aluminium keine umweltfreundliche Lösung, da es sehr viel graue Energie enthält, aus nicht nachwachsenden Ressourcen gewonnen wird und schlechte Wärmedämmeigenschaften aufweist.

STAHL

Fensterrahmen aus Stahl waren in der Zeit zwischen den Weltkriegen beliebt und in der Zeit von 1920–1940 eine häufig anzutreffende Lösung bei Mietshäusern. Der Vorteil von Stahl ist, dass er leicht recyclet werden kann, und dementsprechend enthalten die meisten Stahlfenster eine beachtliche Menge an Recyclingstahl. Nachteilig sind der hohe Betrag an grauer Energie, die schlechte Wärmedämmung und die Tatsache, dass Stahl aus nicht erneuerbaren Ressourcen stammt. Stahlfenster müssen beschichtet sein oder regelmäßig lackiert werden, um nicht zu rosten.

PVC

PVC-Fenster haben in den letzten Jahren in Europa – im Unterschied zu holzreicheren Weltgegenden – einen hohen Marktanteil erreicht. PVC (Polyvinylchlorid) ist vor allem bei zweifach verglasten Fenstern beliebt, da es kostengünstig und praktisch wartungsfrei ist und in die verschiedensten Formen gebracht werden kann. Nach seinen Wärmedämmeigenschaften ist es nach Holz die zweitbeste Lösung, gleiches gilt für die Haltbarkeit. Davon abgesehen gehört PVC zu den besonders problematischen Kunststoffen. Wie alle synthetischen Stoffe ist es ein Produkt der petrochemischen Industrie und somit alles andere als umweltfreundlich. Es ist nicht biologisch abbaubar und emittiert beim Verbrennen hochgiftige Gase. PVC kann zwar recyclet werden, wird aber gewöhnlich auf Deponien entsorgt.

Ästhetisch gesehen sind PVC-Fenster äußerst fragwürdig. Da der Kunststoff weniger fest als Holz oder Metall ist, sind die Rahmenquerschnitte größer, wodurch die Fenster plump und unelegant wirken. PVC neigt auch dazu, sich zu verfärben.

VERBUNDSTOFFE

Aus mit Aluminium verkleidetem Holz gefertigte Fenster vereinen in sich die Vorteile beider Materialien. Weichholz hat die gleiche Dämmleistung wie Hartholz, ist jedoch billiger und wächst schneller nach. Die dünne Alubeschichtung ist wartungsfrei und verleiht dem Fenster eine Lebensdauer von bis zu 50 Jahren. Die Rahmen können sehr elegant wirken. Der größte ökologische Nachteil ist der hohe Gehalt des Aluminiums an grauer Energie, was aber durch Verwendung von Recyclingmaterial gemildert werden kann.

Ganz oben: Hochwertige skandinavische Fenster mit Holzrahmen haben in Bezug auf Umweltfreundlichkeit einen hervorragenden Ruf.

Oben: Diese Fenster sind mit Low-E-Verglasung ausgestattet und fördern die natürliche Ventilation.

Gegenüber links: Das für Fensterrahmen benutzte Material hat großen Einfluss auf die Wärmedämmungsleistung. Am günstigsten ist hier Hartholz.

Gegenüber rechts: Viele Altbaufenster können mit Isolierglas nachgerüstet werden, um die Dämmung zu verbessern.

Nächste Seiten: Beim Umbau eines alten Landhauses in Australien wurde zusätzlich ein Pavillon errichtet. Zur Wahrung der Privatsphäre und zwecks Schalldämmung ist er auf zwei Seiten geschlossen, öffnet sich aber auf den beiden anderen über zwei Schiebetüren auf eine Veranda.

LOW-E-GLAS

Eine drastische Verbesserung der Isolierung ermöglicht jetzt ein neu auf den Markt gekommener Glastyp: das Low-Emissivity-Glas, das in Isolierverglasungen als Wärmeschutzglas fungiert. Herkömmliches Glas strahlt die Wärme auf der kälteren Seite ab. In den Wintermonaten ist dies die nach außen gewandte Scheibenseite oder die äußere Scheibe bei Doppelverglasungen. Bei Low-E-Glas wurde auf einer Seite eine dünne, fast unsichtbare Metalloxidschicht aufgebracht, die die Wärme ins Innere reflektiert. Äußerlich ist der Unterschied zwischen herkömmlichem und Low-E-Glas kaum sichtbar, beide sind auf die gleiche Art zu reinigen. Low-E-Glas ist für Wärmedämmverglasungen vorgesehen. Ein doppelverglastes Fenster mit Low-E-Glas hat einen ähnlichen U-Wert wie eine dreifache Normalverglasung. Low-E-Glas bei Dreifachverglasungen führt zu einem U-Wert von nahezu null. Bei mehrfach verglasten Fenstern wird die Low-E-Glasscheibe als innere Scheibe eingefügt, wobei ihre beschichtete Seite dem Zwischenraum zwischen den Scheiben zugewandt ist. Low-E-Glas ist mit unterschiedlichen Beschichtungen erhältlich, die für jeweils verschiedene Klimazonen gedacht sind. Neben Sorten, die die Sonneneinstrahlung nutzen, gibt es solche, die sie verringern, was in warmen Klimazonen zur Kühlung der Innenräume beiträgt.

Ein bestimmtes Fabrikat kombiniert das Low-E-Glas mit einer »superklaren« Außenscheibe. Sie erleichtert das Eindringen der Sonnenwärme ins Innere, während die Low-E-Glas-Scheibe verhindert, dass sie wieder entweicht. Derartige Fenster sollen die zweifache Energieeffizienz von Doppelverglasungen aufweisen.

FENSTERDEKORATION

Eine Lowtech-Methode zur Verringerung von Temperaturschwankungen ist die richtige Fensterdekoration. Diese erfüllt zudem eine Reihe weiterer praktischer Zwecke, vom Schutz der Privatsphäre bis hin zur Lichtregelung, was wiederum bedeutet, dass sie einen Kompromiss zwischen zwei gegensätzlichen Erfordernissen bieten muss.

Vorhänge Insbesondere gefütterte Vorhänge sind wärmedämmend, vor allem wenn sie auch noch wattiert sind. Vorhänge vor Türen können auch Zugluft verhindern. Achten Sie darauf, dass sich die Vorhänge über den Fensterrahmen hinaus zurückziehen lassen, damit der Tageslichteinfall nicht behindert wird. In gleicher Weise sollten keine Querbehänge herunterhängen und einen Teil der Scheibe verdecken. Denn gerade durch den oberen Teil des Fensters tritt das meiste Tageslicht ein. Keinesfalls sollten Vorhänge auf

Heizkörper fallen, damit der Raum nicht gegen die von ihnen abgegebene Wärme abgeschirmt wird.

In der warmen Jahreszeit können die schweren Wintervorhänge gegen leichte, lichtdurchlässige Gardinen ausgetauscht werden. Wenn der Schutz der Privatsphäre oder Sicherheitsgründe nicht dagegensprechen, sollten sie an langen Sommerabenden nicht zugezogen werden, um den Bedarf an künstlichem Licht zu verringern. In allen Fällen sind Naturstoffe empfehlenswert. Verzichten Sie auf synthetisches Material oder solches, das eine chemische Reinigung erfordert.

Rollos und Fensterläden Von wenigen Ausnahmen abgesehen tragen Rollos und Jalousien nur wenig zur Dämmung bei. Nur bei schlecht eingepassten Fenstern können sie Zugluft reduzieren. Bei der Lichtregelung sind sie wesentlich

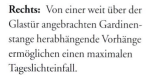

Rechts: Von einer weit über der Glastür angebrachten Gardinenstange herabhängende Vorhänge ermöglichen einen maximalen Tageslichteinfall.

Ganz rechts: Raff- oder Faltrollos sind ein eleganter Sicht- und Sonnenschutz. Eine flexiblere Lichtlenkung und -dosierung ermöglichen hingegen Jalousien.

Gegenüber links: Nach Bedarf verstellbare Lamellenfenster fördern die natürliche Belüftung.

Gegenüber rechts: Stoffvorhänge können als lichtdurchlässige Raumteiler dienen.

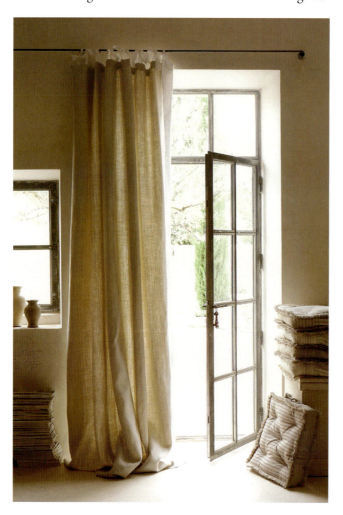

wirksamer als Vorhänge, was bedeutet, dass sie im Sommer einen Beitrag zur Kühlung der Räume leisten.

Am wenigsten flexibel sind Stores oder Faltrollos aus Stoff. Die meisten davon werden etwas oder ganz herabgezogen, so dass das Sonnenlicht gefiltert wird. Die Privatsphäre wird auf diese Weise geschützt, ohne dass es zu großen Lichtverlusten kommt. Segelartige Abdeckungen oder Markisen können für eine wirksame Verschattung von Räumen mit Glasdächern, wie z. B. Wintergärten, sorgen.

Weitere Arten der Fensterbeschattung sind Jalousien aus Metall oder Holz sowie lamellierte und durchbrochene Fensterläden (s. S. 51). Sie können entsprechend der Tageszeit und Sonneneinstrahlung verstellt werden, so dass man leicht den richtigen Kompromiss zwischen möglichst viel natürlichem Licht und Kühlung der Innenräume findet.

FUSSBÖDEN

Neben Wänden und Decken sind Böden die größten Flächen im Haus. Die Wahl des Bodenbelags kann somit entscheidend für die Umweltfreundlichkeit Ihres Heims sein. Im Allgemeinen ist es am besten, einen Boden oder Bodenbelag zu wählen, der nicht aus Kunststoff, sondern aus Naturmaterial besteht und aus lokalen Ressourcen stammt, so dass keine langen Transportwege anfallen. Auch eine Reihe weiterer Faktoren müssen beachtet werden, so z. B., ob das Material recyclefähig ist oder nicht, ob es aus erneuerbaren Rohstoffen gefertigt wurde, welche Auswirkung es auf die Qualität der Raumluft und die menschliche Gesundheit hat und welchen Beitrag es zu passiven Solarstrategien leisten kann. Der Einsatz von Klebemitteln oder Zementen beim Auslegen und Befestigen sowie erforderliche Anstriche können die Öko-Bilanz eines Bodenbelags beeinflussen.

Unten: Recycling-Hartholzparkett ist ein attraktiver und dauerhafter Bodenbelag, kann aber teuer sein. Bei ausreichend dicker Holzschicht kann es abgeschliffen werden.

Rechts: Bambusböden sind eine klimafreundliche Alternative zu Hartholz. Sie sind äußerst stabil und strapazierfähig.

HOLZ

Eines der vielseitigsten Baumaterialien ist Holz. Es hat eine lange Geschichte als Baustoff und Material für die Innenausstattung, und wie es scheint, werden wir dieses Materials niemals müde. Holz nimmt eine mittlere Position ein zwischen harten und schweren Massivmaterialien wie Beton, Naturstein oder Ziegel und weichen wie Teppichen oder Naturfaserbelägen. Als Fußbodenbelag ist es strapazierfähig, angenehm, relativ warm und langlebig. Das gilt vor allem für Massivholz, mit Einschränkungen aber auch für furniertes Holz und ähnliche Holzwerkstoffe. Holzböden eignen sich auch für den Einsatz über Unterboden- oder Strahlungsheizsystemen. Auch in Bezug auf die Umweltfreundlichkeit spricht vieles für Holz. Es stammt aus natürlichen, nachwachsenden Quellen, kann wiederverwendet oder recyclet werden und ist biologisch abbaubar.

Für Fußböden werden verschiedene Harthölzer verwendet – sie sind dicht, fest und oft sehr schön gemasert –, sowie Weichholz, das jedoch anfälliger für Schäden durch Feuchtigkeit und Schimmel ist. Hinzu kommen verschiedene Arten von Holzwerkstoffen wie Schicht- und Sperrholz. Viele davon enthalten synthetische Bindemittel und Kleber, wodurch sie ökologisch gesehen eigentlich nicht tragbar sind.

Wichtige Kriterien:

- Wählen Sie prinzipiell FSC-zertifiziertes Holz aus nachhaltig bewirtschafteten Forstbetrieben.
- Wählen Sie, wenn irgend möglich, heimisches Holz. Aus der Region stammende Hölzer enthalten weniger graue Energie als über weite Strecken transportierte oder Importware.
- Meiden Sie bedrohte Arten, insbesondere tropische Harthölzer, aber auch Holz aus alten Wäldern in gemäßigten Zonen.
- Die Wiederverwendung gebrauchter Bretter vermindert den Holzabfall. Schleifen und wachsen Sie alte Bretter und verlegen Sie diese neu, statt einen fabrikneuen Fußboden zu legen. Auch Parkette und furniertes Material kann man bei ausreichend dicker Holzschicht abschleifen und wieder verwenden. Wählen Sie bei Fertigparketten »Click-Systeme«, die nicht verleimt, sondern nur zusammengesteckt werden.
- Meiden Sie Holzwerkstoffe, die synthetische Bindemittel wie Formaldehyd enthalten. Schicht- und Sperrholz enthalten Formaldehyd in geringerer und weniger schädlicher Konzentration als andere Holzwerkstoffe.

HOLZBEHANDLUNG

Bei vielen der gängigen Holzbeschichtungen handelt es sich um auf Lösemitteln oder Kunstharzen basierende Lacke, sie sollten aus ökologischen Gründen gemieden werden. Lösemittel enthalten große Mengen an VOC (flüchtigen organischen Verbindungen). Zweikomponentenlacke auf Polyurethanbasis überziehen das Holz mit einer äußerst strapazierfähigen Schicht, es gibt jedoch viele Alternativen, die ebenso gut sind. Tief eindringende natürliche Öle wie Leinöl machen das Holz wasserbeständig und härter und damit widerstandsfähiger gegen Beschädigung und Verschleiß. In mehreren Schichten aufgetragenes Bienenwachs riecht nicht nur gut, sondern gibt dem Holz auch eine intensivere Färbung. Es hat weiterhin den Vorteil, dass kleinere Reparaturen durch Ausschleifen und Nachwachsen schnell und einfach zu bewerkstelligen sind. Natürliche Beizen auf Wasserbasis verleihen dem Boden den gewünschten Farbton.

BAMBUS

Unglaublich schnell wachsend und reichlich vorhanden, ist Bambus eine umweltfreundliche Alternative zum Holz. Er kann schon nach fünf oder sechs Jahren geschlagen werden. Bambuskulturen erfordern kaum Pflege, sind von Natur aus resistent gegen Schädlinge und erfordern keine Düngemittel, sondern verbessern sogar nährstoffarme Böden. Der größte ökologische Nachteil ist, dass der zur Erzeugung von Bodenbelägen, Paneelen und Arbeitsplatten geeignete Bambus überwiegend in China und Indonesien wächst, wodurch der Transport seinen Gehalt an grauer Energie erhöht. Ein weiterer besteht darin, dass bei der Verarbeitung auch Formaldehyd zur Verwendung kommt. Die besten Bambuslieferanten sind jene, die den Produktionsprozess von der Ernte bis zum Fertigprodukt überwachen und garantieren, dass nur ein Minimum an Formaldehyd verwendet wurde.

Bambusfußböden bestehen aus Schichtholzbrettern, die aus Bambusfasersträngen oder -streifen gefertigt wurden. Sie sind sehr stabil und widerstandsfähig. Die härtesten Sorten übertreffen sogar Ahorn und Eiche. Bambus hat eine lebhafte Maserung und ist in einer Reihe von holzartigen Farbtönen erhältlich. Er kann durch Nageln oder Heften befestigt werden, aber auch mittels wasserbasierten Klebstoffen.

Bambus dient auch als Material für Wandverkleidungen, Theken und Arbeitsflächen, Textilien und Papier. Linda Garland, die Gründerin der Environmental Bamboo Foundation, vertritt die Auffassung, dass Bambus auch als Werkstoff für Bauelemente einiges Potenzial hat. Häuser aus Bambus müssen dabei nicht unbedingt wie Strandhütten aussehen. Das Material ist so stabil und vielseitig verwendbar, dass es auch für Ständer/Bohlen- und Plattenkonstruktionen geeignet ist.

PALMHOLZ

Palmholz stammt von Kokospalmen, die in warmen Klimazonen auf Plantagen kultiviert werden. Sie sind eine natürliche und erneuerbare Ressource. Kokospalmen werden wegen ihrer Nüsse gepflanzt. Nach etwa hundert Jahren sind sie jedoch so hoch, dass die Nährstoffe nicht mehr in die Krone gelangen und der Baum keine Früchte hervorbringt. Sie werden dann gefällt und durch jüngere Palmen ersetzt.

Aus den gefällten Bäumen, die sonst entsorgt oder verbrannt werden müssten, wird Palmholz gewonnen. Die Stämme werden zersägt, das in Trockenöfen getrocknete Rohholz wird anschließend zu Furnieren zerschnitten, die dann mit ungiftigen Klebern verleimt werden. Palmholzdielen sind als Nut-und-Federbretter erhältlich. Sie sind stabil und äußerst dauerhaft, die charakteristischen dunklen und farbintensiven Oberflächen weisen eine deutliche Maserung auf. Palmholzdielen werden in Deutschland meist unter der Bezeichnung »Kokosparkett« angeboten.

Palmholz wird auch für Raumpaneele und für die Sperrholzherstellung verwendet.

KORK

Kork wird aus der Rinde der immergrünen Korkeiche (*Quercus suber*) gewonnen, einem im Mittelmeerraum heimischen Baum. Korkeichen werfen etwa alle zehn Jahre ihre Rinde ab, die auf diese Weise ohne Schaden für den Baum geerntet werden kann. Der größte Teil davon wird zu Flaschenkorken verarbeitet, der dabei entstehende Abfall wird zur Herstellung von Korkfliesen für Bodenbeläge und Platten für Verkleidungen verwendet.

Durch seine einzigartige, luftspeichernde Zellenstruktur ist Kork leicht, weich und elastisch. Er ist zudem von Natur aus schwer entflammbar. Früher wurden die meisten Korkplatten aus mit formaldehydhaltigen Klebern gebundenem Korkgranulat gefertigt, mittlerweile verwenden viele Hersteller umweltfreundliche Pigmente und Bindemittel auf Wasserbasis.

Der führende Korkproduzent ist Portugal. Damit erhöht sich die graue Energie des Korks durch lange Transportwege. Davon abgesehen ist Kork ein nachwachsendes und recyclingfähiges Material mit guten Wärme- und Schalldämmeigenschaften. Zudem ist es antibakteriell und hypoallergen. Korkflächen müssen versiegelt werden. Eine umweltfreundliche Alternative zu synthetischen Produkten sind Wachse.

Links: Konsequent eingesetzt, kann man mit Kork ein erstaunlich angenehmes und atmosphärisches Wohnklima erreichen. Korkfliesen werden aus dem bei der Herstellung von Flaschenkorken entstehenden Abfall erzeugt.

LINOLEUM

Entgegen einer weitverbreiteten Ansicht besteht Linoleum zu hundert Prozent aus Naturstoffen. Sein Hauptbestandteil ist Leinöl, dazu kommen Baumharz, Kork- und Holzmehl, Kalksteinpulver, Pigmente und Jutegewebe. Dieses dient als Trägerschicht, auf die das Gemisch aufgewalzt wird. Das Produkt wird anschließend getrocknet und bei hohen Temperaturen wärmebehandelt. Ökologisch gesehen besteht sein Hauptnachteil in dem Kunstdünger, der beim Saatleinanbau verwendet wird. Linoleum ist in den verschiedensten Farben und Mustern erhältlich und bietet eine ganze Reihe von Vorteilen. Es ist warm, strapazierfähig, antibakteriell, antistatisch und hypoallergen – gut für Asthmatiker. Außerdem ist es von Natur aus schwer entflammbar. Es ist zudem biologisch abbaubar und recyclingfähig. Als Bodenbelag ist Linoleum sehr dauerhaft und wird mit der Zeit sogar härter. Eine zusätzliche Schutzschicht ist nicht erforderlich. Es ist in Bahnen erhältlich, die der Fachmann verlegen muss, oder in Form von Klickdielen, die sich leichter verlegen lassen.

GUMMI

In Haushalten kam Gummi zuerst als Hightech-Bodenbelag in Mode. Derzeit erlebt er aufgrund der außerordentlich erweiterten Farbauswahl eine Renaissance. Bisher handelte es sich jedoch zumeist um synthetische Produkte. Vor kurzem kam eine neue Qualität von Kautschukbodenbelag auf den Markt, der zu 90 Prozent aus natürlichen Stoffen besteht. Naturkautschuk stammt von Kautschukbäumen, die der Atmosphäre besonders viel CO_2 entnehmen. Naturkautschukbeläge sind in ähnlich vielen Farben und Mustern erhältlich wie die synthetischen. Einige davon enthalten jedoch eine gewisse Menge Industriekautschuk und Weichmacher. Es ist somit wichtig, sich über die jeweiligen Inhaltsstoffe zu informieren. Eine weitere Öko-Lösung ist Recycling-Gummi, der vor allem aus Altreifen hergestellt wird. Sämtliche Gummiböden sind warm, antistatisch und antibakteriell. Die Beläge sind meist in Fliesenform erhältlich. Gummi ist sehr dauerhaft, dazu re- oder downcyclingfähig und hat gute Schalldämmungseigenschaften.

Oben: Linoleum besteht aus natürlichen Stoffen und ist äußerst hygienisch. Es ist hypoallergen, biologisch abbaubar, recyclefähig und schwer entflammbar.

Rechts: Gummiböden bestanden früher meist aus synthetischem Material. Seit kurzem sind neue Produkte auf dem Markt, die zu 90 Prozent aus natürlichen Stoffen bestehen und in ähnlich kräftigen Farben erhältlich sind.

KERAMIKFLIESEN

Keramikfliesen gibt es in vielerlei Farben, Größen und Gefügearten, die eine nahezu unbegrenzte Vielfalt an Dekormöglichkeiten bieten. Bodenfliesen sind sehr haltbar und für Feuchtbereiche wie Badezimmer und Küchen geeignet. Sie sind zur Verlegung über Fußbodenheizungen bestens geeignet, pflegeleicht und erfordern keine Oberflächenbehandlung. Frostfeste Materialien wie Steinzeug und Spaltplatten eignen sich auch für Außenbereiche. Ton, der Hauptbestandteil keramischer Fliesen, ist ein reichlich vorhandenes, natürliches Material. Die üblichen Fliesenkleber haben einen hohen VOC-Gehalt, es gibt jedoch alternative Kleber auf Wasserbasis. Der größte Nachteil von Fliesen ist allerdings der hohe Betrag an grauer Energie, der sich sowohl den Herstellungsverfahren als auch der Tatsache verdankt, dass viele davon Importware sind.

TERRAKOTTAFLIESEN

Terrakottafliesen haben mit keramischen Fliesen viele Vorteile gemeinsam. Die meisten sind Fabrikware, einige werden in Gebieten wie Mexiko, der Provence und der Toskana von Hand hergestellt. Selbst handgefertigte Fliesen enthalten aufgrund des Transportaufwands einen relativ hohen Betrag an grauer Energie. Wie keramische so eignen sich auch Terrakottafliesen sehr gut als Belag über Fußbodenheizungen.

Links: Wie andere keramische Erzeugnisse enthalten Terrakottafliesen aufgrund ihrer Herstellungsweise einen hohen Betrag an grauer Energie. Sie liefern jedoch einen Beitrag zur thermischen Masse und eignen sich gut als Bodenbelag über Fußbodenheizungen.

STEIN

Einer der schönsten natürlichen Baustoffe ist Stein, aus dem man äußerst dauerhafte und attraktive Böden herstellen kann. Gesteine weisen die verschiedensten Farben, Musterungen und Gefüge auf, von der glatten Üppigkeit des Marmors bis hin zum gepflegten Dunkel des Schiefers oder der modisch kühlen Eleganz des Kalksteins. Die hohe Wärmespeicherkapazität insbesondere dicker Steinplatten bewirkt, dass sie sich für Häuser eignen, die für passive Sonnenwärmegewinnung konzipiert sind. Sie eignen sich auch bestens als Belag über Fußbodenheizungen. In ähnlicher Weise trägt Stein in warmen Klimazonen zur Kühlung bei.
Stein gilt allgemein als reichlich vorhandener natürlicher Baustoff, ist jedoch genau genommen keine erneuerbare Ressource. Einige besonders geschätzte Sorten werden immer seltener, etwa Yorkstein, ein besonders verwitterungsbeständiger Sandstein. Steinbrüche können einen negativen Einfluss auf Habitate und Landschaften ausüben. Ein weiterer ökologischer Nachteil ist, dass viele Gesteine über weite Strecken transportiert werden. Transport und Gewicht erhöhen den Gehalt an grauer Energie. Auch Oberflächenbehandlungen, die bei porösem Material wie Kalkstein Flecken verhindern sollen, sind nicht unbedenklich. Die beste Lösung ist daher die Verwendung von Abriss- oder antiken Steinen oder wenigstens aus der Umgebung stammendem Material. Schwere, dicke Platten, die in Sand oder Mörtel verlegt werden, sind umweltschonender als dünnere, die verklebt werden müssen.

Links: Unregelmäßige Steinplatten sorgen für eine rustikale Atmosphäre. Die umweltschonendste Lösung sind wiederverwertete oder antike Steine.

Unten: Stein- und Keramikfliesen tragen durch ihre große Wärmespeicherkapazität zur passiven Heizung oder Kühlung eines Hauses bei. Aufgrund ihrer Dichte erwärmen sie sich langsam und geben die Wärme ebenso langsam wieder ab.

ZIEGEL

Ziegel, aus natürlichem Material hergestellt, sind in vielen Teilen der Welt ein Standardbaustoff. Bodenziegel unterstützen aufgrund ihrer Wärmespeicherkapazität die passive Sonnennutzung, sie können auch über Fußbodenheizungen verlegt werden. Aufgrund der für das Ziegelbrennen erforderlichen hohen Temperaturen haben sie allerdings einen relativ hohen Gehalt an grauer Energie.

BETON

Trotz seines schlechten Rufes als hässlicher Baustoff für Zweckbauten hat Beton ökologisch gesehen viele Vorzüge. Seine Hauptbestandteile sind Portlandzement und Zuschläge (Sand und Kies oder Splitt), die reichlich und oft in unmittelbarer Nähe der Baustelle vorhanden sind, so dass der durch Transporte anfallende Energieaufwand gering ist. In den letzten Jahren hat die Zementindustrie große Anstrengungen unternommen, um die für die Herstellung erforderliche Energiemenge zu reduzieren. In manchen Fällen gelang dies mit anderen Brennstoffen, in anderen wurde dem Gemisch zur Verringerung der erforderlichen Zementmenge Flugasche beigegeben, ein Abfallprodukt aus Kohlekraftwerken. Beton ist zu 100 Prozent recyclebar: Betonbruch kann anstelle der üblichen Zuschläge verwendet werden.

Gleich Ziegeln, Stein und anderen Baustoffen mit hoher Dichte hat Beton eine hohe Wärmespeicherkapazität und eignet sich damit gut für Passivhäuser. Wird er der Sonnenstrahlung ausgesetzt, überträgt er die Wärme ins Innere. Beton ist von Natur aus feuerfest und erfordert keine Beschichtungen. Er eignet sich hervorragend als Belag über Fußbodenheizungen. In warmen Klimazonen trägt er spürbar zur natürlichen Kühlung bei.

TEPPICH

Teppichböden sind nicht mehr so verbreitet wie noch vor wenigen Jahrzehnten, erfreuen sich aber weiterhin großer Beliebtheit: Sie sind trittschalldämmend, weich, warm und angenehm an der Haut. In großflächig angelegten Wohngeschossen bilden sie ein vereinheitlichendes Element. Ihre Verwendung ist in den letzten Jahren zugunsten glatter Beläge, vor allem Holzböden, zurückgegangen, trotzdem ist ihr Marktanteil immer noch beachtlich. Teppichböden können von Hausstaubmilben befallen werden und sind daher für Asthmatiker oder Allergiker nicht geeignet.

Für den ökologisch denkenden Verbraucher stellt sich die Frage nach den Fasern, aus denen sie gefertigt sind, dem Trägergewebe, der Unterlage und schließlich der Entsorgung. Der bei weitem größte Teil der in Haushalten verlegten Teppichböden enthält synthetische Komponenten, durch die das Material billiger, Schmutz abweisend und verschleißfest wird. Im Allgemeinen haben Teppichböden eine geringere Lebensdauer als andere Beläge, und die meisten werden auf der Deponie entsorgt. Sie eignen sich nicht als Belag für Fußbodenheizungen, da sie aufgrund ihrer Dämmwirkung nicht die gesamte Wärme in den Raum strahlen lassen. Versichern Sie sich vor dem Kauf stets, dass es sich um hochwertige Ware handelt. Ein Recycling-Logo bedeutet nicht unbedingt, dass die Ware aus Recyclingmaterial gefertigt ist, wohl aber, dass sie recyclefähig ist. Teppiche haben den Vorteil der Mobilität. Früher wurden sie oft im Sommer entfernt, so dass der Stein- oder Holzboden durch seine kühlende Wirkung einen maximalen »thermischen Schwungradeffekt« ausüben konnte. Im Winter hat man sie dann zur Wärmedämmung wieder ausgelegt.

Faserarten
- *Wolle* Wollteppiche und -teppichböden sind die umweltfreundlichste Lösung, insbesondere, wenn sie auf Jute aufkaschiert sind und einen Filzrücken haben. Wolle hat hervorragende Wärme- und Schalldämmungseigenschaften. Sie ist recyclefähig, erneuerbar, biologisch abbaubar und relativ dauerhaft, aber auch teuer und nicht gerade pflegeleicht. Importwolle hat einen höheren Gehalt an grauer Energie.
- *Baumwolle* Baumwolle hat mit Wolle viele ökologische Vorteile gemeinsam, weist aber keine gute Dämmwirkung auf. Sie eignet sich nicht für stark frequentierte Flächen und muss oft gereinigt werden. In vielen Teilen der Welt ist Baumwolle Importware, bei ihrem Anbau werden große Mengen Pestizide eingesetzt.
- *Synthetische Fasern* Polyester, Polypropylen und Nylon sind die bekanntesten für Teppichböden verwendeten Kunststofffasern. Sie werden allein verwendet oder mit Wolle gemischt, um deren Lebensdauer zu erhöhen. Alle diese Fasern sind Produkte der petrochemischen Industrie, weisen einen hohen Betrag an grauer Energie auf und sind nicht biologisch abbaubar. Ökologisch bedenklich sind auch die – selten gewordenen – Teppichböden mit einer Rückenschicht aus aufgeschäumtem Kunststoff.
- *Recyclingfasern* Recycling-Teppichböden können aus Textilfasern oder recyceltem PET (Polyethylenterephthalat) gefertigt sein, das auch zur Herstellung von Plastikflaschen dient. Auch eine Methode zum Recyceln von Nylon wird zurzeit entwickelt. Einige Hersteller produzieren neue Teppichböden aus gebrauchten, oder sie reinigen und restaurieren diese bzw. verwerten sie durch Downcycling.

Naturfaserbeläge
Naturfasern werden aus pflanzlichem Material wie Sisal, Seegras, Kokos und Jute erzeugt. Sie stammen im Allgemeinen aus tropischen Gebieten, wodurch sie aufgrund der weiten Transportwege mehr graue Energie enthalten. Mit Ausnahme von Jute sind Bodenbeläge aus Naturfasern strapazierfähig und eignen sich gut für stark begangene Flächen. Seegras ist von Natur aus wasserfest und kann nicht gefärbt werden. Andere Naturfasern hingegen sind anfällig für Flecken, Sisal wird sogar durch Wasser fleckig.

Die besten Ergebnisse erzielt man, wenn man Naturfaserbodenbeläge über einer passenden Unterlage auslegt. Sie können wie Teppichböden von Wand zu Wand verlegt oder als einzelne Teppiche, Läufer oder Brücken ausgelegt werden. Anders als synthetische Teppichböden sind Naturfaserbeläge hypoallergen.

Ganz links: Beton, insbesondere mit Flugasche als Bindemittel, ist eine ökologisch günstige Wahl. Er ist feuerbeständig und benötigt keinen Schutzüberzug.

Oben und unten: Teppiche aus Naturfasern wie Wolle, Baumwolle, Sisal und Seegras sorgen im Winter für zusätzliche Wärme und Trittkomfort. Im Sommer, wenn der Raum kühl sein soll, können sie eingerollt und aufbewahrt werden.

WÄNDE UND DECKEN

Wände und Decken bilden zusammen die größte Fläche der Innenräume. Ihr Material beeinflusst somit die passiven Solarstrategien. Darüber hinaus hat ihre bauliche Ausführung Auswirkungen auf die natürliche Belüftung.

Mauern aus schwerem Baumaterial wie Beton oder Stein nehmen tagsüber Wärme auf und strahlen sie nachts langsam ab. Damit tragen sie dazu bei, dass die Räume im Winter warm und im Sommer kühl sind. Füllt man eine Balkenkonstruktion mit Mauerwerk aus, so hilft dies gegen übermäßige Wärmeaufnahme bzw. Wärmeverluste und verringert Temperaturschwankungen, wodurch sich wiederum der Bedarf an Kühlung bzw. Heizung verringert.

Die Beschichtung von Mauern erfolgt aus rein kosmetischen Gründen. Doch auch unverkleidete Stein- oder Ziegelwände können sehr atmosphärisch wirken. Sogar polierter Beton und Gips haben ihre Reize. Welche Art von Putz man auch aufbringt, er sollte die »Atmungsfähigkeit« der Mauer verstärken und ihren Feuchtigkeitsgehalt natürlich regulieren. Überzieht man eine Wand mit einer undurchlässigen Schicht oder einem Anstrich auf Kunststoffbasis, so kann dies zu Kondensation führen. Handelsübliche Wandanstriche enthalten einen hohen Anteil an VOC, ganz zu schweigen von den Umweltschäden, die ihre Produktion und ihre Entsorgung verursachen.

Links: Unverputzte Ziegelwände erfordern keine weiteren Behandlungen oder Anstriche und bilden einen rustikalen Kontrast zu modernen Einrichtungen.

Oben: Eine die Schalungsstruktur abbildende Betonwand ist Ausdruck kraftvoller Industrieästhetik.

Rechts: Häuser im landesüblichen Stil werden zumeist auch aus heimischen Baustoffen gebaut, etwa aus Steinen, die man aus den Feldern entfernt oder aus nahen Steinbrüchen gewonnen hat.

NATURPUTZE

Wände und Decken werden häufig mit Putz überzogen. Dessen Hauptbestandteile sind Sand und ein Bindemittel, gewöhnlich Zement, Gips oder Kalk. Heute verwendet man üblicherweise Fertigputzmischungen, die in den verschiedensten Ausführungen und für unterschiedliche Zwecke angeboten werden. Allen gemeinsam ist, dass sie vor der Verwendung nur mit einer bestimmten Wassermenge angerührt werden müssen. Am beliebtesten für den Innenbereich sind Gipsputze. Im Trockenausbau werden überwiegend Gipskartonplatten verwendet, die man entweder auf eine aus Holz gefertigte Ständer-Bohlen-Konstruktion oder auf spezielle Metallträger schraubt und verspachtelt.

Hat man sich für herkömmlichen Putz entschieden, so ist Gipsputz auch unter ökologischen Gesichtspunkten dem Zementputz vorzuziehen, da er durchlässiger ist. Gipsputz lässt sich leichter aufbringen als andere Naturstoffe wie etwa Putz auf Kalkbasis, außerdem trocknet er schneller. Sichtputzwände benötigen keinen Überzug außer einer Wachsschicht, die die Staubbildung verhindert.

Noch ökologischer ist Gipskarton. Er besteht aus einer Schicht Recycling-Gips, auf der beidseitig ein Bezug aus Kartonage und Gips aufgebracht ist. Gipskartonplattten benötigen eine Unterkonstruktion, können aber auch mit Ansetzbinder direkt an eine Wand geklebt werden.

Neben Gips bieten sich eine Reihe weiterer herkömmlicher und bewährter Verputze an. Einer davon gleicht der traditionellen marokkanischen Wandbeschichtung Tadelakt. Er kann mit Pigmenten eingefärbt werden und wird durch Reiben zu einer seidig glänzenden, wasserbeständigen Oberfläche. Weitere Arten sind Lehmputz, der sich auch für Außenwände eignet, und Gemische auf Kalkbasis, die eine glatte, kreideartige Oberfläche ergeben. Diese Produkte sollten aber ausschließlich von Fachleuten verarbeitet werden. Sie wirken jedoch äußerst dekorativ und sind aus ökologischen Gründen empfehlenswert.

Links: Sichtputz sorgt für eine warme Atmosphäre. Eine feine Wachsschicht verhindert die Bildung von Staub. Anstelle von Zementputz empfehlen sich Gipskarton oder Gipsputz.

Rechts: Als Alternativen zu Gips bieten sich traditionelle Putzarten an. Manche davon sind auf Kalkbasis hergestellt. Sie müssen vom Fachmann aufgetragen werden.

NATURFARBEN

Die heute üblichen Wandanstriche sind Produkte der petrochemischen Industrie und in ihren gängigen Zusammensetzungen erst seit relativ kurzer Zeit auf dem Markt. Vor dem in der Nachkriegszeit einsetzenden Aufschwung dieser Branche waren die meisten im Haushalt verwendeten Anstriche in gewissem Maß »Naturfarben«, auch wenn sie giftige Bestandteile wie Blei enthalten konnten. Synthetische Produkte hingegen wie Emulsions- oder Latexfarben enthalten einen hohen Anteil an Kunstharz. Tüncht man eine Wand mit einer Emulsionsfarbe, so versiegelt man sie mit einer dünnen Kunstharzschicht und verringert damit ihre »Atmungsfähigkeit«. Durch ihren Kunststoffanteil ist die Farbe statisch, was zur Folge hat, dass die Wandfläche Staub und Bakterien anzieht.

Trotz der von der Werbung angepriesenen praktischen Vorteile kommerzieller Farben – leichte Anwendung, schnelles Trocknen, große Farbtonauswahl, spezielle Konsistenzen und Oberflächeneffekte – werden die ökologischen Kosten immer deutlicher. Es gibt drei kritische Punkte: die Gesundheit, die Herstellung und den Abfall.

Die meisten Kunstharzfarben enthalten VOCs (flüchtige organische Verbindungen), die ausgasen. Sie verursachen Allergien, Asthma, Hautreizungen und schlimmere Gesundheitsstörungen. Oft ist es unmöglich, genau festzustel-

len, welche Chemikalien Innenanstriche enthalten – übliche Zusätze sind Formaldehyde, Fungizide, Bakterizide und Schwermetalle. Die meisten »tropffreien« Farben enthalten Polyurethan. Schätzungen zufolge werden bei der Herstellung von Farben, Lacken und Reinigungsmitteln etwa 15 000 verschiedene Chemikalien verwendet. Schon aufgrund der Größe der beschichteten Flächen ist die Auswirkung solcher Inhaltsstoffe keineswegs vernachlässigbar. Da wir einen großen Teil unserer Zeit im Haus verbringen, sind wir in beträchtlicher Weise Schadstoffen ausgesetzt, deren Langzeitwirkungen noch nicht restlos geklärt sind.

Die industrielle Farbherstellung ist mit extremer Verschwendung von Ressourcen verbunden. Wie jedes petrochemische Verfahren verschlingt sie fossile Brennstoffe. So beruht die Erzeugung von Polyurethanlack, einer weit verbreiteten Lackart, auf einem Prozess, der zu 90 Prozent Abfall führt. Er wird in Tanks gelagert, weil dies die einzige Art von Entsorgung ist. Es gibt keine sichere oder biologisch vertretbare Methode zur Entsorgung alter oder nicht benutzter Lacke – ein sicherer Beweis für die Gefährlichkeit der darin enthaltenen Chemikalien.

Bei Naturfarben hat sich das Angebot an Farbtönen und Konsistenzen beträchtlich verbessert. Die Hersteller bieten eine ganze Reihe schöner und kräftiger Farben an, die bereits gemischt sind oder mit natürlichen Farbpigmenten angerührt werden. Sie sind in verschiedener Konsistenz erhältlich, ihre Anwendung wurde erheblich erleichtert. Nicht zuletzt sind Naturfarben biologisch abbaubar und können ohne Schaden für die Umwelt entsorgt werden.

NATURFARBENARTEN

• *Leimfarbe* Eine herkömmliche Wandfarbe auf der Basis von Kalksteinmehl und mit weichem, kreideartigem Effekt. Sie muss auf Kalkputz aufgetragen werden, da sie auf Gips nicht haftet. Leimfarbe ist nicht sehr dauerhaft, der Anstrich muss regelmäßig erneuert werden.

• *Ölfarben* Die meisten heute erhältlichen Naturfarben enthalten als Bindemittel Leinöl. Die Farbpigmente stammen aus natürlichen Ressourcen wie Krappwurzeln, Eichenrinde und Mineralpulver. Mineralpigmente sind zumeist dauerhafter und farbintensiver. Als Lösemittel dienen Terpentin oder Zitrusschalenöl – Naturprodukte, die aber leichte Reizungen hervorrufen können.

• *Farben auf Wasserbasis* Ähnlich wie ölbasierte Farben, als Lösemittel dient jedoch Wasser.

• *Lehmfarben* Erneuerbar und ungiftig, aber nur mit beschränkter Farbauswahl.

• *Kalkfarbe* Vorsicht beim Auftragen, da Kalk ätzend ist. Damit die Farbe gut deckt, sind mehrere Anstriche erforderlich.

TAPETEN

In den letzten Jahren ist das Interesse an Papiertapeten wieder gestiegen, wobei die traditionellen geometrischen oder floralen Muster von großformatigen oder fotorealistischen Motiven abgelöst wurden. Papier wird aus natürlichen und erneuerbaren Stoffen erzeugt und ist gut recyclebar. Tapeten sind somit für den Ökodekorateur ein akzeptabler Wandschmuck, vorausgesetzt, die verwendeten Kleister bestehen aus natürlichen Stoffen. Meiden Sie Vinyltapeten oder solch mit einem Muster aus Metallfolie.

Noch ökologischer sind aus Naturfasern gewebte Tapeten: Maulbeerbaum, Hanf, Pfeilwurz, Jute, Bambus, Seegras, Sisal und Wildgras liefern die Grundstoffe. Die meisten weisen eine attraktive Textur auf. Außer bei Bambus- und Sisaltapeten sind die erhältlichen Farbtöne eher gedämpft und neutral.

Ganz links: Verwenden Sie Naturfarben oder solche mit niedrigem VOC-Gehalt. Industrielle Farben enthalten zahlreiche schädliche Chemikalien und sind nicht biologisch abbaubar.

Mitte: Naturfarben wurden erheblich verbessert und sind jetzt viel leichter zu verarbeiten. Sie sind in lebhaften Farben und ansprechenden Texturen erhältlich.

Links: Tapeten haben in der letzten Zeit ein Comeback erlebt. Meiden Sie Kleister auf Kunststoffbasis wie PVA-Kleber. Herkömmliche Kleber auf Stärkebasis werden von den Herstellern hochwertiger Tapeten als ökologisch bessere Wahl empfohlen.

WANDVERKLEIDUNGEN

Eine Alternative für die Raumausstattung sind Wandver-kleidungen aus festem Material. Der Klassiker ist Holz, das in den verschiedensten Arten erhältlich ist, von Weichholz-brettern mit Nut und Feder bis zu furniertem Sperrholz. Verbreitet sind auch Fliesen und Mosaikplatten aus Stein, Keramik und Glas, vor allem für Küchen und Badezimmer, die leicht zu reinigen und wasserbeständig sein müssen. Um eine weiche, anheimelnde Atmosphäre zu schaffen, kann man Wände auch mit Stoffen bespannen, die zudem däm-mend wirken. Naturgewebe, die Feuchtigkeit aufnehmen können, sind mit atmungsaktiven Mauern kompatibel.

Wie bei allen Oberflächen und Überzügen muss der Öko-Designer prüfen, ob das Material seiner Wahl aus erneuerbaren Ressourcen stammt, wenig graue Energie ent-hält und recyclefähig ist. Auch seine Aufbringung muss umweltfreundlich erfolgen (siehe unter Böden, S. 78). Je nach Material können Wand- und Deckenverkleidungen wärmedämmende Wirkung haben. Feuer- und wasserbe-ständige Materialien wie Keramikfliesen können die Feuch-tigkeitsregulierung negativ beeinflussen und zu Kondensa-tion führen. Viele Öko-Designer empfehlen daher, Wände immer nur bis zu einer gewissen Höhe zu fliesen.

Ganz links: Die durchbrochene Holzverkleidung eines Badezimmers schafft eine einheitliche Oberfläche.

Links: Die Bretter und Holzplatten, aus denen die Baustruktur des Hauses besteht, sind an Wänden und Decke unverkleidet geblieben.

Rechts: Fliesen enthalten einen hohen Betrag an grauer Energie, sind jedoch sehr haltbar und wasserdicht und damit in Badezimmern und Küchen äußerst praktisch.

Unten rechts: Unbeschichtete Wellblechplatten sind ein schlichtes Material, das bei einem gewissen Grad an Korrosion auch Innenräumen eine stimmungsvolle Atmosphäre verleiht.

Nächste Seite: Bei der ökologischen Umgestaltung eines Hauses in der Schweiz wurden die Außenwände mit einer 40 Zentimeter dicken Schicht aus Recycling-Zeitungspapier gedämmt. Die Naturholzverkleidung der Innenwände wurde mit Öl wasserabweisend gemacht.

MÖBEL UND EINRICHTUNG

Vor einigen Jahren unterhielt ich mich mit dem britischen Innenarchitekten David Hicks über die Frage, wie man mit Möbelstücken verfahren könne, die sich qualitativ im Niemandsland zwischen Antiquität und Trödel bewegen. Wir träumten davon, solche Stücke zu sammeln, zu taxieren und einer angemessenen Wiederverwertung zuzuführen – von der Restaurierung bis zum Sperrmüll. Es war ein kühner Gedanke – oder auch eine Schnapsidee –, geboren aus unserer gemeinsamen Abneigung gegen jedwede Form der Verschwendung und unserer Vorliebe für klare Linien, kräftige Farben und schlichte Muster.

Heute erscheint unsere damalige Idee weniger weit hergeholt. Renommierte Wohltätigkeitsorganisationen wie das Rote Kreuz oder die Caritas unterhalten Second-Hand-Lager, in denen sich Bedürftige kostenlos oder gegen einen geringen Betrag mit ausrangiertem, aber noch brauchbarem häuslichem Inventar versorgen können.

Über viele Jahre hinweg, in denen die Modeindustrie mit ihrem hektischen Tempo auch die Innenarchitektur infizierte, ermutigten uns die Einkaufsmeilen dazu, Wohnungseinrichtungen quasi als Wegwerfartikel anzusehen. Ist Ihnen Ihre Küche zu langweilig geworden? Werfen Sie sie weg und kaufen Sie eine neue! Ist Ihr Sofa abgewetzt und durchgesessen? Tauschen Sie es gegen das Modell des Jahres. Das unvermeidliche Resultat dieser Einstellung war ein Anwachsen des Müllbergs und des Verbrauchs an Energie und natürlichen Rohstoffen. »Einer, der sich seine eigene Einrichtung kauft.« In England war dieser Satz einst Ausdruck aristokratischer Geringschätzung gegenüber dem bürgerlichen Emporkömmling. Er beweist aber, dass in nicht allzu ferner Vergangenheit in den meisten Haushalten die Einrichtung aus Erbstücken bestand. Beim Erwerb neuer Möbel ging man davon aus, dass man sie über Generationen hinweg nutzen konnte.

Als Geschäftsinhaber möchte ich nicht so tun, als wollte ich die Leute vom Kaufen abhalten. Ich bin und war jedoch stets davon überzeugt, dass man auf Qualität achten muss. Ein ansprechend gestaltetes Qualitätsmöbel kann und soll eine Anschaffung für das ganze Leben sein, bei entsprechender Pflege sogar für mehrere Generationen. Gäbe es nicht genügend Menschen mit dieser Einstellung, würde der Handel mit antiken Möbeln nicht florieren. Qualitätsmöbel können mit der Zeit durch Alterung und Gebrauch gewinnen – an Wert, Charakter und Patina.

In unseren Tagen zwingt uns das steigende Umweltbewusstsein dazu, unsere Einrichtung ebenso sorgfältig zu planen wie unseren Energie- und Wasserverbrauch. Leider lassen viele Hersteller und Händler in Fragen nach Herkunft und Fertigung ihrer Produkte die notwendige Transparenz vermissen. Aufgrund der steigenden Ansprüche und des wachsenden Umweltbewusstseins der Endkunden dürfte sich auf diesem Gebiet allerdings in naher Zukunft einiges ändern. Solang es aber nicht irgendeine Art von Zertifizierung gibt, die alle Kriterien einschließt, besteht die Gefahr, dass die Kunden auf die vagen, das Gewissen beruhigenden und als »grüne Mäntelchen« bekannten Formeln hereinfallen. Es ist deshalb wichtig, die Labels genau zu prüfen, ehe man sich zum Kauf entschließt.

ÖKO-DESIGN

Positiv sind – aus meiner Sicht als Design-Lehrer (Leiter des Royal College of Art und Präsident des Design Museum in London) – die ermutigenden Anzeichen, dass Absolventen von Designhochschulen ihre ökologische Verantwortung sehr ernst nehmen. Anders als gewisse Hersteller, die für ihre Produkte verlegen und ohne rechte Überzeugung mit dem ebenso niedlichen wie unspezifischen Etikett »Öko« werben, fasst diese neue Designergeneration ökologische Fragen als integrierten Bestandteil des Entwicklungs- und Herstellungsprozesses auf. Eine Gruppe stellte 2007 im Londoner Bluebird Café unter dem inspirierenden Motto aus: »Für Designer, die nicht die Deponien füllen wollen«.

Von dieser Idee inspirierten Designern bietet sich eine Reihe von Möglichkeiten. Möbel und Einrichtungsgegenstände können aus Recyclingmaterial gefertigt werden – so können etwa aus alten Tisch- bzw. Stuhlteilen hybride Tische und Stühle zusammengebaut werden. Man kann auch Material verarbeiten, das sonst auf den Müll käme – Lebensmittelverpackungen zu Lampenschirmen oder zerkleinerte Plastikflaschen zu Lampenständern. Recyclingkunststoffe – lebhaft und grafisch gemustert – haben eine ganze Reihe von Verwendungen gefunden, so als Material für Sitzmöbel, Arbeitsflächen und Wandverkleidungen. Als Mindestanforderung muss das verwendete Material möglichst lokal, nachhaltig und energiesparend und am Ende seines hoffentlich langen Lebens recyclingfähig sein.

Rechts: Sich ökologisch einzurichten, bedeutet, langfristig zu denken und weitsichtig zu handeln, also weniger zu kaufen und bei Möbeln und Einrichtungsgegenständen auf Qualität und Nachhaltigkeit zu achten.

GEBRAUCHTWAREN

Vom antiken Möbel aus dem Auktionshaus bis zum drei-
beinigen Stuhl vom Sperrmüll – gebrauchte Möbel gibt es
in allen Preislagen und Qualitäten. Woher sie auch stammen und wie teuer sie auch sein mögen, sie sind stets
umweltverträglicher als neue. Wir haben im Conran-Laden
stets Flohmarktwaren verkauft, viele davon aus Paris, und
ich bin immer wieder angenehm überrascht, wie gut sich
solche Artikel machen und wie schnell sie sich verkaufen.

Durch das Internet hat dieser seit jeher florierende
Bereich des Möbelhandels einen ganz neuen Schwung
bekommen. Während die Nachfrage nach exklusiven Antiquitäten in den letzten Jahren nachgelassen hat, prosperie-
ren Sites wie eBay und locken Millionen Interessenten an,
die darauf lauern, ausgemusterte Sachen als Schnäppchen
zu ersteigern. Noch ökologischer sind Sites wie Freecycle,
auf denen Haushalts- und Einrichtungsgegenstände gratis
angeboten werden. Das Prinzip, auf dem solche Sites basieren, ist ökologisch gesehen sinnvoll, gleichzeitig ist Vorsicht
geboten. Anders als bei eBay, wo ein Feedbacksystem dazu
beiträgt, dass die Artikel möglichst genau beschrieben werden, muss man sich bei Gratisstücken darauf verlassen, dass
die Beschreibung »in gutem Zustand« den Tatsachen entspricht. Trotzdem sind solche Sites eine gute Methode, dem
Abfallproblem beizukommen, da dadurch die Deponien
entlastet werden. Unerwünschte Geschenke machen einen
großen Teil der bei Auktionen und in Verschenk-Netzwer-
ken angebotenen Objekte aus. Eine kürzlich im Auftrag
von eBay durchgeführte Untersuchung ergab, dass der
Gesamtwert der angebotenen unerwünschten Geschenke
4,5 Milliarden Euro beträgt.

Anders als in der virtuellen Welt hat man in realen Trö-
delläden zumindest die Möglichkeit, die Ware zu testen –
auf dem Retrosessel Probe zu sitzen, die Kommode auf
Holzwurmlöcher zu überprüfen und zu überlegen, ob der
Tisch mit den Wasserflecken seinen Preis wirklich wert ist.
Wie bei teuren Antiquitäten empfiehlt es sich auch hier,
seine Hausaufgaben zu machen: Wer sich für Möbel einer
bestimmten Epoche interessiert, sollte sich über Designer
und Hersteller dieser Zeit informieren, um ein echtes Stück
von der Kopie unterscheiden zu können. Retromöbel –
Stücke aus den Jahrzehnten zwischen 1950 und 1980 –
sind bei jungen Sammlern zurzeit besonders beliebt.

Oben: Viele Menschen schwärmen
für gebrauchte oder antike Möbel
nicht bloß deshalb, weil sie oft
billiger sind als neue, sondern auch,
weil die Qualität besser ist. Möbelstücke, denen jahrzehntelanger
Gebrauch nichts anhaben konnte,
sind offenbar von robuster Machart.

Rechts: Eine anregende Mischung
von Stilen und Epochen passt gut in
eine auch bautechnisch einfache
Umgebung. Das Aufstöbern alter
Stücke im Antiquitätenladen
verbindet die Freude des Entde-
ckens mit dem Reiz der
Schnäppchenjagd.

Einen weiteren Impetus erhält der Handel mit Gebrauchtgegenständen durch die Haushaltsauflösungen. Viele betreiben dieses Geschäft seit mehreren Jahrzehnten, als sie einen Kundenkreis vorfanden, der bereitwillig für historisches Inventar ohne echten Sammlerwert zu zahlen bereit war. Die Sperrmülldeponie war der Ort, an dem man einen Kamin im Stil des 18. oder 19. Jahrhunderts finden konnte, gleichzeitig aber auch schrullige Objekte wie Schul- oder Kirchenbänke, Haus- und Ladentüren sowie allerlei Acessoires, die Wohnräumen Atmosphäre und eine neue ästhetische Dimension verleihen. Zurzeit werden beispielsweise Drehtüren aus Banken zahlreich angeboten.

EINBAUMÖBEL

Strapazierte Räume, insbesondere Küchen und Badezimmer, werden oft mit Einbauschränken, Einbaugeräten und Einbausystemen ausgestattet. In den letzten Jahren haben die Verbraucher mehr und mehr Geld darauf verwandt, diese Räume zu verschönern und aufzuwerten. Das kommt nicht von ungefähr. Früher war die Küche ein Arbeitsraum hinter verschlossenen Türen, heute ist sie oft der Mittelpunkt des Hauses. Badezimmer wirkten früher steril und klinisch, heute sind sie das hauseigene Wellness-Center.

Alte Einbauschränke, Arbeitsplatten und Sanitäreinrichtungen herauszureißen und durch neue zu ersetzen, ist für den ökologisch denkenden Verbraucher eine Verschwendung von Ressourcen. Das heißt nicht, dass man sich mit dem alten Zustand zufrieden geben muss: Es gibt eine Reihe von Möglichkeiten, Einbaueinrichtungen aufzuwerten, ohne sich selbst oder die Natur zu ruinieren.

Oben: Eine Fundgrube für alte Einrichtungsgegenstände ist der Schrotthändler. Diese Fabrikregale dienen jetzt zur Aufbewahrung von Geschirr und Gläsern.

Rechts: Gebrauchsspuren verleihen alten Einrichtungsgegenständen Charakter. Achten Sie auf klare Linien, einfache Formen und solides, natürliches Material. Gebrauchte Gegenstände zu kaufen oder kostenfrei abzuholen, ist eine ökologische Form des Konsums.

- Vorhandene Möbel mit neuen Schranktüren, Schubladenfronten oder Arbeitsplatten versehen. Sie sind in vielen Möbelhäusern erhältlich oder können maßgefertigt werden. Achten Sie auf das »Goldene M«. Damit garantieren die Hersteller, dass ihr Produkt die Hälfte der zulässigen Emissionen an Formaldehyd nicht übersteigt. Meiden Sie Produkte ohne entsprechende Zertifizierung.
- Verwenden Sie gebrauchte Geräte und Armaturen. Alte Becken und Badewannen haben oft mehr »Flair« als neue Modelle. Alte Gusseisenbadewannen lassen sich leicht aufpolieren, sehen dann wie neu aus und sind wesentlich bequemer als viele moderne. Arbeitsplatten aus altem Holz, Stein oder anderem Material sind schön und umweltfreundlich.
- Entscheiden Sie sich für Recyclingobjekte. Ein britischer Hersteller baut eine Küche komplett aus Recyclingmaterial. Die Arbeitsplatten sind aus gebrauchten Kaffee-, die Fronten aus Joghurtbechern gefertigt.

DESIGN

Neugestaltungen wie andere Raumaufteilungen, neue Maueröffnungen oder der Ausbau von Dach- und Kellergeschossen gehen normalerweise auf Raumbedarf zurück oder den Wunsch, die Qualität des vorhandenen Raums zu verbessern. Sie können aber auch viel dazu beitragen, Ihr Heim ökologischer zu gestalten. Derartige Umbauten, ob sie nun Einfluss auf die Grundausstattung oder die Haustechnik haben oder nicht, sind normalerweise komplizierter und teurer als die eher kosmetischen Veränderungen, die im vorangegangenen Kapitel behandelt wurden. Manche glauben vielleicht, es führe nur zu unnötigen Belastungen und zusätzlichen Kosten, sich Gedanken über ökologische Fragen zu machen, wenn es doch bloß um ein weiteres Zimmer oder eine größere Küche geht. Sucht man sich jedoch die richtige professionelle Hilfe – und in einer bestimmten Phase wird sie sicherlich nötig sein –, so erfordert ökologisches Bauen nicht mehr Aufwand und ist nicht schwieriger. Es muss auch nicht teurer sein. Im Gegenteil, man kann sofort Geld sparen, nämlich bei den Kosten für das Baumaterial und auf lange Sicht durch die gesteigerte Energieeffizienz seines Hauses.

Links: Das »m-house«, ein direkt zu seinem Standort transportierbares Fertighaus, ist eine Art Wohnwagen der Luxusklasse.

Intelligentes Design ist heute gleichbedeutend mit grünem Design. In vielen Teilen der Welt wird dieses Prinzip zunehmend in Bauvorschriften verankert. In Großbritannien etwa muss ein Erweiterungsbau hohe Dämmungsstandards erfüllen, selbst wenn das beim restlichen Haus nicht der Fall ist. Diese Auflagen werden in Zukunft eher verschärft werden, somit lohnt es sich, auf dem neuesten Stand zu sein.

GRUNDLEGENDES

Das Baugewerbe verursacht einen riesigen CO_2-Fußabdruck. An erster Stelle stehen die Baustoffe mit der für Herstellung und Transport nötigen Energie – so machen in Großbritannien Baustoffe 30 Prozent der auf der Straße transportierten Güter aus. Hinzu kommt der Baumüll, der bei Abrissarbeiten und durch am Bauplatz verschwendete oder überschüssige Materialien entsteht. Das dritte Problem ist die bei den Bauarbeiten verbrauchte Energie.

Öko-Designer und -Unternehmer trachten, den CO_2-Fußabdruck des Baugewerbes auf verschiedene Art zu verringern. So versuchen sie vor allem, die Häuser so zu konzipieren, dass sie über ihre gesamte Lebensdauer möglichst energieeffizient sind. Hochgradige Wärmedämmung und alternative Energiequellen ermöglichen eine CO_2-Ersparnis, durch die über längere Frist der Gehalt der Baustoffe an grauer Energie mehr als ausgeglichen wird.

Das bedeutet nun nicht, dass die Wahl des Baumaterials unwichtig wäre. Vorzuziehen sind heimische Baustoffe mit wenig grauer Energie und wiederverwendbares oder Recyclingmaterial, auch wenn es nicht immer billiger ist. Gleiches gilt für spezielle Design- und Baulösungen. Viele Öko-Bauunternehmer benutzen vorgefertigte Einheiten, da deren Herstellung meist weniger Energie erfordert und weniger Baumüll verursacht. Ebenso weitsichtig ist es, das Haus oder Anbauten so zu konzipieren, dass sie abmontiert, wiederverwendet oder recyclet werden können.

PROFESSIONELLE HILFE

Wenn Ihr Vorhaben nicht völlig unkompliziert ist – wie bei einfachen Änderungen der Raumaufteilung –, sondern Veränderungen an der Grundstruktur des Hauses erfordert, brauchen Sie im Planungsstadium Rat vom Fachmann und für die Ausführung der Arbeiten einen kompetenten Bauunternehmer. Generell sollte man sich erst einmal informieren, um sicher zu gehen, dass man sein Projekt in erfahrene Hände legt, und alles schriftlich festlegen. Legt man Wert auf eine ökologische Bauweise, so muss man sicher sein, dass der Auftragnehmer genügend einschlägige Erfahrung aufzuweisen hat.

ARCHITEKTURBÜROS

Bei komplexeren Umbauten oder Erweiterungen sollten Sie sich zumindest für die Planung an ein Architekturbüro wenden. Es wird Ihnen helfen, Ihre Ideen zu präzisieren, und mit Ihnen ausformulieren, was genau Sie wünschen. Möglicherweise wird man Sie auf Probleme oder Möglichkeiten hinweisen, auf die Sie selbst nicht gekommen wären. Das heißt nicht, dass Sie zu etwas überredet werden sollen, das Sie gar nicht wollen, aber in Planungsfragen unerfahrene Kunden sind häufig nicht in der Lage, den Dominoeffekt vorauszusehen, der durch Veränderungen der Räume und speziell des Raumvolumens ausgelöst wird.

Sobald Sie den Entwurf genehmigt haben, wird der Architekt die Vorschläge als Konstruktionszeichnungen ausführen, Pläne zur Genehmigung vorlegen und bei den Behörden die nötigen Schritte unternehmen. Nach dieser Phase können Sie die Leitung des Projekts selbst übernehmen und direkt einen Bauunternehmer beauftragen oder Ihren Architekten damit betrauen, die Arbeiten zu überwachen, um zu gewährleisten, dass alles nach Plan läuft und das Budget nicht überschritten wird. Diese Lösung empfiehlt sich bei Großprojekten, an denen verschiedene Unternehmen beteiligt sind und bei denen Baustoffe und Ausrüstungen direkt an die Baustelle geliefert werden.

Viele Architekturbüros, große und kleine, bieten heute Öko-Konstruktionen an. Oft arbeiten sie auch mit Energieberatern und technischen Experten zusammen, die in speziellen Fällen zu Rate gezogen werden. Wichtig ist wie immer, dass alle diese auf einer Wellenlänge sind. Unzureichende Kommunikation ist die Ursache für zahlreiche Probleme, die zwischen Architekten und Kunden entstehen. Lassen Sie sich Beispiele früherer Arbeiten zeigen, ehe Sie einen Auftrag erteilen. Erwarten Sie von einem auf traditionelle Häuser im landesüblichen Stil spezialisierten Architekturbüro kein progressives, modernistisches Design – oder umgekehrt.

FACHLICHE BERATUNG

Aus- und Umbauten führen unvermeidlich zu Störungen des gewohnten Tagesablaufs. Sind solche Arbeiten geplant, so kann es sein, dass Sie die Gelegenheit nutzen wollen, um technische Einrichtungen zu erneuern und zu verbessern, damit Ihr Haushalt weniger Energie und Wasser verbraucht. Unabhängige Energieberater können Ihr Haus und Ihre Verbrauchsgewohnheiten überprüfen und Vorschläge zu umweltgerechten und energiesparenden Veränderungen ausarbeiten, die Ihren Erfordernissen entsprechen (s. S. 24). Vor einer Erneuerung des Dachs z. B. ließe sich darüber nachdenken, ob man darauf nicht Solarkollektoren oder Solarmodule installieren sollte. Man kann sich auch an Energieversorger wenden, wobei diese natürlich dazu neigen, über allgemeine Informationen hinaus die eigenen Produkte und Dienstleistungen anzupreisen.

BAUUNTERNEHMEN

Über Bauunternehmer kursieren viele Horrorgeschichten. Es erscheint fast unmöglich, einen seriösen, effizienten Bauunternehmer zu finden, der die Arbeiten termingerecht und nach Kostenplan ausführt und gleichzeitig ökologisch denkt. Das muss nicht so sein. Auch wenn Öko-Bauunternehmer noch eine Minderheit bilden, wird sich dies wahrscheinlich aufgrund steigender Nachfrage ändern. Wie in allen anderen Gewerbebereichen sind persönliche Empfehlungen eine gute Grundlage. Verlangen Sie Beispiele früherer Arbeiten und Kostenvoranschläge, holen Sie Referenzen ein.

Eine weitere Methode, die richtigen Leute zu finden, ist die Zuhilfenahme einer Datenbank oder eines Öko-Registers, um regionale Öko-Bauunternehmer oder Fachbetriebe zu finden. Manche Öko-Bauunternehmen haben eine umfassende Kompetenz, die die traditionellen Klempner-, Zimmermanns-, Maurer- und Dekorarbeiten ebenso abdeckt wie die Installation von Brennwertkesseln, Sonnenkollektoren und andere alternative Technologien. Manche Unternehmen verstehen sich auf die umweltgerechte Umgestaltung alter Bauten. Es gibt auch Spezialisten wie Stuckateure, die Erfahrung mit Kalkstuck und Kalkputz haben, Dekorateure, die ausschließlich mit Ökofarben und -lacken arbeiten, sowie Zimmerleute, die nur heimisches und nachhaltig produziertes Bauholz verwenden.

Oben: Ein Dachstuhl entsteht.
Mitte: Lieferung von Fertigbauteilen.
Unten: Montage eines Glasdachs.

KOSTENPLANUNG

Öko-Design wird weithin mit höheren Kosten gleichgesetzt. Nun sind bestimmte Arten alternativer Technologie von der Installation her zweifellos teurer, das Planen und Bauen umweltfreundlicher Häuser kann aber auch billiger sein als herkömmliche Bauprojekte, und dies nicht nur langfristig gesehen. Wie schon erwähnt, sind ökologische Baustoffe, Oberflächen und Anstriche oft billiger als Standardware. Das überzeugendste finanzielle Argument sind jedoch die langfristigen Einsparungen aufgrund niedrigerer Energiekosten. Hinzu kommt, dass ein Energiesparhaus normalerweise auch einen höheren Marktwert hat.

In vielen Teilen der Welt werden ökologische Bauten durch Zuschüsse und vorübergehende Steuerbefreiungen gefördert. Diese können von verschiedenen Einrichtungen kommen: von Regierungen, lokalen Behörden und sogar von den Energieversorgern. Meist müssen dafür gewisse Kriterien erfüllt werden.

Kostenplanung bedeutet in erster Linie, dass man über die nötigen Mittel verfügt, um die Arbeiten in der nötigen Qualität ausführen zu lassen, wobei fünf bis zehn Prozent an zusätzlichen Mitteln für unvorhergesehene Schwierigkeiten einzuplanen sind. Sie kann aber auch bedeuten, dass Prioritäten erstellt werden, so dass Sie Ihr Geld für das ausgeben, was Ihnen am wichtigsten erscheint. Denken Sie nach, was Sie sich in einer idealen Welt wünschen würden, und suchen Sie dann nach Wegen, Ihre Pläne mit Ihren Mitteln in Einklang zu bringen. Nach Beginn der Arbeiten gilt es, der Versuchung zu widerstehen, seine Pläne radikal zu ändern, sonst sind Kosten- und Terminpläne Makulatur.

GENEHMIGUNGEN

Die Pioniere der ökologischen Bewegung standen vor vielen Herausforderungen. Eine der größten davon war, Baubehörden und -inspektoren davon zu überzeugen, dass ihre Entwürfe umsetzbar waren und keine Sicherheitsrisiken bargen. Viele stellten fest, dass sie, wenn sie etwa mit unkonventionellen Baustoffen wie Strohballen oder Stampflehm bauen wollten, zuerst einmal für die Änderung geltender Vorschriften kämpfen und nachweisen mussten, dass der von ihnen gewünschte Bau in Bezug auf Festigkeit und Feuerbeständigkeit den Sicherheitsvorschriften entsprach.

Durch das gewachsene Umweltbewusstsein ist der behördliche Widerstand gegen Öko-Bauten wesentlich geringer geworden, in vielen Fällen hat sich das Blatt sogar gewendet. So wurden in letzter Zeit in Gebieten, in denen Neubauten sonst unerwünscht sind, Bauanträge in einigen Fällen nur deshalb genehmigt, weil die Planung hohen Öko-Standards entsprach. Bei einem Neubau ein »grünes« Merkmal einzuplanen ist freilich noch keine Garantie für seine Genehmigung, vor allem in dicht bebauten städtischen Gebieten oder geschützten Ensembles. Sanierungen, bei denen die Außenansicht eines Hauses verändert wird, Umbauten an Dächern und Veränderungen an denkmalgeschützten Bauten können durchaus abgelehnt werden, so umweltfreundlich sie auch sein mögen.

Generell empfiehlt es sich, vor der Antragsabgabe mit dem zuständigen Beamten zu besprechen, was genehmigungsfähig ist und was nicht. Dadurch sparen Sie Zeit und sich womöglich die Enttäuschung einer Ablehnung. Wurde mit der Planung ein Architekturbüro betraut, so hat dies den zusätzlichen Vorteil, dass es Sie vertreten und alle nötigen Änderungen durchführen wird, damit das Bauvorhaben den lokalen Vorschriften entspricht.

Vor Beginn der Planung sollte man auch die Nachbarn über seine Absichten informieren. Viele der Einwände, durch die sich ein Genehmigungsverfahren in die Länge zieht, basieren auf der Angst vor dem Unbekannten. Baugenehmigungsverfahren sind nicht gerade für ihr rasantes Tempo bekannt, Kommunikation kann jedoch helfen, den Weg zu ebnen.

MIETOBJEKTE

Wesentliche Veränderungen an Mietobjekten vorzunehmen ist oft schwierig, vor allem Maßnahmen mit spürbaren Auswirkungen auf die Energiebilanz. Es gibt zwar unterschiedliche Mietvereinbarungen, aber nur wenige Mieter haben das Recht, zwecks Verbesserung der Energieeffizienz Fenster, Mauern oder Dächer zu verändern. Man kann die Wärmedämmung aber durch Abdichten von Fenstern, Türen, Briefkästen und Ritzen an Beleuchtungsvorrichtungen verbessern. Auch schwere Vorhänge und Wandbehänge sind in dieser Hinsicht hilfreich.

Diese Seite: Metalltreppe mit Glaswänden. Einschneidende Veränderungen an bestehenden Bauten und die Errichtung von Neubauten unterliegen strengen Regelungen. Diese stellen sicher, dass das Ergebnis allen baustatischen Erfordernissen, Brandschutzbestimmungen und anderen Anforderungen gerecht wird.

RAUMAUFTEILUNG

Altbauten sind im Allgemeinen nicht so konzipiert, dass sie passive Energiestrategien oder Möglichkeiten der natürlichen Belüftung nutzen. In Neubauten sind trotz der wachsenden Beliebtheit von Mehrzweckräumen immer noch getrennte, durch Dielen und Treppen verbundene Räume mit vorgegebener Nutzung die Norm.

Wenn in Eigenheimen das Raumlayout verändert wird, sind in der Regel familiäre Veränderungen oder der Wunsch nach praktischeren Lösungen der Grund. Eine veränderte Raumaufteilung kann aber auch dazu beitragen, Ihr Haus klimafreundlicher zu machen.

NEUE RAUMNUTZUNGEN

Eine einfache Methode zur Verbesserung der Energiebilanz besteht darin, die vorhandenen Räume anders zu nutzen als bisher. Bei mehrgeschossigen Häusern liegen die Schlafzimmer normalerweise oben, die Wohnräume hingegen im Erdgeschoss. Diese Gepflogenheit hat viel mit den Vorstellungen von Privatsphäre zu tun: Einem über die Haustür erreichbaren, auch Besuchern offenstehenden und damit quasi-öffentlichen Wohnbereich stehen die in den oberen Geschossen versteckten »Privatzimmer« gegenüber.

Ökologisch gesehen hat diese herkömmliche Raumaufteilung einige Nachteile. Die Räume in den oberen Geschossen werden vom Tageslicht besser erhellt als die unteren, da höher gelegene Fenster einen größeren Teil des Himmels erfassen als im Erd- oder Untergeschoss angeordnete Fenster, in denen zumeist nur ein schmaler Himmelsstreifen sichtbar ist. Da wir uns aber in Schlafzimmern vorwiegend nachts aufhalten, ist es sinnvoller, sie im unteren Bereich des Hauses einzurichten, wo weniger Tageslicht einfällt, und die helleren Obergeschosse für Küche und Wohnräume zu reservieren, in denen wir den Großteil der Tageslichtzeit verbringen.

Auch wenn Sie einen Bungalow bewohnen, sollten Sie prüfen, ob die wichtigsten Räume optimal ausgerichtet sind. Auf der Nordhalbkugel sind nach Süden blickende Räume heller und wärmer als an der Nordseite gelegene. Vom Tageslicht erhellte und von der Sonne erwärmte Räume als Wohnbereich zu nutzen, kann die Abhängigkeit von künstlicher Beleuchtung und zusätzlicher Heizung verringern und den Energieverbrauch des Haushalts insgesamt günstig beeinflussen.

Links: Eine lediglich von Glas umschlossene Treppe verbessert die Raumwirkung und lässt das Licht durch.

Links unten: Ein an Decke und Boden befestigtes Netz ermöglicht eine lichtdurchlässige Abschirmung der Treppenöffnung.

Oben: In einem großflächig angelegten Wohngeschoss mit offenem Grundriss nimmt der Raumteiler die Einbauküche auf und hilft, den Raum in unterschiedliche Bereiche zu gliedern.

Rechts: Ein Zwischengeschoss als zusätzliche Bodenfläche bietet Stellraum, ohne die Sicht und die Ausbreitung des Lichts zu behindern.

Nächste Seite: In Erdgeschossen lässt sich der verfügbare Platz durch volle Nutzung der Grundfläche spürbar vergrößern. Der Erweiterungsbau wurde mit einem Glasdach versehen, so dass die Küche vom Tageslicht durchflutet wird.

GROSSFLÄCHIGE RÄUME

Eine der beliebtesten Methoden zur Umgestaltung des Eigenheims besteht darin, Trennwände zu entfernen, um Mehrzweckräume zu schaffen – Wohn- und Essbereiche, Koch- und Essbereiche oder sogar Koch-Ess-Wohnbereiche. Zu den Reizen dieser Art von Raumlayout gehört eine Atmosphäre der Geselligkeit und Ungezwungenheit. Ein weiterer Vorteil ist die verbesserte Raumwirkung. Abgerissene Trennwände erweitern die verfügbare Bodenfläche nur unwesentlich, schaffen jedoch ein Gefühl der Weiträumigkeit und fördern die Ausbreitung des Tageslichts.

Diese Verbesserung der Lichtverhältnisse ist neben der besseren Belüftung der größte ökologische Vorteil eines großflächigen Raumlayouts. Bei einem typischen Reihenhaus lässt der Abbruch der zentralen Trennwand einen Raum entstehen, der an Vorder- und Rückfront durch Fenster erhellt und durch den Luftzug gelüftet wird. Besonders wichtig ist diese Querlüftung in warmen Klimazonen.

Wie komplex die Arbeiten sind, hängt davon ab, ob es sich um tragende oder bloß um Trennwände handelt. Reißt man eine tragende Wand teilweise oder ganz ab, so muss zum Ausgleich ein Stützelement eingefügt werden: ein Balken oder Träger, der das bisher auf der Wand lastende Gewicht aufnimmt. Lassen Sie solche Arbeiten stets vom Fachmann ausführen, bei einer tragenden Wand brauchen Sie auch den Rat eines Statikers in Bezug auf die Stärke des einzusetzenden Balkens oder Trägers.

Als andere Methode der Innenraumöffnung bietet sich die Entfernung der Wände an, die Treppen und Dielen vom Wohnbereich trennen. Derartige Umgestaltungen können ebenfalls zu einer verbesserten Belüftung und Ausleuchtung beitragen. Man muss aber nicht gleich ganze Wände wegreißen. Luken oder Fenster und vertikale oder horizontale Lichtfugen können das Raumgefühl verstärken und die Ausbreitung des Lichts fördern.

Der Nachteil ist freilich, dass das Haus durch die Öffnung der Räume schwieriger zu beheizen ist. Eine der möglichen Lösungen wäre eine zentrale Wärmequelle wie z. B. ein Holzofen, der seine Wärme in die gesamte Umgebung abstrahlt. Eine andere wären flexible Elemente wie Schiebewände, Stellwände und Paravents, mit deren Hilfe man nicht benutzte Bereiche abschirmt und die Wärme dort hält, wo man sie braucht.

ÄNDERUNGEN DES VOLUMENS

Unten: Jalousieläden vor einer geschossübergreifenden Glasfassade dienen der Lichtregulierung und verbessern die Sicherheit.

Unten rechts: Eine von drei separaten Einheiten, die einen Innenhof im Norden Londons umschließen. Die Wände der Terrassen bestehen aus Polycarbonatplatten und doppelverglasten Fenstern, das Balkenwerk aus I-Profilen und Paralam (Parallel Strand Lumber). Für natürliche Belüftung und passive Sonnennutzung sorgen die Dachfenster bzw. die nach Süden gewandte Glasfront.

Wenn wir über Veränderungen der Raumaufteilung unseres Hauses nachdenken, neigen wir dazu, uns auf das Raumlayout der einzelnen Geschosse zu konzentrieren. Veränderungen des Volumens hingegen – Nutzung eines Dachbodens, Einziehen eines Zwischengeschosses oder Entfernen einer Decke zur Verdopplung der Raumhöhe – bieten viele Möglichkeiten, sowohl im Sinne der Raumqualität als auch in praktischer Hinsicht.

Eine Öffnung in die Höhe statt zur Seite hin ermöglicht es dem Licht, von oben ins Haus zu strömen. Dieses Tageslicht ist heller als jenes, das durch Fenster in die unteren Geschosse fällt. Deshalb ist man tagsüber weniger auf künstliche Beleuchtung angewiesen, zugleich hebt die Intensität und Qualität des Lichts die Stimmung. Oben angebrachte Fenster, die sich öffnen lassen, fördern die auf dem Kamineffekt beruhende Ventilation.

Derartige Umgestaltungen sind zumeist mit umfangreichen Bauarbeiten verbunden. Teilt man einen sehr hohen Raum durch teilweises Einziehen eines Zwischengeschosses, so muss dieses von den vorhandenen tragenden Wänden getragen werden. Die einzige Alternative dazu ist eine selbsttragende Plattform. Einen Teil der vorhandenen Zwischendecke zu entfernen, um einen Bereich mit doppelter Höhe zu schaffen, hat im Allgemeinen keine Auswirkung auf die Baustruktur des Hauses, es kann jedoch sein, dass man die Treppe verlegen muss.

Diese Seite: Die Öffnung des Raums in den Dachstuhl und die Freilegung des Balkenwerks bewirken ein großartiges Raumgefühl. Das durch zwei Dachfenster von oben einfallende Tageslicht sorgt für zusätzliche Helligkeit.

FLEXIBLE RAUMAUFTEILUNG

Unsere Eigenheime müssen heute wesentlich mehr Aufgaben erfüllen als in der Vergangenheit. Das eigene Haus ist stets ein Refugium gewesen, heute aber ist es oft auch Arbeitsplatz, Empfangssalon und Depot für eine ganze Menge von Haushaltsgeräten und Habseligkeiten. Wir verlangen im Grunde sehr viel von ihm.

Kein Haus wird je allen Anforderungen der Zukunft gerecht werden, wer aber so viel Flexibilität wie möglich einplant, ist bis zu einem gewissen Grad gegenüber neuen Entwicklungen gewappnet und kann sich später aufwendige und kostspielige Umbauten sparen. Bezüglich der Raumaufteilung kann man bewegliche Trennwände, Raumteiler oder Stellwände einsetzen, um damit bestimmte Bereiche je nach Bedarf abzutrennen oder wieder zu integrieren. Vom Boden bis zur Decke reichende Schiebe- oder Falttüren und Platten sind optisch weniger störend.

Für flexible Innenräume müssen bestimmte technische Voraussetzungen gegeben sein. So muss eine ausreichende Zahl von Steckdosen installiert sein, damit räumliche Veränderungen möglich werden. Eine Fußbodenheizung erlaubt eine flexiblere Aufstellung der Einrichtungsgegenstände als ortsfeste Heizkörper.

Ein weiterer Aspekt der Flexibilität ist die gute Organisation hinter den Kulissen. Menschen stellen höchst unterschiedliche Anforderungen an die Ordnung ihrer Umgebung. Manche fühlen sich nur wohl, wenn sich um sie herum die Dinge stapeln, andere brauchen die Ruhe eines relativ leeren Raums.

Oben: Vom Boden zur Decke reichende Türen verstärken den Eindruck von Geräumigkeit, da sie die Deckenflucht nicht unterbrechen und die Räume als Einheit erscheinen lassen.

Oben rechts: Ein gut geplantes Aufbewahrungssystem hilft, die Raumteilung flexibel zu gestalten.

Wichtig ist, dass man seine Sachen übersichtlich ordnet, ob diese nun zur Schau gestellt oder weggestaut sind. Die Verschwendung ist in unserer Gesellschaft endemisch, und ein großer Teil der im Haushalt entstehenden Verschwendung verdankt sich schlicht der Unordnung – Dinge verschwinden oder sie werden nicht richtig aufbewahrt, so dass sie kaputt gehen. Ordnung zu halten ist ein Mittel, unnötigen Konsum zu vermeiden und damit den CO_2-Fußabdruck zu verringern.

Bei Platzmangel bewähren sich Einbaulösungen, die Stauraum mit Klapptischen oder Ausziehplatten kombinieren. Sie können als Heimbüro oder sogar Essbereich dienen. Damit solche Elemente problemlos funktionieren, müssen sie erstklassig verarbeitet sein.

Links: Zwei Klappwände schirmen den Schlafbereich gegen den Wohnraum ab.

Oben: Ein lang gestrecktes Raumlayout zeichnet sich durch große Klarheit aus. Durchbrochene Türen teilen den Raum und ermöglichen die Luftzirkulation.

ZUSÄTZLICHE ÖFFNUNGEN

Oben: Dieses klimafreundliche Haus im kalifornischen Napa Valley ist mit weiten Öffnungen versehen. Sie verwischen die Grenzen zwischen Innen und Außen.

Rechts: Die Erweiterung bestehender Öffnungen ist ein beliebtes Mittel, den Zugang zum Garten zu erleichtern. Damit die Energiebilanz des Hauses nicht leidet, müssen sie hochwertig verglast werden.

Ganz rechts: Durch die offene Rückwand der Küche im Erdgeschoss wird der Garten in den Wohnbereich integriert. Das vorkragende Dach schützt die Terrasse gegen Sonne und Regen.

Fenster und Türen – ihre Position, Bauart, Größe und Ausrichtung – sind nicht nur von enormer Bedeutung für die Energiebilanz unserer Häuser, sie bestimmen auch deren Aussehen. Die Umgestaltung bereits vorhandener und die Anlage neuer Maueröffnungen, insbesondere an der Straßenfront, unterliegen deshalb strengen Regelungen. Für ein Panoramafenster an der Gartenseite des Hauses ist in der Regel keinerlei Genehmigung erforderlich, bei Veränderungen, die der Straßenfront ein völlig neues Aussehen verleihen würden, erhält man oft einen abschlägigen Bescheid. Das gilt vor allem für städtische Zonen, besonders dort, wo ein großer Teil der Bausubstanz aus optisch homogenen Häuserreihen besteht.

Die Kosten derartiger Veränderungen steigen mit dem Aufwand. Die Vergrößerung eines Fensters durch Absenken der Fensterbank hat keine Auswirkungen auf die Statik. Es breiter oder höher zu machen oder überhaupt erst auszubrechen bedeutet aber, dass man über der neuen Öffnung einen soliden Tür- oder Fenstersturz einziehen muss, der die Mauerlast aufnimmt.

Die gegenwärtige Tendenz zu leichten und luftigen Strukturen und der Wunsch, die Wohnbereiche näher an die Außenräume heranzuführen, hatten aber zur Folge, dass viele Hausbesitzer derartige Umgestaltungen durchführten. Die steigende Anzahl und Größe der Fenster wirkt sich allerdings auf die Energieeffizienz aus – in der Regel negativ. In gemäßigten Zonen ziehen große Flächen mit herkömmlicher Verglasung bei kalten Temperaturen Wärme aus den Innenräumen, während sie im Sommer die Innentemperaturen unangenehm ansteigen lassen. Um die Wärmeregulierung des Hauses nicht zu gefährden, müssen neue Fenster hohen Standards genügen, doppelt oder dreifach verglast (s. S. 70) oder am besten mit Low-E-Glas versehen sein. Wichtig ist auch ihre Situierung und Ausrichtung. Auf der Nordhalbkugel können zusätzliche Fenster an der Süd- oder Westfassade des Hauses die passive Sonnennutzung verstärken.

In warmen Klimazonen sind offene Innenhöfe seit Langem ein typisches Merkmal landesüblicher Bauweisen. Sie fördern die Querlüftung der Innenräume und vergrößern die für Wärmeabfuhr verfügbare Fläche, gleichzeitig sorgen sie für Sicherheit und vermitteln ein Gefühl der Intimität und Geborgenheit.

LICHTRÖHREN

Eine Methode, dunkle Innenbereiche mit Tageslicht zu erhellen, ist der Einbau von Lichtröhren. Sie ermöglichen es auch, die Helligkeit Ihres Hauses spürbar zu erhöhen, wenn es nicht optimal ausgerichtet ist. Von der verringerten Abhängigkeit von Kunstlicht und dem verringerten CO_2-Ausstoß abgesehen, liefern sie ein helles Licht, das sich positiv auf die Gesundheit und das Wohlbefinden auswirkt.

Eine Lichtröhre ist im Grunde ein Dachfenster. Eine auf dem Dach montierte transparente Kuppel, in der Regel aus Polycarbonat, leitet das Licht durch eine Röhre zu einem an der Decke angebrachten Streuglas, das direkt darunter im Dachgeschoss oder unterhalb davon angeordnet ist. Das hoch reflektierende Innere der Röhre ermöglicht es, das eingefangene Tageslicht voll zu nutzen.

Lichtröhren oder Sonnenröhren, wie sie manchmal genannt werden, eignen sich hervorragend zur Beleuchtung fensterloser Badezimmer, Flure und Treppenhäuser. Es gibt sie in verschiedenen Größen für Flach- und Steildächer. Die beste Lichtausbeute liefern sie auf der Südseite eines Daches, sofern diese nicht verschattet ist. Bewegliche Gelenke ermöglichen es, die Röhren um Hindernisse wie z. B. Balken unter dem Dach herumzuführen. Die optimale Lichtausbeute erzielt man allerdings mit einer völlig geraden, vertikalen Röhre. Manche Systeme haben Licht- und Sonnendeflektoren, die das Licht in einem großen oder kleinen Winkel einfangen, wodurch sich die Lichtausbeute um bis zu 20 Prozent erhöht. Neben den kuppelförmigen sind auch flache Dachaufsätze erhältlich, die sich besser für die Montage auf denkmalgeschützten Objekten eignen. Außerdem sind verschiedene Arten von Dichtungsblechen im Handel, so dass die Vorrichtung optimal an den Dachbelag angepasst werden kann.

DACHAUSBAU

Der Ausbau von Dachgeschossen ist eine der meistverbreiteten und kostengünstigsten Methoden, zusätzlichen Wohnraum zu schaffen. Er ist billiger als der Umzug in ein größeres Haus, relativ problemlos und zudem eine wirksame Methode, den Wert des eigenen Hauses zu steigern und zugleich den erforderlichen Platz zu schaffen.

Ökologisch gesehen sind Dachgeschossausbauten effizienter als ein Anbau oder der Bau eines Kellergeschosses, bei denen Grundfläche verloren geht. Wenn dabei das Dach erneuert werden muss, bieten sie die Gelegenheit, Sonnenkollektoren oder eine Fotovoltaikanlage zu installieren oder wenigstens die Wärmedämmung zu verbessern. Will man den Dachboden als Schlafraum oder Arbeitszimmer nutzen, sind ein oder zwei Dachfenster erforderlich, was sich bei entsprechender Anordnung auch positiv auf die Ausleuchtung der unteren Stockwerke auswirken kann.

Wichtigste Voraussetzung für den Ausbau des Dachbodens ist eine ausreichende Raumhöhe. Deren Festlegung fällt in Deutschland in die Kompetenzen der Länder und ist der jeweiligen Landesbauordnung zu entnehmen. Bei nachträglichem Ausbau genügt in der Regel eine lichte Höhe von 2,20 Meter. Wenn die Dachkonstruktion und das äußere Erscheinungsbild des Gebäudes nicht in gravierender Weise verändert werden – etwa durch den Einbau von Dachgauben –, sind solche Ausbauten üblicherweise nicht genehmigungspflichtig.

Da Dachfenster mit der Dachebene fluchten und so gesehen Form und Aussehen des Daches nicht verändern, können sie auch über der Straßenfront meist ohne amtliche Bewilligung eingebaut werden. Eine Ausnahme bilden Häuser, die unter Denkmal- oder Ensembleschutz stehen. In jedem Fall sollte auch im Vorfeld geklärt werden, ob und inwieweit für die geplanten baulichen Maßnahmen die Einwilligung von Nachbarn erforderlich ist.

Angesichts der in Deutschland bestehenden Kompetenzvielfalt können in rechtlicher Hinsicht keine allgemeingültigen Empfehlungen gegeben werden, da kein einheitliches Baurecht existiert. Um Ärger und unter Umständen sogar kostspielige Rückbaumaßnahmen zu vermeiden, sollte vor größeren Umbauten in jedem Fall die jeweilige Landesbauordnung studiert und das Gemeindebauamt konsultiert werden. Da die Ermessensspielräume beträchtlich sind, kann es sogar innerhalb von Gemeinden zu uneinheitlichen Genehmigungsbescheiden kommen.

Auch nicht genehmigungspflichtige Umbauten müssen natürlich der örtlichen Bauordnung entsprechen, vor allem im Hinblick auf Dämmung und Brandschutz.

FUNKTION

Bevor man mit dem Ausbau beginnt, sollte man sich über die Nutzung des gewonnenen Raums im Klaren sein. Diese Entscheidung muss mit Blick auf das Haus als Wohneinheit getroffen werden. Mögliche Nutzungen sind:

Speicherplatz Ein trockener und wärmegedämmter Dachboden kann als Aufbewahrungsort für vielerlei Gegenstände und Geräte dienen und auf diese Weise die Wohn- und Schlafräume entlasten. Ein einfacher Ausbau ist unaufwendig. Erforderlich sind eine Verstärkung der Bodenbalken (sofern das Haus keine Betondecken aufweist), die das Gewicht der eingelagerten Objekte tragen müssen, und ein Dielenboden. Optimal nutzen lässt sich der Raum mit Einbauregalen, -gestellen und -schränken. Auch eine elektrische Beleuchtung muss installiert werden.

Zusätzlicher Schlafraum Die meisten Hauseigentümer bauen ihren Speicher zu einem zusätzlichen Schlafraum aus. Sämtliche bewohnbaren Räume einschließlich der Schlafräume müssen ein Fenster haben, deshalb ist in diesem Fall der Ausbau aufwendiger, Gleiches gilt für Oberflächenbehandlungen und Wandverkleidungen. Steht genug Platz zur Verfügung, so kann man eventuell eine Dusche und/oder eine Toilette einbauen.

Arbeitszimmer Wer seinen Lebensunterhalt zu Hause verdient und nicht regelmäßig Kunden empfangen oder Lieferungen entgegennehmen muss, kann in einem ausgebauten Dachspeicher die Abgeschiedenheit finden, die er für produktive Arbeit braucht. Weitere Vorteile sind gutes Tageslicht und meist auch bessere Luft.

Räumliche Vergrößerung Der Einbau von Dachfenstern und das komplette oder teilweise Entfernen des Speicherbodens können das Raumgefühl im darunterliegenden Geschoss verstärken, da sich dessen Volumen vergrößert und dunkle Bereiche durch das von oben einfallende Tageslicht erhellt werden.

Dachgarten Der Ausbau des Dachgeschosses bietet oft die Möglichkeit, einen Teil des Raums für einen Dachgarten vorzusehen oder mittels Erweiterung einen Balkon oder eine Terrasse zu schaffen.

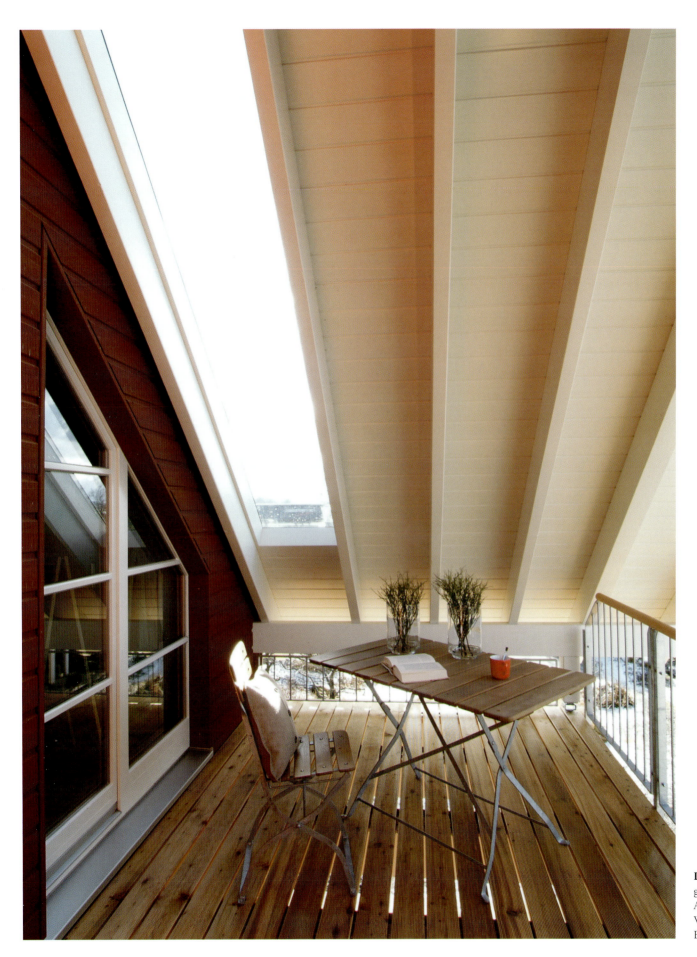

Links: Ein ausgebautes Dachgeschoss mit kleinem Balkon. Der Ausbau des Speichers schafft neuen Wohnraum ohne zusätzliche Bebauung des Grundstücks.

ERFORDERLICHER AUFWAND

Der Ausbau von Dachgeschossen ist mittlerweile dermaßen gebräuchlich, dass sich zahlreiche Unternehmen darauf spezialisiert haben. Beauftragt man ein solches Bauunternehmen, so wird es die Planung des Umbaus übernehmen, sich um die erforderlichen Genehmigungen kümmern und die Arbeiten durchführen. Ein seriöser Generalunternehmer sollte auch in der Lage sein, den Bau zufriedenstellend abzuwickeln. Es könnte jedoch sein, dass man bestimmte bürokratische Hürden selbst überwinden und eventuell den Rat eines Architekten oder Statikers einholen muss. Dies gilt besonders bei komplexeren Arbeiten, insbesondere wenn ein Duschraum oder Badezimmer installiert werden soll oder Zugangsprobleme zu lösen sind.

Bei alten Häusern, deren Geschossböden noch nicht in der heute üblichen Betonbauweise, sondern auf hergebrachte Weise aus Balken mit Holzverschalung ausgeführt sind, besteht die wichtigste bauliche Maßnahme meist in der Verstärkung der Querbalken und, falls ein Dachfenster vorgesehen ist, auch der Dachsparren. Die Querbalken des Dachbodens sind oft nicht dafür ausgelegt, das Gewicht von Bodendielen, Möbeln und Personen zu tragen. Daher muss die Deckenkonstruktion durch Einziehen zusätzlicher Balken verstärkt werden. In ähnlicher Weise sind Dachsparren nicht für das Gewicht eines Fensters ausgelegt und somit in gleicher Weise zu verstärken. Auch bei einem Mansardenfenster ist eine zusätzliche Abstützung des Dachaufbaus über der neuen Öffnung nötig.

Wie viel zusätzliche Arbeit erforderlich ist, hängt davon ab, wie man den Raum nutzen will und welchen Vorschriften die Ausstattung genügen muss. Wird der neue Raum

Oben: Durch das verglaste Giebeldreieck und die flankierenden Dachfenster flutet das Tageslicht in den ausgebauten Dachspeicher. Unter der Dachschräge befinden sich niedrige Regale, für Wärme sorgt ein mit Holz geheizter Ofen.

Rechts: Aufgrund der technischen Entwicklungen kann heute praktisch jede Art von Dachboden ausgebaut werden, selbst bei vorgefertigten Dachstühlen. Ein entscheidender Punkt ist die ausreichende Raumhöhe.

Rechts: Zur Hälfte verglast sorgen Dach und Außenmauer im Penthouse für einen lichtdurchfluteten Raum.

Unten: Eine Badewanne unter der Dachschräge eines ausgebauten Speichers.

Rechts: In bestimmten Fällen kann das Dach mit Aufbauten versehen werden. Hier wurde ein Schlafraum mit direktem Zugang auf die Dachterrasse errichtet.

regelmäßig und nicht nur als Speicher benutzt, so muss eventuell die Zugangsöffnung erweitert oder eine neue Treppe eingebaut werden.

In jedem Fall muss damit gerechnet werden, dass aufwendige Dachausbauten den Wohnwert des Gebäudes für die Zeit der Arbeiten beträchtlich mindern. Manche Bauherren ziehen es sogar vor, für die Dauer der Umbauarbeiten auszuziehen, da diese für ein normales Familienleben ziemlich belastend sein können.

FENSTER

Dachfenster gibt es in vielerlei Größen und Bauarten. Sie sind als Fertigprodukte oder maßgefertigt erhältlich. Grundsätzlich hat man zwei Möglichkeiten: das mit der Dachebene fluchtende Fenster und das aus der Dachebene herausragende Mansardenfenster. Dachfenster werden üblicherweise als Schwingfenster oder Klapp-Schwing-Fenster ausgeführt. Ersteres schwingt beim Öffnen um eine Zentralachse, bei letzterem sind die Bänder am oberen Fensterrand angeschlagen, so dass die gesamte Fensterfläche beim Öffnen nach oben wegklappt. Eine weitere Möglichkeit sind Lichtröhren (s. S. 117). Von letzteren abgesehen macht der Einbau eines Dachfensters bauliche Veränderungen notwendig. In einem gewissen Ausmaß wird die Wahl des Fenstertyps von der Größe und Art des auszubauenden Speichers bestimmt. Ökologisch gesehen sollten Dachfenster den höchsten Dämmstandards entsprechen und mit Hochleistungsglas ausgestattet sein. Weitere wichtige Gesichtspunkte:

Reinigung und Pflege Verschmutzte Fenster blockieren das Tageslicht und sehen hässlich aus. Dachfenster müssen also leicht zu reinigen sein. Hier ist das Schwingfenster im Vorteil, weil zum Aufschwingen keinerlei technische Fertigkeiten nötig sind, während beim Klapp-Schwing-Fenster die Bänder zum Aufschwingen umgestellt werden müssen.
Lichtregulierung Um in der warmen Jahreszeit ein unerwünschtes Aufheizen des Raumes zu verhindern, müssen Dachfenster entweder durch einen innenliegenden Sonnenschutz oder durch in der Verglasung integrierte Systeme verschattet werden.
Architektonische Gesichtspunkte Bei historischen Bauten können spezielle Fenster erforderlich sein, die zum Stil des Hauses passen, etwa Dachgauben mit Sprossenfenstern.

Oben: In einer kompakten Raumanordnung führt eine Treppe in den zum Obergeschoss ausgebauten Dachboden. Unter der Treppe wurde ein Speicherraum geschaffen. Die Wände sind mit Naturfarben gestrichen.

Rechts: Die Treppe zum ausgebauten Dachboden wird von vier Dachfenstern erhellt, durch die das Licht auch in das untere Geschoss flutet.

Ganz rechts: Raumsparende Treppen gibt es in unterschiedlicher Ausführung. Die Abbildung zeigt eine Mittelholmtreppe mit Holztrittstufen.

TREPPEN UND ANDERE ZUGÄNGE

Ein wichtiger Punkt bei der Planung von Speicherausbauten ist der Zugang. In vielen Eigenheimen ist der Dachboden über eine Bodentreppe zugänglich. Diese Lösung reicht aus, wenn er auch nach dem Ausbau nur als Speicher dienen soll, in allen anderen Fällen wird es erforderlich sein, einen bequemeren Zugang zu schaffen. Ist die Einlagerung größerer Möbelstücke geplant, so muss die Öffnung wahrscheinlich erweitert werden.

Die Bauordnung schreibt bestimmte Merkmale der Treppengestaltung vor – etwa wie steil die Treppe sein darf oder die Höhe der Setzstufen. Gesetzlich vorgeschrieben sind Geländer. Soll der ausgebaute Dachboden täglich genutzt werden und sind im Haushalt Kinder oder alte oder behinderte Menschen, so kommt der Sicherheit ein noch größerer Stellenwert zu. Umfasst das Haus mehr als zwei Geschosse, so müssen Sie damit rechnen, dass die Treppen abgeschlossen und durch eine Brandschutztür gesichert sein müssen.

Die Art des Zugangs zum ausgebauten Speicher kann das Raumdesign stark beeinflussen. Wünschenswert wäre zumeist eine herkömmliche Treppe, speziell bei täglicher Nutzung des Speichers, den sie mit dem Rest des Hauses auf natürliche Weise verbindet. Leider nehmen solche Treppen den meisten Raum ein, so dass man in dem betreffenden Geschoss mehr Bodenfläche opfern muss, als einem lieb ist. Andere Lösungen sind:

Wendeltreppen Treppen, die sich um einen zentralen Stützpfeiler winden, nehmen relativ wenig Platz weg und sind für die tägliche Benutzung ausreichend sicher. Da sie keine Setzstufen haben, blockieren sie nicht das natürliche Licht und können ein attraktives Raumelement bilden. Im Handel sind zahlreiche Versionen aus diversen Materialien erhältlich.

Offene Treppen Treppen ohne Setzstufen oder mit einseitig aus der Mauer vorkragenden Trittstufen wirken leichter und luftiger als geschlossene Treppen. Eine andere Lösung sind die Raumspar- oder Sambatreppen mit abwechselnd links und rechts angeordneten Trittstufen. Diese sind in verschiedenen Materialausführungen, als gerade, gewendelte oder teilgewendelte Treppen erhältlich und vergleichsweise günstig.

KELLERAUSBAU

Der Ausbau von Kellergeschossen war früher eine Seltenheit, vor allem in Ländern, in denen die Häuser vielfach nicht unterkellert sind. Aber auch in Deutschland, wo Vollunterkellerung bei neueren Gebäuden quasi Standard ist, dienen Keller meist nur zum Bunkern von Heizmaterial, für Hauswirtschaftsräume oder zum Abstellen von Gerümpel. Immer beliebter werden Nutzungen als Hobbyraum oder Partykeller, zur Einrichtung von Ruhe- und Entspannungsräumen. Keller eignen sich gut als Weinkeller und sind ideal für Swimmingpools.

In den letzten Jahren werden immer mehr Kellergeschosse zu Wohnzwecken gebaut. Neue Techniken und Materialien bewirken, dass das Feuchtigkeitsproblem weitgehend gelöst ist. Gleichzeitig sind die Baubehörden dieser Art von Erweiterung gegenüber positiver eingestellt, da es sich um eine umweltfreundliche Maßnahme handelt.

Ein klarer ökologischer Vorteil ist, dass zusätzlicher Raum geschaffen wird – in manchen Fällen ein beachtliches Volumen –, ohne dass dabei Grund- bzw. Gartenfläche verloren geht. Kellergeschosse können sogar in den Garten hinein erweitert werden, die Erdschicht und die Bepflanzung werden dann einfach erneuert. Auch Energie wird dadurch eingespart. Denn die Energiebilanz eines unterkellerten Hauses ist wegen des Erdschutzeffektes um zehn Prozent besser als bei einem Haus ohne Keller: Kellergeschosse sind von der thermischen Masse der Erde umschlossen. Sie erwärmen sich tagsüber langsam und geben die Wärme nachts langsam ab. Man kann diesen Effekt optimal mit einer Fußbodenheizung nutzen, über die man einen Belag hoher Dichte legt, wie z. B. Stein.

Verglichen mit anderen Verbesserungsmaßnahmen ist der Bau von Kellern ohne Zweifel teuer. Aber je größer der Wert Ihres Hauses ist, desto kosteneffektiver wird die Maßnahme sein. Angesichts der gegenwärtigen Instabilität der Immobilienpreise (von Spitzenlagen abgesehen) handelt es sich um eine auf lange Sicht empfehlenswerte Investition. Meist kommt ein Kellerausbau wesentlich günstiger als der Umzug in ein entsprechend größeres Haus. Im Vergleich zum Ausbau von Dachgeschossen, wo aufgrund der Dachschrägen mehr Fläche verloren geht, gibt es keine Probleme mit der begehbaren Höhe. Bei Altbauten ohne entsprechende Raumhöhe kann durch Ausgraben und Unterfangen der Grundmauern nachträglich für volle Stehhöhe gesorgt werden.

Ein ausgebauter Keller kann ein weiteres vollständiges Wohngeschoss bilden und nicht bloß einen zusätzlichen Einzelraum.

GENEHMIGUNGEN UND VORSCHRIFTEN

Baumaßnahmen im Kellergeschoss werden keine Einwände seitens der Nachbarn wegen Minderung des Lichteinfalls oder der Aussicht hervorrufen, möglich sind jedoch andere Streitpunkte. Beim Ausbau bestehender Kellerräume ist auch bei Reihenhäusern keine Beeinträchtigung der Nachbaranwesen zu erwarten. Sobald sich aber Bauarbeiten auf die Fundamente eines Nachbarhauses auswirken können, ist ein Unbedenklichkeitsgutachten erforderlich.

Eine Baugenehmigung muss in der Regel nur dann beantragt werden, wenn an der Fassade nachträglich Kellerlichtschächte eingebaut werden sollen oder das Haus unter Denkmal- oder Ensembleschutz steht. Probleme könnten sich eher auf fiskalischer Ebene ergeben. So gilt der Ausbau des Kellers zu einem separaten Büro oder einer abgeschlossenen Wohnung als Nutzungsänderung und ist genehmigungspflichtig.

MACHBARKEIT

Die in anderen Ländern relevante Frage der Neuanlage eines Kellergeschosses unter einem nicht unterkellerten Haus wird sich in Deutschland nur selten stellen, da Unterkellerung allgemein üblich ist und zumeist gute Gründe vorliegen, wenn darauf verzichtet wurde, etwa ein sehr hoher Grundwasserspiegel. Hierzulande wird in aller Regel von einem Ausbau bestehender Kellerräume zu Wohnzwecken auszugehen sein. Ob sich ein solcher Kellerausbau lohnt oder nicht, hängt weitgehend von den gegebenen Bedingungen ab. Bei zu hohem Grundwasserspiegel kann sich der Feuchtigkeitsschutz als zu aufwendig und zu teuer erweisen. Ist das betreffende Wohngebiet hochwassergefährdet, ist von einem Ausbau wegen des hohen Schadensrisikos abzuraten. Keller von Altbauten weisen zudem meist eine unzureichende Geschosshöhe auf. Abhilfe erfordert aufwendige Baumaßnahmen und ist daher teuer. Zusätzlichen Wohnraum gewinnt man am leichtesten durch Umstieg auf eine umweltfreundliche Heizung, wenn dadurch als Brennstofflager genutzte Flächen frei werden.

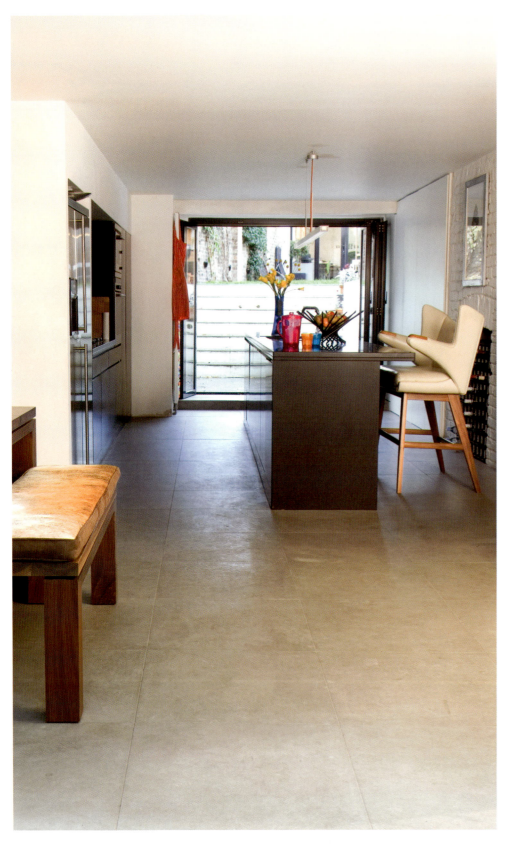

UMBAUARTEN

Die einfachste Umgestaltung, bei der nur wenige oder überhaupt keine Baumaßnahmen anfallen, besteht darin, einen bisher nicht oder nur als Rumpelkammer genutzten Keller gründlich aufzuräumen. Mithilfe von Lichtschächten für natürliche Beleuchtung, einem neuen Wandanstrich, einer Verbesserung der haustechnischen Einrichtungen und des Zugangs lässt sich zusätzlicher Wohnraum schaffen. Möglicherweise ist ein besserer Feuchtigkeitsschutz erforderlich. Mauern und Boden müssen entsprechend behandelt werden. Bei Altbauten ist es dazu meist erforderlich, die Kellerwände freizulegen und mit einer entsprechenden Feuchtigkeitsisolierung, etwa einer Bitumen-Dickbeschichtung, zu versehen. Undichte Bodenplatten müssen entsprechend abgedichtet werden.

Weit komplizierter ist es, einen bestehenden kleinen Keller zu erweitern oder einen ganz neuen Keller anzulegen – unter dem Erdgeschoss oder in einem Teil des Gartens vor oder hinter dem Haus. Da Häuser auf ihren Fundamenten ruhen, die somit die Last von Mauern, Decken und Dach tragen, macht das Ausheben von Erdreich unter diesen Fundamenten eine Untermauerung notwendig. Früher handelte es sich dabei um eine schwierige und umständliche Angelegenheit, die neuen Techniken sind viel weniger aufwendig, so dass das Haus während der Arbeiten eventuell bewohnbar bleibt. Gewöhnlich werden an der Grundrisslinie neue Betonfundamente eingesenkt, anschließend wird durch den zukünftigen Lichtschacht an der Hausfassade der Keller ausgehoben.

Bei besonders großem Platzbedarf kann man den nötigen Raum sogar im Garten ausheben, an der Seite oder hinter dem Haus, und nach Beendigung der Arbeiten eine Erdschicht auftragen und wieder bepflanzen. Der Keller muss dann entweder von einem bereits vorhandenen Keller oder vom Erdgeschoss aus zugänglich gemacht werden. Davon abgesehen wird die Bausubstanz des Hauses von einer solchen Maßnahme nicht verändert.

Die meisten Keller sind eingeschossig. Sind alle Bedingungen gegeben, können sie normale Raumhöhe haben, so dass das Haus effektiv ein zusätzliches Geschoss erhält. Die Mindestanforderung ist eine Raumhöhe von 2,4 Meter. Kellergeschosse mit speziellen Einrichtungen wie Swimmingpools sind oft wesentlich höher bzw. tiefer.

DURCHFÜHRUNG DER ARBEITEN

Der Neu- oder Umbau von Kellern ist eine Arbeit für Spezialisten, für die normale Bauunternehmen gewöhnlich nicht zuständig sind. Da die Nachfrage nach derartigen Umgestaltungen immer größer wird, gibt es jetzt mehr und mehr Unternehmen, die sich ausschließlich mit dem Um- und Ausbau von Kellergeschossen befassen. Meist bieten sie einen umfassenden Service: Überprüfung der Bodenverhältnisse, Bauplanung, Wahl der Fundamente, Beantragen der Baugenehmigung und Ausführung der Bauarbeiten. Die Vergabe an einen solchen Spezialbetrieb ist immer dann eine gute Option, wenn bauliche Maßnahmen zu erwarten sind, die über das Leistungsspektrum des Raumausstatters hinausgehen.

Links: Eine Möglichkeit, dem ausgebauten Kellergeschoss Tageslicht zuzuführen, ist ein hinter dem Haus ausgehobener Lichtschacht. Allerdings geht dadurch Gartenfläche verloren.

Oben: Glasbodenplatten im Erdgeschoss sorgen für die Erhellung der Kellerräume. Begehbare Gläser sind besonders gehärtet. Die nötige Stärke muss individuell berechnet werden.

FEUCHTIGKEITSSCHUTZ

Dass der Kellerausbau lange Zeit so wenig beliebt war, lässt sich damit erklären, dass es nicht immer gelang, die Feuchtigkeitsprobleme zu lösen. Früher konzentrierte sich der Feuchtigkeitsschutz darauf, mithilfe von wasserbeständigen Materialien sowie Wand- und Bodenbeschichtungen das Wasser »auszusperren«. Diese Methode kann bei stabilen Bedingungen mehr oder minder ausreichen. Steigt hingegen der Grundwasserspiegel, so kann sich der Druck auf Mauern und Boden des Kellers erhöhen und zu Belastungen oder Verschiebungen führen, vor allem an Stellen, an denen verschiedene Bodenschichten aufeinandertreffen. Hier können sich wasserdurchlässige Risse bilden.

Neue, vor allem in Deutschland entwickelte Arten des Feuchtigkeitschutzes bestehen darin, das Grundwasser abzuleiten und zu regulieren. Boden und Mauern des Kellers werden mit speziell gestalteten Kunststoffplatten beschichtet bzw. es werden Drainagerohre verlegt. Diese leiten das Wasser in Abflusskanäle, die in einen Sammelbehälter münden. Aus diesem wiederum wird es in das Hauptabwasserrohr gepumpt. Über die Drainageplatten werden Trockenpaneele gelegt, auf diesen wird der Endbelag aufgebracht. Sammelbehälter und Pumpe sind leicht zugänglich, sodass sie problemlos überprüft und gewartet werden können. Durch die Wirksamkeit dieses neuartigen Feuchtigkeitsschutzes sind der Bau und der Ausbau von Kellergeschossen wesentlich einfacher geworden. Diese Techniken werden von zahlreichen Spezialunternehmen eingesetzt.

LICHT UND LUFT

Frische Luft und Tageslicht sind nicht nur für das Wohlbefinden erforderlich, sie sind für alle »bewohnbaren« Räume gesetzlich vorgeschrieben. Lediglich Küchen und Badezimmer dürfen fensterlos sein, wobei allerdings eine mechanische Belüftungsvorrichtung eingebaut sein muss. Nach dem Feuchtigkeitsschutz stellen in Kellerräumen die Versorgung mit natürlichem Licht und Frischluft die größte Herausforderung dar.

Die Standardmethode sind Lichtschächte, die vorgefertigt in verschiedenen Versionen auf dem Markt sind. Heute bestehen sie überwiegend aus Kunststoffen. Beim Kauf sollte man darauf achten, dass recyclingfähiges Material verwendet wird.

Eine andere Lösung sind Lichtröhren, bei denen das Tageslicht über eine reflektierende Röhre ins Innere geleitet wird (s. S. 117). Nach dem gleichen Prinzip arbeiten für die Zufuhr von Frischluft sorgende Luftröhren.

In vielen Fällen bietet sich die Möglichkeit, Licht aus den oberen Stockwerken zu beziehen. Offene Treppen ermöglichen den Zustrom des Lichts von oben. Die teilweise Öffnung des Bodens im Erdgeschoss und das Einsetzen von Glasplatten sind ebenfalls wirksame Möglichkeiten, Tageslicht zuzuführen.

Wie bei anderen dunklen Räumen lässt sich die Lichtintensität durch reflektierende Oberflächen steigern. Sollen bestimmte Bereiche abgetrennt werden, so eignen sich dafür Glas oder lichtdurchlässige Kunststoffplatten besser als feste Wände.

ZUGÄNGE

Die Schaffung von angemessenen Zugängen zu einem ausgebauten Kellergeschoss ist gewöhnlich leichter als bei ausgebauten Dachböden, weil man weniger Platz sparen muss und im Normalfall geeignete Kellertreppen bereits vorhanden sind, die lediglich dem Qualitätsanspruch der Wohnnutzung entsprechend angepasst werden müssen. Falls aber neue Treppen angelegt werden müssen, sind offene Treppen wie Wendel- oder Kragtreppen am besten geeignet, da sie durchlässig für Licht und Luft aus den oberen Geschossen sind. Die Brandschutzvorschriften können jedoch in bestimmten Fällen eine abgeschlossene Treppe oder eine Brandtür vorschreiben, die den Keller vom Erdgeschoss trennt.

Vergleichsweise einfach und unaufwendig anzulegen sind Außentreppen. Es muss jedoch auf einen wirksamen Wetterschutz geachtet werden, da solche Treppen bei Frost und Nässe sehr gefährlich sind.

ANBAUTEN

Anbauten sind eine Art Kompromiss zwischen Nachrüsten und Neubau. Die meisten Menschen erweitern ihr Eigenheim aus den gleichen Gründen wie bei anderen Verbesserungen: um Wohnraum zu gewinnen und die Qualität des vorhandenen Raums zu verbessern. In den meisten Fällen heißt das, dass man einen Teil der Gartenfläche opfert. Letztlich kann der ökologische Nutzen jedoch beträchtlich sein. Plant man den Anbau mit entsprechend hohen Öko-Standards, so wird der zusätzlich verfügbare Raum nicht zu entsprechend höheren Energiekosten führen.

Bei der Umrüstung eines Hauses auf verbesserte Klimafreundlichkeit wird man innerhalb des vorgegebenen baulichen Rahmens bleiben müssen. Eine Erweiterung hingegen ermöglicht es, einen radikaleren ökologischen Ansatz zu wählen, nicht nur bei der Haustechnik und den Wand- und Bodenbelägen, sondern auch in Bezug auf Konstruktion und Grundausstattung. In vielen Teilen der Welt müssen neue Erweiterungsbauten ziemlich strenge Auflagen hinsichtlich der Energieeffizienz erfüllen, die in Zukunft wahrscheinlich noch strenger sein werden. Verfechter des grünen Bauens gehen noch weiter und visieren das absolut emissionsfreie Haus an.

PLANUNG UND BEWERTUNG

Baut man den Dachboden oder das Kellergeschoss aus, so hat man es im Wesentlichen mit einem potenziell abgeschlossenen Bereich zu tun, auch wenn dieser in die übrigen Räumlichkeiten integriert ist. Anbauten hingegen sind in allen Größen, Formen und Konfigurationen möglich, von einigen zusätzlichen Quadratmetern unter einem vorkragenden Dach, die die Küche geräumiger machen, bis hin zum zweigeschossigen Anbau an der Gartenseite, der den Wohnbereich wesentlich vergrößert. Da ein Anbau immer bauliche Maßnahmen und zumeist eine Baugenehmigung erfordert, ist es empfehlenswert, sich von Beginn an fachmännisch beraten zu lassen.

Eine Erweiterung sollte nicht nur mehr Platz schaffen, wenn es im Haus zu eng wird, sie sollte auch den schon vorhandenen Wohnraum qualitativ aufwerten. Das Allermindeste ist, dass sich die Qualität nicht verschlechtert. Eine schlecht geplante oder ungünstig platzierte Erweiterung kann aber gerade das bewirken, wenn sie z. B. den Lichteinfall blockiert, umständliche Wegverläufe verursacht oder

einfach qualitativ minderwertig ausgeführt wurde. Man sieht immer wieder ältere Häuser mit einer Reihe scheußlicher Anbauten, die im Lauf der Jahre dem jeweiligen Bedarf entsprechend, aber mehr oder wenige konzeptlos hinzugefügt wurden. Eine wohlüberlegte Erweiterung sollte ein integrierendes Element sein, ob es sich nun um eine zur Architektur des Hauses passende Ergänzung oder eine kühne Konstruktion handelt, die in bewusstem Kontrast dazu steht.

Fachmännische Beratung ist von unschätzbarem Wert, wenn es gilt, Träume zu verwirklichen und zu gewährleisten, dass die Ausgaben eine Werterhöhung bewirken. Die größte Kosteneffizienz bieten normalerweise Vergrößerungen der Küche oder Anbauten, durch die ein zusätzliches Bade- oder Schlafzimmer entsteht. Untersuchungen zeigen, dass derartige Umbauten den Verkaufswert normalerweise erhöhen.

GESETZLICHE BESTIMMUNGEN

Ein Erweiterungsbau hat unvermeidlich Auswirkungen auf den umliegenden Bereich. Wie stark sie sind, hängt vom Umfang der Erweiterung und ihrer Situierung ab, aber auch von der Art des vorhandenen Hauses. Steht dieses auf einem weitläufigen Grundstück und in relativ großer Entfernung zu den Nachbarhäusern, ergibt sich daraus mehr Freiheit in Bezug auf Konstruktion und Position als bei einem Reihenhaus mitten in der Stadt. Die Nachbarn haben das Recht, Einspruch zu erheben, wenn der geplante Bau den Tageslichteinfall in ihr Haus verringern würde. Es ist dies einer der häufigsten Gründe, aus denen die Baubehörden Anträge ablehnen. Unpassende Erweiterungen an unter Denkmal- oder Ensembleschutz stehenden Häusern sind ebenfalls nicht gern gesehen. Hier können die Gründe für eine Ablehnung der unsensible Einsatz von Baustoffen und Formen sein, die dem architektonischen Charakter der Umgebung nicht gerecht werden.

Vorbeugen ist hier allemal besser als »heilen«. Es empfiehlt sich daher, schon bei Planungsbeginn bei der zuständigen Baubehörde anzufragen, ob man für seinen Antrag eine Genehmigung erwarten darf oder nicht. Das Genehmigungsverfahren ist relativ lang. Es zweimal zu durchlaufen, nur weil man sich möglicher Einwände nicht bewusst war, ist frustrierend.

Erweiterungen, die das Volumen des Hauses vergrößern, sind in der Regel genehmigungspflichtig. Mit der Konstruktion sollte man einen Architekten betrauen. Das Architekturbüro kann sich mit der Behörde abstimmen, so dass die Gefahr einer Ablehnung gering ist. So kann die Behörde z. B. zu bestimmten Baustoffen raten oder zur Abänderung bestimmter Details, damit die Pläne ohne Probleme genehmigt werden. Es kann z. B. die Dachneigung eine wichtige Rolle spielen, da oft davon abhängt, ob der Tageslichteinfall auf benachbarte Immobilien beeinträchtigt wird oder nicht. Wie immer empfiehlt es sich, die Nachbarn rechtzeitig vor Einreichen des Antrags auf Baugenehmigung zu informieren. Dies ist ein Gebot der Höflichkeit, kann aber auch Einwänden zuvorkommen.

Sämtliche Erweiterungen und Anbauten unterliegen den Bestimmungen der lokalen oder regionalen Bauordnung, die immer wieder Änderungen erfährt. Vielfach müssen neue Anbauten in Bezug auf Energieeffizienz hohen Standards genügen, unabhängig davon, ob das bestehende Haus sie bereits erfüllt oder nicht. Das kann bedeuten, dass künstliches Licht aus Energiesparlampen stammen und der Erweiterungsbau hochwärmegedämmt sein muss. Auch andere Kriterien unterliegen der Kontrolle, was in vielen Fällen bedeutet, dass in entscheidenden Bauphasen Inspektionen erfolgen. Die Fundamente sind ein wesentliches Bauelement, ihre Abnahme ist deshalb erforderlich, bevor weitere Arbeiten erfolgen. Veränderungen an der Kanalisation und neue Tragkonstruktionen werden ebenfalls geprüft.

Eine Konstruktion mit zahlreichen grünen Merkmalen kann die Baubehörde sicherlich beeindrucken und zur Genehmigung des Bauvorhabens beitragen, schwierig wird es hingegen, wenn Sie unkonventionelle Baustoffe einsetzen wollen, insbesondere bei tragenden Elementen. In diesem Fall ist es ratsam, andere Hauseigentümer zu kontaktieren, die auf dieselbe Weise gebaut haben. Sie können darüber Auskunft geben, was sie an Unterlagen zur Rechtfertigung des Bauplans vorlegten oder welche Einwände sie ausräumen mussten.

FRAGEN DER STATIK

Erweiterungsbauten sind naturgemäß aufwendiger als andere Umbauten. Besonders ehrgeizige stellen den Bauherrn vor Probleme, wie er sie auch beim Neubau eines

Hauses hätte. Die Baubehörde kann darauf bestehen, dass die Gestaltung des Anbaus auf den architektonischen Charakter des Hauses abgestimmt wird, besonders wenn ein Teil davon von der Straße aus sichtbar ist. Bei Erweiterungen an der Gartenseite ist man wesentlich großzügiger. Damit steht hier der Weg offen für die Verwendung von grünen Baustoffen wie Holzverkleidungen auch in Gebieten, in denen Ziegel- oder Steinmauern dominieren, und für ein umweltfreundliches Design, das von früheren Mustern abweicht. Muss man sich an den architektonischen Charakter halten, so sollte man möglichst nicht neues, sondern Abrissmaterial verwenden – z. B. gebrauchte Ziegel oder antiken Naturstein.

Auch unter der Oberfläche erwarten den Öko-Architekten große Aufgaben. Auf dem Boden aufruhende Erweiterungen brauchen ihre eigenen Fundamente, die wiederum an die bereits vorhandenen angebunden werden müssen. Architekten mit ökologischer Bauerfahrung sind möglicherweise in der Lage, die Fundamente so zu gestalten, dass der Verlust an Bodenfläche minimal bleibt und somit der Bedarf an Beton verringert wird – z. B. durch den Einsatz von Pfahlgründungen oder Blockfundamenten. Auch tragende Elemente können so konzipiert sein, dass sie ein Minimum an Baumaterial erfordern – z. B. vorgefertigte Holz- oder leichte Stahlkonstruktionen (s. S. 146). Nichts spricht dagegen, bei einem Anbau noch radikaler vorzugehen und als Baustoff z. B. Strohballen einzusetzen, wobei allerdings mit größerem behördlichem Widerstand zu rechnen ist.

Außer dem Bau der Fundamente und der Tragwerke müssen bei der Planung eines Anbaus noch weitere Aspekte bedacht werden, so die Erweiterung der Haustechnik. Der Anbau muss an die Stromleitungen, die Heizungsrohre und eventuell auch an die Kanalisation angeschlossen werden. Auch die Verbindung zwischen Haus und Erweiterungsbau ist sinnvoll zu lösen. Dazu kann die Vergrößerung einer Maueröffnung (z. B. des Hintereingangs) oder eine neue Öffnung erforderlich werden. Da sich solche Maßnahmen auf die Statik auswirken, muss in solchen Fällen ein Balken oder Träger eingezogen werden, der die Auflast der darüberliegenden Mauern aufnimmt. In einem hochwärmegedämmten Anbau ist möglicherweise keine zusätzliche Heizung erforderlich. Zumindest wird die bestehende Heizungsanlage in der Regel ausreichen.

Links: Anbauten können in den verschiedensten Größen und Formen und aus den verschiedensten Baustoffen errichtet werden. Diese minimalistische Glasveranda bringt die Natur ins Haus.

DIE WAHL DES RICHTIGEN PLATZES

Die Situierung eines Anbaus hängt von vielen Faktoren ab: Verfügbare Fläche, Zugangsmöglichkeiten und bautechnische Erwägungen sowie Baubeschränkungen können hier eine Rolle spielen. In manchen Fällen kann es nur eine einzige Möglichkeit geben. Stehen mehrere Varianten zur Auswahl, sollte man der ökologischen den Vorzug geben.

Ein wichtiger ökologischer Aspekt ist, dass durch die Erweiterung so wenig Gartenfläche wie möglich verloren geht. CO_2-sparend zu leben heißt mehr und mehr, die verfügbaren Außenflächen möglichst produktiv zu nutzen. Das bedeutet, dass wir unseren Garten als Minigrüngürtel ansehen und gegen Verbauung schützen müssen.

Eine damit verwandte Aufgabe besteht darin, die Erweiterung so zu planen, dass ein minimaler CO_2-Fußabdruck einen maximalen Raumgewinn zur Folge hat. Daraus kann sich die Notwendigkeit eines zweigeschossigen Anbaus ergeben, so dass bei gleichem Verlust an Bodenfläche der doppelte Raumgewinn erzielt wird. Das Flachdach des Anbaus als Terrasse anzulegen und darauf Topfpflanzen aufzustellen, wäre ein gewisser Ausgleich für den Verlust an Gartenfläche. Wäre diese Terrasse einsehbar, so kann man sich stattdessen für ein begrüntes Dach entscheiden.

Ein wichtiger Punkt ist die Ausrichtung. Unter dem Aspekt der Energieeffizienz sollte sich der neu geschaffene Raum für passive Sonnennutzung eignen. In nördlichen und gemäßigten Klimazonen würde eine Ausrichtung nach Süden den Bedarf an zusätzlicher Heizung verringern. In warmen Regionen tragen Anbauten an der sonnenabgewandten Seite zur Kühlung der Innenräume bei. Es kann aber auch sein, dass der beste Platz für eine Erweiterung auch der optimale Platz für ein Gemüsebeet wäre. Wie immer muss man gewisse Kompromisse schließen.

Oben: Freistehende Konstruktion mit verglaster Gartenveranda (unten) und Terrasse (oben). Als Schattenspender dienen ein Spalier und eine Kletterpflanze.

Rechts: Anbauten an der Gartenseite werden leichter genehmigt als solche, die an die Grundstücksgrenze stoßen oder das Aussehen der Hausfassade verändern. Ein zweigeschossiger Anbau ermöglicht doppelten Raumgewinn bei gleichem Verlust an Bodenfläche.

Ganz rechts: Eine umweltfreundliche Erweiterung an der Rückfront mit hochwertiger Wärmeschutzverglasung, Dachfenster und Schiebetüren. Die Außenverkleidung ist aus Lärchenholz, Wände, Decke und Boden sind hochwärmegedämmt.

SEITLICHE ANBAUTEN

Die Erweiterung Ihres Hauses nach der Seite hin bietet den Vorteil der Raumvergrößerung ohne große Verluste an Gartenfläche. Vergessen Sie ausgedehnte Palastflügel an großartigen Villen. Viele seitliche Anbauten, vor allem in städtischen Gebieten, nutzen den schmalen Streifen zwischen Haus und Grundstücksgrenze. Bei Reihen- oder Doppelhäusern sind diese Seitenstreifen zumeist gepflastert. Sie dienen als Verbindung zwischen der Straße und dem Bereich hinter dem Haus und eignen sich nur selten zur Bepflanzung. Auch wenn der Platz hier nur begrenzt ist, können Anbauten das Erdgeschoss merklich vergrößern. So kann z. B. die Küche um einen Essbereich erweitert werden. Ein Glasdach wird den Tageslichteinfall spektakulär verbessern.

ERWEITERUNGEN IN OBERGESCHOSSEN

Möglicherweise ist an der Seite oder der Rückfront bereits ein Anbau vorhanden, der sich aufstocken lässt. Bei einer Erweiterung nach oben geht keine Bodenfläche verloren. Eine weitere Möglichkeit wäre die Aufstockung des Dachgeschosses, die allerdings kaum genehmigt werden wird, wenn sämtliche Häuser der Umgebung die gleiche Zahl an Stockwerken aufweisen. Einige Dachgeschossbewohner haben auf ihrem Dach einen zusätzlichen Wohnbereich eingerichtet, die darunterliegenden Räume durch Dachfenster und andere Lichtquellen aufgehellt und den restlichen Raum in einen nachhaltigen Dachgarten verwandelt.

ANBAUTEN AN DER RÜCKFRONT

Die meisten Erweiterungen werden an der Rückseite des Hauses vorgenommen. Versuchen Sie, dabei so wenig Gartenfläche wie möglich zu opfern. Eine Methode besteht darin, unnütz gewordene Anbauten wie alte Schuppen und Vorratskammern abzureißen und den Anbau auf der freiwerdenden Fläche zu errichten. Zweigeschossige Anbauten bieten bei gleicher Grundfläche den doppelten Raum. Die Herausforderung bei der Konstruktion einer solchen Erweiterung ist, die Verbindung mit den Außenräumen zu verbessern, ohne die Raumqualität insgesamt zu beeinträchtigen. Möglicherweise ist ein neues Raumlayout des gesamten Erdgeschosses nötig, da manche der vorhandenen Räume sonst ihren Nutzwert verlieren würden.

GARAGENAUSBAU

Eine der einfachsten Arten von Erweiterung ist der Ausbau einer angebauten Garage zu einem bewohnbaren Raum. In vielen Fällen wird eine Baugenehmigung für die Anbringung von Fenstern erforderlich sein, da sich dadurch die Vorderansicht des Hauses nicht unwesentlich verändert. Die Bauarbeiten selbst sind einfach. Man kann das Garagentor durch Fenster ersetzen, ohne dass davon die Statik beeinträchtigt wird. Natürlich muss der Garagenraum durch einen Zugang, sofern nicht schon vorhanden, mit dem Rest des Hauses verbunden werden. Die übrigen Maßnahmen sind Wärmedämmung, der Anschluss an Strom, Wasser und Heizung sowie die Innenausstattung.

Ein Nachteil des Wintergartens speziell im Sommer ist die übermäßige Erwärmung. Diese lässt sich durch eine geeignete Beschattung zumindest begrenzen. Auch hochgelegene Fenster, die Warmluft entweichen lassen, tragen dazu bei, die Temperaturen erträglich zu halten.

SPEISEKAMMERN UND KALTRÄUME

Speisekammern funktionieren nach dem umgekehrten Prinzip. In gemäßigten Zonen bildet ein geschlossener Anbau an der Nordseite des Hauses einen natürlichen Kaltraum zum Einlagern von Lebensmitteln. Als es noch keine Kühlschränke und Gefriertruhen gab, hielten die meisten Haushalte ihre Nahrungsmittel in der Speise- oder Vorratskammer frisch. Steinböden, offene Regale, fehlende oder kleine Fenster sorgten für niedrige Raumtemperaturen.

Nachdem sich mit dem Aufkommen der Supermärkte die Einkaufsgewohnheiten radikal änderten, kam den Menschen nach und nach die Fähigkeit zur Vorratshaltung abhanden. Ablauf- und Haltbarkeitsdaten haben zu einer riesigen Wegwerfwelle geführt, durch die tadellose Nahrungsmittel Tag für Tag in die Mülltonne wandern. Tatsache ist, dass sich viele Lebensmittel – von Gemüse über Käse bis zu gekochten Speisen – in der Speisekammer vielleicht sogar besser frisch halten als im Kühlschrank.

FREISTEHENDE ANBAUTEN

Ist der Garten groß genug, kann man zusätzlichen Raum auch durch einen in einem gewissen Abstand zum Haus errichteten Bau gewinnen. Diese Außenbauten sind in den letzten Jahren äußerst beliebt geworden – teils aufgrund des Trends zur Arbeit von zu Hause aus – und dienen als Atelier, Besprechungs- oder Arbeitszimmer. Soweit der umbaute Raum 70 Kubikmeter nicht übersteigt und keine Heizung vorhanden ist, sind solche Schuppen in der Regel nicht genehmigungspflichtig.

Viele dieser Luxus-Schuppen oder Gartenhäuser werden als Fertigprodukt bzw. Bausätze angeboten. Auch Öko-Modelle sind im Handel erhältlich. Im Allgemeinen weisen diese Holzkonstruktionen keinerlei Wärmedämmung auf und sind zur Nutzung ausschließlich in der warmen Jahreszeit gedacht. Eine passable Dämmung lässt sich aber ohne großen Aufwand nachrüsten.

Oben: Die universell nutzbare Wohnküche ist ein zeitloser Favorit, und viele Hauseigentümer erweitern ihr Heim, um genügend Raum für diese Art von großzügiger Anordnung zu gewinnen.

Rechts: Ein verglaster Seitenanbau dient als Essbereich. Verglaste Vorbauten oder Gartenräume können die Energiebilanz des Hauses günstig beeinflussen, da sie als Pufferzone zwischen Innen- und Außenbereich dienen.

DIE SONNENVERANDA: EIN WINTERGARTEN

Wintergärten oder verglaste Gartenräume sind seit langem beliebte Erweiterungsmöglichkeiten. In manchen Gegenden sind sie geradezu ein Statussymbol geworden, weshalb viele Hersteller Bausätze oder Fertigprodukte in historisierendem Stil anbieten. Zum 21. Jahrhundert passt es besser, sie als Mittel der passiven Sonnennutzung einzusetzen.

Tatsächlich kann in Gebieten mit kühlem oder gemäßigtem Klima ein nach Süden oder Südwesten ausgerichteter verglaster Anbau die Energieeffizienz erhöhen, vorausgesetzt, er wird nicht zusätzlich geheizt oder gekühlt. An sonnigen Wintertagen wird er die Luft vorwärmen und diese Wärme an die Hausmauer abgeben, gleichzeitig dient er als zweite Haut für Fenster und andere verglaste Öffnungen. Nachts bildet er eine Pufferzone und verringert dadurch die Wärmeverluste. Verglaste Vorbauten eignen sich gut zur Aufbewahrung von Arbeits- oder Sportbekleidung oder Brennholz, das trocken gelagert werden muss. Man kann darin auch Wäsche aufhängen, so dass man auch bei kaltem und regnerischem Wetter keinen Wäschetrockner braucht.

NEUBAUTEN

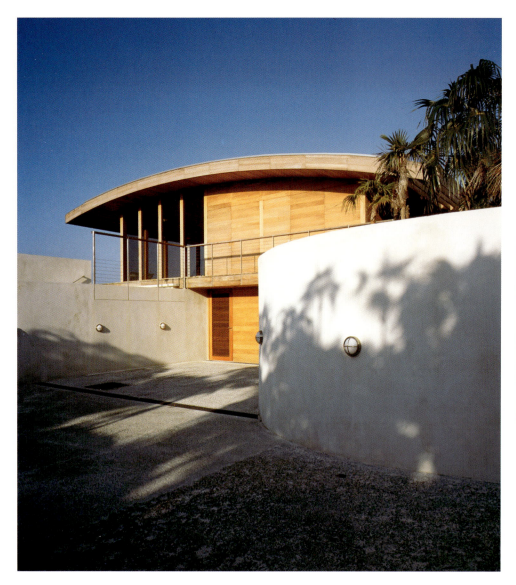

Links: Eine von Seth Stein entworfene Strandvilla in der Karibik umfasst eine Anzahl offener, unverglaster Pavillons, die über eine hölzerne Galerie zugänglich sind. Der Bauplan basierte auf den vorgefertigten 1,2-m-Holzplatten, die als Bauelemente dienten. Das Regenwasser wird gespeichert.

Oben: Dieses moderne dreigeschossige Haus wurde aus vorgefertigten Holzplatten errichtet, die Fassadenbeplankung besteht aus Recyclingglas. Durch hohe, wärmedämmende Fenster und Eckfenster kann das Tageslicht einströmen. Das zweite Obergeschoss wird von einem Dachgarten umsäumt.

Rechts: In einer Baulücke im Osten Londons beginnen die Arbeiten zur Errichtung eines Neubaus. Vorgesehen ist ein energieeffizientes Haus in Holzbauweise, dessen Räume sich an den familienbedingt veränderlichen Bedarf anpassen lassen. Auf ein einfaches Fundament wird eine Holz-Ständer-Bohlen-Konstruktion aus Glulam-Lärchenholz gesetzt, die als Bausatz angeliefert und vor Ort zusammenfügt wird.

Viele um eine ökologische Lebensweise bemühte Menschen beginnen irgendwann, vom Bau eines eigenen Hauses zu träumen, und einige davon machen sich sogar daran, diesen Traum zu verwirklichen. Das ist nicht erstaunlich, da ein Neubau die besten Möglichkeiten bietet, das eigene Heim ökologisch zu gestalten.

Öko-Häuser haben eine längere Geschichte, als man denkt. Den Unterschied zwischen Häusern mit hohen Umweltstandards und den schicken Designerbauten der Hochglanz-Magazine zu erkennen wird allerdings immer schwieriger. Manche Öko-Häuser tragen ihre grünen Merkmale stolz zur Schau, bei anderen sind sie weniger offensichtlich.

Unten: Bei diesem Ferienhaus in den Stockholmer Schären sind die beiden dem Wasser zugewandten Fassadenteile mit einer Reihe geschosshoher verglaster Öffnungen versehen. Bei einigen handelt es sich um Türen, die als Zugänge zur Sonnenterrasse dienen. Von innen gesehen wirkt die Fassade wie eine Reihe freistehender Wände.

Rechts: Dieses anstelle von alten Stallungen errichtete Haus in London hat doppelt verglaste Fenster mit Argonfüllung. Sie verringern die Aufheizung um 30 Prozent. Auch die Holzlatten-läden verhindern hohe Innentemperaturen. Das Haus ist hoch-wärmegedämmt, drei große Dachfenster sorgen für Ventilation.

Vor einem oder zwei Jahrzehnten war grünes Bauen noch Pionierarbeit. Viele Öko-Technologien waren noch unerprobt, nachhaltige Baustoffe ließen sich schwer identifizieren, ihre Herkunft war kaum überprüfbar. Wichen die Entwürfe und Bauverfahren von der Norm ab, so stellten sich die Bauämter oft stur. Heute ist die Situation anders. Dem grünen Bauherrn bietet sich eine weit größere Basis an Wissen und Erfahrung, und viel davon ist nur einen Maus-klick entfernt online verfügbar. Die Baustoffe nach ihrer Herkunft auszuwählen, ist ebenfalls viel leichter. Die Technologien wurden verbessert und sind vielfach erschwing-licher geworden, zahlreiche Kämpfe zur Überwindung von Bauvorschriften wurden inzwischen gewonnen. Stößt man

bei den Behörden auf Widerstände, so lässt sich höchst-wahrscheinlich ein Präzedenzfall entdecken, auf den man sich bei seinem Antrag stützen kann.

Genehmigungsverfahren für Öko-Häuser sind kein Spaziergang, aber die Hindernisse unterscheiden sich nicht allzu sehr von denen, die jeder Bauherr überwinden muss. Bei allen Kopfschmerzen, die er bereiten kann, ist der Bau des eigenen Hauses außerordentlich lohnend. Er ist ein Mittel, sich ein maßgeschneidertes Zuhause zu schaffen. Der Öko-Bauherr hat darüber hinaus die Befriedigung, sich ein Heim zu bauen, das unserem Planeten den ge-ringstmöglichen Schaden zufügt und sein Leben lang Öko-Dividenden abwirft.

DER BAUPLATZ

Eine der ersten Herausforderungen, denen sich der Eigenheimbauer stellen muss, besteht darin, einen geeigneten Bauplatz zu finden. Das ist in Ballungsgebieten schwerer und teurer als in Kleinstädten oder auf dem Land. In Deutschland kommt das Süd-Nord-Gefälle hinzu, das dafür sorgt, dass auch im weiteren Umfeld der oberbayerischen und baden-württembergischen Wirtschaftszentren kaum erschwinglicher Baugrund zu finden ist, während nur rund 100 Kilometer weiter nördlich die Preise verfallen. In Gebieten mit hohen Immobilienpreisen erwächst Eigenheimbauern oft eine starke Konkurrenz aus kapitalkräftigen Bauträgergesellschaften. Öffentlich angebotene Grundstücke in attraktiven Stadtlagen werden oft sofort aufgekauft,

Oben: Auf Pfosten oder Pfählen ruhende Häuser sind ein minimaler Eingriff in den Baugrund und belasten das Grundstück nur unwesentlich. Die Abbildung zeigt eine Konstruktion, die trotz des unebenen Terrains ohne Nivellierung auskommt.

Rechts: Ein Haus im Norden Londons nutzt verschiebbare Dachfenster und passive Energiesysteme zur Regulierung der Innentemperaturen und Ausleuchtung des Wohnbereichs mit Tageslicht. Die Krümmung ermöglicht eine maximale Fensterfläche.

deshalb kann es sich lohnen, sich zu Fuß auf die Suche zu machen und nach abseits gelegenen Brachgeländen Ausschau zu halten. Andere Möglichkeiten, einen Bauplatz zu finden, sind:

Auktionen Besonders in wirtschaftlich schwierigen Zeiten kommen vielfach Immobilien zur Versteigerung, deren Eigentümer ihren finanziellen Verpflichtungen nicht mehr nachkommen können. Wenn man ein Grundstück ersteigern will, muss man sicher sein, dass es baureif ist und dem Bauvorhaben keine Hindernisse im Weg stehen.

Zusammenschluss mit anderen Vielen Eigenheimbauern gelingt die Verwirklichung ihres Traums, indem sie sich mit Gleichgesinnten zusammentun. Zu große Grundstücke können z. B. in zwei oder drei Einheiten unterteilt werden.

Eigenes Grundstück Bei ausreichender Größe und Zufahrtsmöglichkeit zur Straße kann der eigene Garten ein geeigneter Bauplatz sein. Ein weiterer von Eigenheimbauern häufig gewählter Weg ist, ein verfallenes Haus zu kaufen, es abzureißen und ein neues zu bauen. Ein Haus in noch vertretbarem Zustand abzureißen, ist allerdings keine ökologische Lösung.

Ökologische Baukonzepte machen es erforderlich, bei der Auswahl des Bauplatzes eine Reihe konkurrierender Faktoren abzuwägen. Zurückhaltung beim Landverbrauch, ein Glaubensgrundsatz ökologischen Bauens, wird in der Regel so ausgelegt, dass man ausgewiesenes Bauland der grünen Wiese vorzieht. Aufgrund der dichten Bebauung bieten Stadtgrundstücke allerdings nicht immer optimale Bedingungen für Öko-Konzepte, insbesondere für passive Sonnennutzung. Beschränkt sind oft auch die Möglichkeiten, den Bau klimatisch günstig auszurichten. Wenn hingegen der Bau eines Hauses in einem Außenbereich im Widerspruch zum ländlichen Charakter der Umgebung steht, so gibt es immer Möglichkeiten, diesen Bruch zu mildern, z. B. durch Erdschutz oder ein begrüntes Dach, so dass das Haus die Landschaft nur geringfügig belastet. Eine Genehmigung für ein Bauvorhaben auf der grünen Wiese zu erhalten, ist allerdings äußerst schwierig. Die Bebauungsvorschriften werden immer strenger, und selbst bei einem ökologischen Baukonzept ist eine Genehmigung außerhalb der Gemeindegrenzen unwahrscheinlich.

Es wird empfohlen, vor jeder weiteren Planung eine gründliche Untersuchung des Bauplatzes in Auftrag zu geben. Relevant sind folgende Punkte:

- **Bodenbeschaffenheit** Ist der Boden mit Wasser durchtränkt oder in irgendeiner Weise mit Schadstoffen belastet? Die Bodenverhältnisse entscheiden über die Art der möglichen Fundamente und die Unterkellerung. Abzuraten ist vom Kauf von Bauplätzen, die an von Erosion bedrohten Abhängen oder in überschwemmungsgefährdeten Gebieten liegen.
- **Bäume** Der Baumbestand beeinflusst das Design des Hauses. Ein Grundsatz ökologischen Bauens besteht darin, den Bauplatz so wenig wie möglich zu verändern. Das bedeutet, dass Grundriss und Design des Hauses sich nach den vorhandenen Bäumen richten müssen.
- **Ausrichtung** Welcher Teil des Bauplatzes liegt in der Sonne, welcher im Schatten?
- **Wetterbedingungen** Auch die Hauptwindrichtung ist ein wichtiger Faktor. In Gebieten mit heißem Klima wird ein nach ihr ausgerichtetes Haus kühler bleiben. In Zonen mit kühlem Klima verringert eine windgeschützte Lage den Wind-Kältefaktor.
- **Hanglage** Ein Hanggrundstück bietet eine gute Möglichkeit, ein zumindest teilweise erdgeschütztes Haus zu bauen.
- **Grundstücksgrenzen und genaue Abmessungen** Die Angaben des Maklers oder Verkäufers sind möglicherweise ungenau und sollten stets überprüft werden.

BAUGENEHMIGUNGEN

Nicht jeder zum Verkauf stehende Bauplatz ist für den Bau eines Wohnhauses zugelassen. Bevor Sie einen Kaufvertrag schließen, müssen Sie Ihre Hausaufgaben machen, sonst könnten Sie in den Besitz eines Grundstücks gelangen, das Sie nicht bebauen dürfen.

In Deutschland wird – wie auch in vielen anderen Ländern – vielfach durch Bebauungspläne festgelegt, auf welchen Grundstücken Wohnhäuser errichtet werden dürfen und auf welchen nicht. Das Baurecht ist nach Erschließung des Grundstückes praktisch gesichert, unterliegt aber gewissen Beschränkungen, die wiederum dem Bebauungsplan zu entnehmen sind. Liegt kein Bebauungsplan vor, so kann für die Erteilung einer Baugenehmigung entscheidend sein, ob das Grundstück »im Zusammenhang bebauter Ortsteile« liegt. Dabei ist keineswegs immer geklärt, ob es sich um einen Ortsteil handelt oder nicht. Die Gemeinden sind bestrebt, Streusiedlungen zu verhindern, und schon mancher Bauherr musste sich sein Baurecht vor Gericht erstreiten.

Befindet sich Ihr Grundstück außerhalb der bebauten Ortsteile, so stehen Ihre Chancen auf Erteilung einer Baugenehmigung generell schlecht. Erteilt wird eine solche nur bei »begünstigten Vorhaben«. Ein solches liegt beispielsweise vor, wenn Sie ein bebautes Grundstück geerbt haben und nachweisen können, dass das vorhandene Gebäude abrissfällig ist. In diesem Fall dürfen Sie meist einen gleichgroßen Neubau errichten. Eine Sanierung bei gleichzeitiger Erweiterung ist aber unzulässig.

Unten: Begrünte Dächer sorgen dafür, dass sich Bauten harmonisch in ihre Umgebung einfügen.

Letztlich muss der wie auch immer geartete Bau den örtlichen Vorschriften entsprechen. Diese sind oft recht unterschiedlich und ändern sich ständig.

ZUGÄNGE UND ANSCHLÜSSE

Damit die Erteilung einer Baugenehmigung möglich ist, muss das betreffende Grundstück voll erschlossen sein. Die Erschließung eines Grundstückes ist gesichert, wenn die Anbindung an das öffentliche Straßennetz, die Versorgung mit Strom, Wasser und Abwasser im erforderlichen Maß gewährleistet ist. Diese planungsrechtliche Forderung wird in den Länderbauordnungen durch spezielle Vorgaben an die Ver- und Entsorgung ergänzt. So wird in einigen Gemeinden z. B. auf die Trennung von Regenwasser und Abwasser verzichtet, andere bestehen auf dieser.

Nicht alle zum Verkauf stehenden Bauplätze sind von einer öffentlichen Straße aus zugänglich. Fehlt ein solcher Zugang, so ist eine bauliche Entwicklung des Grundstücks nur dann möglich, wenn die Zufahrt in Form einer Grunddienstbarkeit über ein Nachbargrundstück gesichert ist. Sollte das Grundstück Ihrer Wahl diese Kriterien nicht erfüllen, müssen Sie sich vergewissern, dass die Erschließung grundsätzlich und zu vertretbaren Kosten möglich ist. Zur Klärung aller offenen Fragen ist das jeweilige Gemeindebauamt der Partner der Wahl. Gemeinden sind zur Unterstützung bei der Suche nicht nur verpflichtet, sondern haben auch ein berechtigtes Interesse daran, Ihnen bei der Suche eines Grundstückes zu helfen. Schließlich sind sie an einer gedeihlichen Entwicklung der Region interessiert, und leerstehende und verfallende Grundflächen sind nicht im Interesse einer prosperierenden Gemeinde. Die Baubehörde kennt alle Grundstücke und deren Zustand und kann deshalb eine wichtige Rolle beim Beurteilen und Finden des richtigen Standortes sein.

Oben: Bei eingeschränkten Zugangsmöglichkeiten erweist sich die Anlieferung sperriger Güter manchmal als schwierig. Der Einbau von schweren Elementen wie Glasscheiben kann sogar den Einsatz eines Krans erfordern.

Unten: Bauplätze sind in urbanen Regionen nicht leicht zu haben. Mittlerweile stehen wenigstens viele Bauämter Konzepten mit Öko-Merkmalen wie Solaranlagen und Volldämmung sowie Passivhäusern positiv gegenüber.

BAUWEISEN

Die Bausubstanz eines Hauses kann auf vielerlei Arten und aus einer Reihe von Baustoffen errichtet werden. Am gebräuchlichsten sind Mauerwerk, Holz und Stahl. Weniger häufig trifft man alternative Materialien an, die bei Öko-Häusern verwendet werden, so etwa Lehmziegel oder Stampflehm, Strohballen oder sogar Recycling-Autoreifen.

Für den Öko-Designer gibt es nicht die eine einzige Lösung. Seine Entscheidung ist von vielen Faktoren abhängig. Eines der wichtigsten Kriterien ist die graue Energie des Materials, das den Hauptbestandteil der Konstruktion bilden soll. Holzkonstruktionen z. B. verursachen vier Tonnen weniger CO_2 als Mauerwerk. In Nordamerika und den skandinavischen Ländern, wo Holz reichlich zur Verfügung steht, haben die meisten Häuser ein Holztragwerk aus Ständern und Bohlen, selbst wenn sie mit einem weiteren Baustoff wie Ziegel ausgekleidet sind. Diesem Konzept entspricht auch der traditionelle deutsche Fachwerkbau. Auch

das Klima kann ein Faktor sein. In heißen Halbwüstengebieten sind die landesüblichen Häuser aus dicken Lehmmauern errichtet, die das Innere kühl halten.

FUNDAMENTE

Die Grundlage eines Hauses sind seine Fundamente. Wie sie angelegt sind, hängt von zwei Hauptfaktoren ab: dem Gewicht der Gesamtkonstruktion und der Bodenbeschaffenheit. Bei schlechten Bodenverhältnissen kann es sein, dass der Unterschied zwischen einem Fundament für schweres Mauerwerk und einem solchen für eine leichtere Ständer-Bohlen-Konstruktion nicht besonders groß ist.

Die im konventionellen Bauwesen übliche Standardlösung mit massivem Keller oder einer nicht weniger massiven Bodenplatte ist unter ökologischen Gesichtspunkten bedenklich. Die einfachste Lösung ist das Streifenfundament. Auf dem für die tragenden Wände bestimmten Bodenstreifen wird ein Graben ausgehoben. Er wird mit einer Schicht Beton ausgegossen, auf die man die Wände aufsetzt. Die sparsamsten Fundamente sind Punktfundamente. Sie greifen nur minimal in den Baugrund ein und werden deshalb bei geeigneten Bodenverhältnissen von vielen Öko-Bauherren bevorzugt. Als Basis für leichte Holzkonstruktionen sind sie völlig ausreichend. Neue Techniken ermöglichen es, die für den Bau von Fundamenten erforderliche Betonmenge auf ein Minimum zu beschränken. Eine besteht darin, den Aushub aus Gräben (bei Streifenfundamenten) oder Gruben (bei Punktfundamenten) mit Zement zu vermischen. Dadurch wird der Bedarf an Beton ebenso reduziert wie die Erdmenge, die sonst entsorgt werden müsste. Diese Technik ist allerdings nur bei bestimmten Böden anwendbar. Eine weitere Methode ist die Rüttelverdichtung des Bodens, durch die man auf Beton völlig verzichten kann.

HOLZ

Zahlreiche Öko-Häuser haben ein Holzskelett, bei manchen besteht auch die Fassadenverkleidung aus Holz. Für das Skelett empfiehlt sich Eiche. Glulam- oder Paralam-Bauhölzer aus unter Druck verleimten Weichholzstreifen weisen eine hohe Festigkeit auf, so dass man damit große Distanzen überspannen kann. Für die Fassadenverkleidung

Rechts: Viele Häuser sind Mischbauten – auf gemauerten Fundamenten ruht ein Tragwerk aus Stahl oder Holz.

Rechts: Dieses Wochenendhaus an der Ostküste von North Island, Neuseeland, ist im Wesentlichen ein aus Holz gefertigter Containerbau. Beidseitig angeordnete hölzerne Veranden können mit einer elektrischen Winde hochgezogen werden, um das unbenutzte Haus völlig zu verschließen. Der Innenbereich ist mit Kiefernsperrholz ausgekleidet.

eignen sich Lärche, Douglaskiefer und Riesen-Thuja. Diese Hölzer sind dauerhaft und relativ wartungsfrei. Holz hat folgende Vorteile:

- Holz ist ein erneuerbarer Baustoff. Hölzer aus FSC-zertifizierten Beständen sind garantiert nachhaltig.
- Geringer Betrag an grauer Energie, insbesondere bei heimischen Hölzern.
- Holzkonstruktionen sind leicht und erfordern weniger starke Fundamente. Manche ruhen auf Punktfundamenten, die weniger stark in den Baugrund eingreifen.
- Holzkonstruktionen lassen sich leicht hochgradig dämmen. Unabhängig von der Wanddicke kann eine Holzwand stets besser gedämmt werden als Mauerwerk, da zwischen ihren Elementen ausfüllbare Hohlräume liegen. Bei einer Ziegel- oder Steinmauer addiert sich die Stärke der Dämmschicht zur Mauerdicke. Die Vorteile gemauerter Wände liegen in ihrer thermischen Masse.
- Relativ billig, schnell aufzubauen und weniger arbeitsintensiv als Mauerwerk.
- Holz wurde in den letzten Jahrzehnten rigoros auf Entflammbarkeit getestet. Man kann es mit Borax behandeln, einem natürlich vorkommenden Salz, so dass seine Feuerbeständigkeit den Bauvorschriften entspricht.
- Bei im Hinblick auf Wasserablauf und Luftzirkulation gut konzipierten Holzkonstruktionen ist die Gefahr des Insektenbefalls gering. Tief herabgezogene Vordächer verhindern, dass Regenwasser die Wände durchtränkt.
- Ideal für »atmende Wände«, in denen der Hohlraum zwischen Außen- und Innenwand zwecks Feuchtigkeitsregulierung mit Recycling-Zeitungspapier oder anderen natürlichen Dämmstoffen ausgefüllt wird.

HOLZKONSTRUKTIONEN

Blockhaus Eine traditionelle Bauweise, bei der feste Holzblöcke zu den das Dach tragenden Wänden aufgeschichtet werden. Die neuesten technischen Fortschritte ermöglichen heute auch bei Holzblockbauweise gute Dämmwerte und eine hohe Luftdichtheit, sodass sich Blockhäuser zunehmender Beliebtheit erfreuen.

Holzrahmenbau Eine in den USA verbreitete Holzbauweise, die in Europa weniger bekannt ist. Das tragende Skelett wird durch diagonale Elemente verstrebt und anschließend mit Platten ausgesteift. Die Materialien werden zumeist auf den Bauplatz geliefert, auf das gewünschte Maß zugeschnitten und montiert, genormte Teile sind eher selten. In den USA dominiert die Balloonkonstruktion, bei der die nebeneinander stehenden senkrechten Wandpfosten über mindestens zwei Stockwerke verlaufen. An der Innenseite der Pfosten eingeklinkte Bohlen bilden jeweils das Auflager für die Deckenbalken.

Holztafelbau mit einseitig beplankten Platten In Großbritannien ist dies die meistverbreitete Holzbauweise. Es handelt sich um eine Plattformkonstruktion: Die senkrechten Elemente sind nur geschosshoch, die Außenwände des Obergeschosses ruhen auf den Enden der darunter verlaufenden Querträger. Das bedeutet, dass die eingeschossigen Wandplatten und auf Querbalken befestigten Bodenplatten aus Sperrholz vorgefertigt werden können. Zur Montage werden die Wände samt verglasten Fenstern und Türen angeliefert. Außenwandüberzug, Dämmung, Innenwandverkleidung und Installation der Haustechnik erfolgen am Bauplatz.

Holztafelbau mit beidseitig beplankten Platten Bei dieser Art von Platten werden Dämmung, Innenwandverkleidung und Elemente der Haustechnik (Leitungs- und Kabelrohre, manchmal auch die Stromkabel) bereits werkseitig eingebaut. Diese Bauweise hat in Deutschland ein hohes technisches Niveau erreicht. Die damit errichteten Holzhäuser – üblicherweise als Fertighäuser bezeichnet – bieten meist eine weit bessere thermische Leistung und Luftdichtheit als Häuser mit einseitig beplankten Platten.

Verbundpaneele Eine weitere Art von Plattformkonstruktion verwendet geschosshohe Wandpaneele aus zwei Platten, zwischen denen eine Isolierschicht aus Styropor liegt. Die Platten fungieren als tragende Außenschale, sorgen für Stabilität und schützen die Styroporschicht gegen Stöße. Styropor ist ein petrochemisches Produkt, die Platten hingegen sind aus Holzabfall hergestellt. Verbundpaneele sind relativ leicht, was sich positiv auf die Transportkosten auswirkt.

Holzständerbau Eine jahrhundertealte Bauweise ist der Holzständerbau, ein Tragwerk aus Pfosten, Bodenbalken, Querbalken und Dachsparren. Die Stabilität der Konstruktion wird heute zumeist durch Aussteifung mittels Platten und Querstreben hergestellt. Außen- und Innenwände bilden kein tragendes Element. Der Holzständerbau bietet die Möglichkeit, großflächige und mehr oder minder durchgehende Innenräume zu schaffen. Als Baustoff eignen sich Eiche, Douglaskiefer oder Holzwerkstoffe wie Glulam und Paralam.

MAUERWERK

Mauerwerk hat ökologisch gesehen eine Reihe von Vorteilen und findet auch in Öko-Häusern Verwendung, z. B. für Bodenplatten. Ziegel- oder Steinbauten enthalten jedoch weit mehr graue Energie als Holzhäuser, weshalb ihnen viele Öko-Architekten ablehnend gegenüberstehen. Herstellung und Transport kosten Energie, auch wenn viele Bestandteile natürlicher Herkunft und reichlich vorhanden sind. Entscheidet man sich für einen massiven Bau, so besteht die umweltfreundlichste Lösung wohl darin, aus der Umgebung stammende Abbruchziegel zu verwenden.

Bei gemauerten Häusern tragen die Außenwände sowohl die Last des Daches als auch der Decken. Die daraus resultierende Gesamtlast einschließlich der Trennwände ruht auf den Fundamenten. Anders als bei Holzbauten mit Holzböden kann der Boden des Obergeschosses aus Massivbaustoff bestehen, was der Dämmung förderlich ist.

Bei Massivbauten werden die Außenwände ein- oder zweischalig ausgeführt, wobei die innere Wand die tragende ist, während die äußere als Wetterschutz dient. Zwischen den beiden verläuft ein Hohlraum, der zur Aufnahme von Dämmmaterial dient. Als Baumaterial sind Ziegel-, Kalksand- oder Gasbetonsteine gebräuchlich. Die Errichtung gemauerter Häuser dauert wesentlich länger als der Bau von Holzhäusern und muss bei Schlechtwetterperioden oft unterbrochen werden.

Die ökologischen Vorteile dieser Bauweise liegen vor allem in der thermischen Masse. Ein Ziegel- oder Steinbau nimmt die Wärme langsam auf und gibt sie langsam wieder ab, ein Vorteil bei Häusern, die für passive Sonnennutzung konzipiert wurden. Mauerwerk erfordert weniger Pflege als Holz und ist potenziell dauerhafter.

STAHL

Stahlskelette ergeben leichte, luftige Gebäude, bei denen ganze Wände verglast werden können. Aufgrund der Festigkeit von Stahl können die Konstruktionen sehr filigran und elegant ausfallen. Außerdem ermöglicht Stahl große Spannweiten, die wiederum ein offenes Raumlayout und großzügige Räume erlauben. Die Rahmenkonstruktionen können werkseitig als Bausatz hergestellt und am Bauplatz in kurzer Zeit montiert werden.

Konstruktionen aus dünnwandigem Stahl finden oft bei »volumetrischer« Bauweise Anwendung, bei der komplette Räume als Module geliefert werden. Wegen der hohen Transportkosten ist diese Methode für den Bau von Privathäusern nicht unbedingt geeignet. Eine andere Variante ist, dass man bei der Tafelbauweise mit ein- oder beidseitig beplankten Platten anstelle von Holz leichte Pressstahlelemente verwendet. Die Verfechter dieser Methode verweisen auf eine bessere Feuer- und Fäulnisbeständigkeit.

Für den Öko-Architekten ist die Verwendung von Stahl und anderen Metallen aufgrund ihres hohen Gehalts an grauer Energie problematisch. Stahl enthält davon 300-mal so viel wie Bauholz. Die Förderung von Erzen kann die Landschaft zerstören, ihre Verarbeitung trägt massiv zur Umweltverschmutzung bei. Ein mildernder Umstand ist, dass Metalle sehr gut recyclebar sind und aufgrund ihres hohen Werts auch wiederverwendet werden.

Manche Öko-Architekten vertreten die Ansicht, Stahl und andere Metalle könnten beim Bau klimafreundlicher Häuser eine zwar kleine, aber dennoch wichtige Rolle spielen, weil sie an bestimmten Stellen für eine Dauerhaftigkeit und Festigkeit sorgen, die mit anderen Materialien nur schwer erreichbar ist. Stahlverstrebungen und -fixierungen werden allgemein solchen aus Kunststoff vorgezogen. Es empfiehlt sich, wenn irgend möglich, Recyclingmetall zu verwenden. Um ihre spätere Wiederverwertung zu erleich-

tern, kann man Metallelemente miteinander verschrauben, anstatt sie zu verschweißen.

In Australien werden Öko-Häuser häufig mit einem Wellblechdach versehen. Das Metall hilft durch sein Reflexionsvermögen, die Innenräume kühl zu halten, die Form erleichtert das Sammeln von Regenwasser.

LEHMZIEGEL, STAMPFLEHM UND STROHLEHM

Viele Öko-Bauherren entschließen sich zu alternativen Bauweisen, selbst wenn diese zu einem langen Ringen mit den Baubehörden um die Baugenehmigung führen. Und es gibt keine erdverbundenere Bauweise, als einen Bau aus der Erde selbst zu errichten.

Das Bauen mit Stampf- und Strohlehm oder Lehmziegeln ist eine uralte, in prähistorische Zeiten zurückreichende Tradition. Heute noch lebt ein Drittel der Weltbevölkerung in aus Erde gebauten Häusern, einige davon sind Jahrhunderte alt. Lehmbauten eignen sich am besten für gemäßigte und warme Zonen, in kühleren Regionen kann eine Wärmedämmung erforderlich sein. Die Wände sind dick und werden auf Beton- oder Steinsockeln errichtet, damit sie nicht durch stehendes Wasser zerstört werden. Um die Wasserbeständigkeit zu verbessern, kann man sie mit Putz überziehen.

Lehmbauten bilden eine große thermische Masse. Sie nehmen tagsüber die Wärme langsam auf und geben sie nachts langsam ab. Sie eignen sich auch gut zur Feuchtigkeitsregulierung. Aufgrund ihrer beträchtlichen Wandstärke sind sie von Natur aus schalldämmend.

- Lehmziegelbauten werden aus Ziegeln errichtet, die aus einer Mischung von Lehm, Sand, Stroh und Bindemitteln bestehen. Sie können bauseitig oder industriell hergestellt werden. Die Konstruktionen können gewölbt sein und wirken als organisches Ganzes.
- Stampflehmbauten werden aus feuchter Erde mit einem kleinen Anteil Zement oder Bindemittel aufgeführt. Der Baustoff wird in Schalungen gepresst, in denen er trocknet. Deshalb entstehen normalerweise geradlinige, rechteckige Bauten.
- Strohlehm ist eine Mischung aus Lehm, Sand, Stroh und Wasser. Sie dient als Lehmbewurf für Flechtwerk oder für Wände, die auf eine niedere Mauer aufgesetzt werden.

STROHBALLEN

Ein Haus aus Stroh bauen zu wollen, mag abwegig erscheinen, aber Strohballenbauten sind nicht nur ökologisch, sondern nachweislich von hoher Festigkeit. Diese Bauweise ist in verschiedenen Teilen der Welt auf dem Vormarsch, insbesondere in den westlichen Regionen der USA.

Das eigentliche Bauelement ist der Strohballen. Er wird vorgepresst, um einen späteren Volumenverlust zu verhindern. Die Ballen können dann zu tragenden Wänden verbaut oder als Füllung zwischen tragende Elemente eingesetzt werden. In jedem Fall müssen sie auf Beton- oder Steinsockeln aufliegen, deren Stärke der Ballendicke entspricht, um das Aufsteigen von Feuchtigkeit zu verhindern.

Bei tragenden Wänden werden die Ballen flach liegend in gestaffelten Reihen aufgeschichtet und durch feine Stahlstifte gegen Verschieben gesichert. Dienen sie als Füllmaterial, so können sie auf der Schmalseite übereinandergeschichtet werden, wodurch dünnere Wände entstehen. Die Wände werden anschließend mit einem Drahtnetz bespannt, das als Putzgrund dient. Außen- und Innenwandüberzug müssen atmungsaktiv sein, damit sich im Stroh keine Feuchtigkeit ansammeln kann. Aufgrund ihrer Verdichtung sind die Strohballen von Natur aus feuerbeständig, die Gefahr des Befalls durch Insekten und Ungeziefer wird durch passenden Putz minimiert.

Links: Wellblech ist typisch für die traditionelle Bauweise Australiens. Metall enthält zwar reichlich graue Energie, ist aber problemlos in der Verarbeitung und ohne Qualitätsverlust recyclebar.

Unten: Lehmbauten haben in den letzten Jahren ein Comeback erlebt. Sie weisen eine große Wärmespeichermasse auf und sorgen für eine gute Feuchtigkeitsregulierung.

AUSSENBEREICH

Grünflächen sind kostbar. Die Nähe zur Natur wirkt beruhigend aufs Gemüt. Auch zu Hause gibt es viele Möglichkeiten, vorhandene Grünflächen zu nutzen, sowohl als Ort der Entspannung und Freude, als auch als produktiven Beitrag zum ökologischen Lebensstil. In den vergangenen Jahren ist der Garten als »Wohnraum im Freien« bis an die Grenzen des Erträglichen und auf höchst unnatürliche Weise strapaziert worden. Ich bin durchaus dafür, die Grenzen zwischen Drinnen und Draußen zu verwischen, um natürliche Freiräume zu schaffen. Aber in manchen Gebieten hat der Trend, Außenbereiche in Wohnräume umzufunktionieren, zu Gärten geführt, die einheitlich gepflastert sind, deren Terrassen von energiehungrigen Heizstrahlern erwärmt werden und in denen Pflanzen nur noch das dekorative Beiwerk bilden. Wenn wir unsere Häuser begrünen wollen, sollten wir verstärkt auch unsere Gärten auf natürlichere Weise nutzen. Dazu bedarf es keines weitläufigen Parks. Auch kleine Gärten können unglaublich produktiv und ökologisch nützlich sein, indem sie Gemüse für die Küche liefern und der heimischen Fauna Lebensraum bieten. Denn die Rückbesinnung auf eine natürliche Lebensweise beginnt allemal zu Hause.

ERDSCHUTZBAU

Rechts: Dieses Erdschutzhaus in Spanien hat ein begrüntes Dach und ein Dachgitter, das die natürliche Luftzirkulation begünstigt und die darunterliegenden Wohnräume verschattet.

Ganz rechts: Die Dächer dieser Öko-Häuser in Torup, Dänemark, sind mit Grassoden gedeckt. Dank der Kuppelform konnte der Materialbedarf gering gehalten werden, und die Wärmeverluste sind um 30 Prozent niedriger als bei Häusern in klassischer Bauweise. Sonnenkollektoren und eine Windkraftanlage liefern Energie aus erneuerbaren Quellen.

Ein Gebäude ins Gelände hineinzubauen, stellt sicher die innigste Verbindung von Haus und Landschaft dar. Wie viele andere grüne Bauweisen ist dies beileibe keine neue Erfindung. Erdmieten zur Einlagerung von Feldfrüchten während des Winters gibt es seit ältesten Zeiten. Auch Grubenhäuser haben eine lange Tradition, insbesondere in Skandinavien und in den Alpenländern. Der Baukörper liegt ganz oder teilweise unter der Erde.

Der Praxis, Bauten in die Erde zu versenken, liegt die Absicht zu Grunde, die thermische Masse des Erdreichs zu nutzen. Genauso wie dichte Werkstoffe wie Stein und Beton während des Tages langsam Wärme speichern und nachts langsam wieder abstrahlen, moduliert auch Erdreich die Temperaturen, allerdings in viel längeren Zeiträumen, die sich über Monate erstrecken können. Fachleute sprechen vom »thermischen Schwungrad«. Mit Erdschutzbauten verfolgt man das Ziel, Energie zu sparen und Wärmeverluste zu begrenzen. Aber es gibt noch weitere Vorteile. Ein Erdschutzbau beeinträchtigt das Landschaftsbild weitaus weniger als ein freistehendes Gebäude. Liegt das Haus fast vollständig unter der Erde, ist seine Auswirkung auf die Umwelt minimal – ideal für Häuser in unberührter natürlicher Landschaft. Die Dachkonstruktionen solcher Häuser müssen allerdings robuster sein als die von in klassischer Bauweise errichteten, um das Gewicht der Erdschicht tragen und zuverlässig abdichten zu können.

DACHBEGRÜNUNG

Grüne »lebende« Dächer sind schon seit Langem ein Symbol der Umweltbewegung. In der Vergangenheit haben Kritiker vorgebracht, dass solche Dächer kaum mehr sind als grüne Propaganda. Aber mit dem richtigen technischen Input bietet ein solches Dach nachhaltige Vorteile.

Wie schon die Erdschutzhäuser gehören auch grüne Dächer zu den traditionellen Bauweisen. Sie sind auf der ganzen Welt verbreitet, von Skandinavien bis Afrika. In kalten Klimazonen sorgen Grassodendächer dafür, dass das Haus nicht auskühlt. In heißen Ländern halten sie die Innenräume kühl. Die moderne Version des grünen Daches stammt aus den 1960er Jahren, als man in Deutschland und in der Schweiz das Verfahren auf den neuesten Stand der Technik brachte und kostengünstig für private Wohnzwecke nutzbar machte.

Der Hauptvorteil eines grünen Daches besteht darin, dass es einen unmittelbaren Ersatz für das Grünland liefert, das durch den Bau des Hauses verloren gegangen ist, dass es Lebensraum für heimische Tierarten und Pflanzen bietet und der Luftverschmutzung durch Feinstaub, Kohlendioxid und andere Treibhausgase entgegenwirkt. Darüber hinaus speichert es Regenwasser, entlastet die Kanalisation und trägt unter optimalen Bedingungen zur Vermeidung von Lärmbelästigung, extremem Hitzestau und Wärmeverlust bei. Untersuchungen haben ergeben, dass ein grünes Dach auf lange Sicht gesehen etwa genau so viel oder sogar weniger kostet als ein konventionelles Dach, wobei grüne Dächer eine erheblich längere Lebensdauer haben. Gegen die Begrünung eines bereits bestehenden Daches sprechen nur die damit verbundenen hohen Kosten für die Verstärkung des Dachstuhls.

BESTANDTEILE EINES GRÜNEN DACHES

Ein grünes Dach besteht aus mehreren Elementen: Auf den Rohbau, also die Betondecke oder die Trapezblechkonstruktion mit Stahltragwerk (oder ganz selten auf eine Brettschalung mit Holzdachstuhl), kommt zuerst eine Ausgleichsschicht aus Kaltbitumen, um Höhenausgleich und bessere Haftung zu gewährleisten. Es folgen Dampfsperre, Wärmedämmung und die Dampfdruckausgleichsschicht als erste Abdichtungslage (ca. 5 Millimeter Polymerunterlagsbahn). Nach einer weiteren Abdichtung (ca. 5 Millimeter, Material Elastomerbitumen-Schweißbahn), folgen wurzelfeste Bitumenbahnen oder Kunststoffabdichtungen, die verhindern, dass Wurzeln nach unten durchwachsen und die Dachkonstruktion beschädigen.

Nun muss dafür gesorgt werden, dass das überschüssige Wasser ablaufen kann Dazu dient die Drainageschicht. Deren Aufbau ist wiederum abhängig von der Art der

Unten: Grüner als auf dieser Alm mit weidenden Ziegen kann ein grünes Dach gar nicht sein.

Unten rechts: Damit sich grüne Dächer als willkommene Oasen in der Stadt bewähren können, bedarf es unbedingt der Mitwirkung eines Fachmanns.

Ganz rechts: Von der Bauart eines grünen Daches hängt es ab, wie die Bepflanzung aussieht. Beliebt sind robuste Gewächse wie Fetthenne, denn sie sind pflegeleicht und haben ein geringes Gewicht.

geplanten Bepflanzung. Generell unterscheidet man zwischen Extensivbegrünung, einfacher Intensivbegrünung und aufwendiger Intensivbegrünung.

Extensivbegrünungen haben dünne Funktionsschichten und ein entsprechend geringes Gewicht. Ihr Bewuchs besteht aus Moosen, Sedum-Arten, Wildkräutern und Gräsern, also anspruchslosen Pflanzen, die keiner Pflege bedürfen. Die Vegetationsschicht ist 3 bis 15 cm stark, der Gesamtdachaufbau – ohne Wärmedämmung – bis zu 20 cm.

Einfache Intensivbegrünungen sind überwiegend als bodenbedeckende Begrünungen mit begrenztem Gestaltungsspielraum zu sehen. Sie beschränken sich auf Gräser, Strauchwerk und Büsche. Herstellungs-, Unterhaltungs- und Pflegeaufwand sind eher gering. Die Dicke der Vegetationsschicht schwankt zwischen 5 und 25 cm, der Gesamtdachaufbau kann bis zu 30 cm stark sein.

Mit der aufwendigen Intensivbegrünung schafft man eine wahre Gartenlandschaft. Es gibt unbegrenzte Gestaltungsmöglichkeiten, deren Realisierung letztlich nur vom Kontostand abhängt. Rasenflächen, Stauden, Buschwerk und kleine Bäume gehören mit dazu. Der Schichtenaufbau ist sehr hoch und entsprechend schwer. Die Vegetationsschicht kann teilweise bis zu 65 cm Stärke erreichen, der Gesamtaufbau bis zu 1 m.

Die oberste Schicht, die Substratschicht, ist ein Gemisch aus mineralischen (Ton, Lava u. dergl.) und organischen (Humus) Bestandteilen. Diese werden auf die gewünschte Bepflanzung abgestimmt. Die für die extensive Begrünung typischen Sedum- und Staudenarten stellen weitaus geringere Ansprüche als spezielle Strauch- und Baumpflanzungen der Intensivbegrünung. Unterschiedliche Vegetationsformen werden auch durch Anhügelungen des Substrats unterstützt. Die Substrathöhen schwanken insgesamt je nach Begrünungsgrad zwischen 25 und 65 cm.

Bei intensiver Begrünung empfiehlt sich im Anfangsstadium eine Sicherung gegen Wind und Regen durch Schutzgewebe oder Oberflächenverfestiger. Bei der extensiven Begrünung genügt es, das Substrat immer feucht zu halten. Als Dauerschutz helfen eine Kiesschüttung oder Betonplatten an den besonders erosionsgefährdeten Dachrändern. In solchen Fällen ist allerdings zuerst ein Statiker zu Rate zu ziehen, der ermittelt, ob die Unterkonstruktion den zu erwartenden Drücken standhält. Neubauten können bereits entsprechend konzipiert werden.

ANLAGE EINES GRÜNEN DACHES

Entwurf, Konstruktion und Errichtung eines grünen Daches gehören in die Hände eines darauf spezialisierten Handwerksbetriebs. Absterbende Pflanzen und undichte Stellen gehen in den meisten Fällen auf unsachgemäße Bauausführung zurück, nur selten auf wetterbedingte Einflüsse. Deshalb ist der Rat von Architekten und erfahrenen Fachleuten unverzichtbar. Es gibt inzwischen Baufirmen, die sich auf den Entwurf und die Errichtung grüner Dächer spezialisiert haben und alles erledigen bis hin zur Begrünung. Diesen Vorteil sollten Sie nutzen.

DACHTERRASSEN

Eine einfache Methode zur Begrünung eines Daches besteht darin, einen Teil eines normalen Flachdaches als Dachterrasse oder Garten zu nutzen. Wie bei grünen Dächern allgemein stellt sich auch hier die Frage nach der Belastbarkeit der tragenden Konstruktion durch das höhere Gewicht von Erdreich, Kübelpflanzen und Wasser. Zum Wässern der Pflanzen sind Wasseranschlüsse vorzusehen.

GARTENGESTALTUNG

Eine der Grundvoraussetzungen für ökologisches Bauen ist die Rücksichtnahme auf örtliche Verhältnisse und Baustile. Für die Gestaltung von Gärten und Landschaften gilt das Gleiche. Der Garten sollte ein Abbild der Natur im Kleinformat sein, aber häufig erfüllt er diese Voraussetzung nicht. Der Einsatz von Chemikalien, in oft höherer Konzentration als in der Landwirtschaft üblich, schädigt die Umwelt und beeinträchtigt die Gesundheit des Menschen. Exotische Pflanzenarten und aus fernen Ländern importierte Züchtungen beanspruchen viel Platz und erfordern intensives Düngen. Und der sorgfältig gepflegte Rasen, der die größte Gartenfläche einnimmt, verwandelt natürliche und artenreiche Landschaften in eintönige Monokulturen.

Öko-Gärtnern bedeutet, im Einklang mit der Natur zu arbeiten, nicht gegen sie. Es bedeutet auch, produktiv zu arbeiten und Pflanzen zu kultivieren, die sowohl die heimische Fauna unterstützen, als auch frisches Obst und Gemüse für die menschliche Ernährung liefern.

Statt Ihren Garten nach fernöstlichen Vorbildern und anderen Idealvorstellungen zu gestalten, sollten Sie sich an die örtlichen Gegebenheiten halten: die Beschaffenheit des Bodens, die Niederschlagsmenge und -häufigkeit, die Temperaturen. Heimische Pflanzen sind an diese Verhältnisse gewöhnt, so dass Sie seltener eingreifen müssen, um das Wachstum zu fördern, beispielsweise durch Wässern und zur Bekämpfung von Schädlingen und Krankheiten.

RASEN

Viele Gärten bestehen hauptsächlich aus Rasenflächen. Selbst in dicht bebauten Wohngebieten an der Stadtperipherie, wo die Gärten in vielen Fällen nur die Größe eines Handtuchs haben, trifft man gewöhnlich auf einen von schmalen Blumenrabatten eingefassten Rasen. Aber die Beschränkung auf nur eine Form der Begrünung geht auf Kosten der Artenvielfalt der Pflanzen und erfordert einen unverhältnismäßig hohen Arbeitseinsatz bei der Pflege und Unterhaltung, beispielsweise durch Wässern und regelmäßiges Mähen. Ein mit Benzin betriebener Rasenmäher stößt in einer Stunde Betriebszeit eine genau so große Schadstoffmenge aus wie ein Personenwagen auf 560 zurückgelegten Kilometern.

Es gibt gute Gründe dafür, in einem kleinen Garten auf Rasen vollständig zu verzichten und statt dessen größere Beete für Stauden, Blumen, Obst und Gemüse anzulegen. Wenn Sie einen größeren Garten besitzen, sollten Sie in Erwägung ziehen, statt eines benzinbetriebenen oder elektrischen Rasenmähers lieber einen Handmäher zu benutzen. Säen Sie Rasenflächen bei der Neuanlage mit Strapazierrasen ein, entfernen Sie Unkraut von Hand, anstatt mit Hilfe von Chemikalien, und verwenden Sie natürlichen Dünger. Gras ist außerordentlich robust. Setzen Sie nicht gleich den Rasensprenger ein, wenn sich während Hitzeperioden kahle Stelle bilden. Warten Sie lieber auf den nächsten Regen und darauf, dass der Rasen sich ganz von selbst wieder erholt. Lassen Sie das Schnittgut liegen oder geben Sie es zum Kompost (s. S. 166).

Die umweltverträglichste Grünfläche ist die Wiese. Wenn man es zulässt, dass der Rasen sich in eine Wiese verwandelt, ist nur noch ein Schnitt im Jahr erforderlich. Darüber hinaus lockt die Wiese Schmetterlinge, Bienen und andere für die Bestäubung der Blüten wichtige Insekten an. Eine Wiese mit einheimischen Wildblumen bietet einen herrlichen Anblick.

SCHÄDLINGSBEKÄMPFUNG

Der Einsatz von Chemikalien zur Bekämpfung von Ungeziefer beeinträchtig das ökologische Gleichgewicht, weil die Nahrungsquellen für Tiere, besonders Vögel und andere Insektenfresser, vernichtet werden. Ökologischer Garten-

Unten: Eine Möglichkeit, natürliches Grün in Ihren Garten zu bringen, besteht darin, dass Sie den Rasen zu einer Wiese verwildern lassen. Ein gepflegter Rasen muss regelmäßig gemäht werden, wobei Energie verbraucht wird, und gegebenenfalls auch gewässert werden, wohingegen eine Wiese nur einmal im Jahr gemäht zu werden braucht.

Rechts: Ökologische Gartengestaltung nimmt Rücksicht auf die örtlichen und klimatischen Gegebenheiten. Verwenden Sie für die Bepflanzung heimische Gewächse anstelle von Exoten, die an andere Wachstumsverhältnisse gewöhnt sind.

Unten: Ein natürliche Methode zur Schädlingsbekämpfung ist die Gruppierung von Pflanzen. Die Wurzeln der Ringelblume z. B. sondern einen Inhaltsstoff ab, der gegen die Weiße Fliege wirkt.

Gegenüber oben links: Vergessen Sie nicht die senkrechten Flächen. Begrünte Wände und Mauern fördern die Artenvielfalt im Garten.

Gegenüber oben rechts: Altes Emailgeschirr als Blumentöpfe schafft eine charmante Atmosphäre.

Gegenüber unten links: Die Seitenteile dieses Hochbeets für Blumen bestehen aus schmalen Gitterboxen, die mit Bauschutt gefüllt wurden.

Gegenüber unten rechts: Auf der Gartenausstellung in Chelsea sah man pyramidenförmige Skulpturen mit Solarzellen. Für die Einfriedung des Nutz- und Ziergartens wurden alte Gerüstplanken verwendet. Zur Bepflanzung gehörten Fingerhut und verschiedene Wildblumen, Schilfrohrbeete, Gemüsepflanzen und Kräuter.

bau zielt darauf ab, diese Arbeit den natürlichen Fressfeinden des Ungeziefers, den Vögeln, Fröschen, Kröten und andern Insekten zu überlassen. Das erreicht man unter anderem, indem man Pflanzenarten anbaut, die diese Nützlinge anlocken. Das sind zum Beispiel Nektar produzierende Gewächse für Schmetterlinge und Bienen oder Fenchel, Ringelblume und Dill für Schwebfliegen. Eine weitere Möglichkeit besteht darin, Nistkästen für Vögel und Fledermauskästen aufzuhängen, einen Gartenteich anzulegen und andere Gelegenheiten im Garten zu schaffen, wo Tiere Unterschlupf finden, zum Beispiel einen Haufen aus Ästen und Zweigen für den Igel. In vielen auf ökologischen Gartenbau spezialisierten Geschäften und Gärtnereien gibt es Futterhäuschen und andere nützliche Utensilien zu kaufen, die Nützlinge anlocken.

Wenn es darum geht, der Natur helfend unter die Arme zu greifen, bieten sich schonendere Möglichkeiten an als der Einsatz der chemischen Keule. Mit Zäunen und Fallen lässt sich verhindern, dass Schnecken über das liebevoll gepflegte Gemüse herfallen. Im Fachhandel bekommt man Nematoden, das sind Fadenwürmer, die bestimmte Schneckenarten vernichten. Nicht sehr appetitlich, aber effizient ist die Bekämpfung von Nacktschnecken mit einer Schere. Apfel- und Pflaumenwicklerfallen verhindern auf biologische Weise übermäßige Schäden durch wurmiges Obst, indem sie die Schädlinge an der Vermehrung hindern. Entfernen Sie bei Pilzbefall an den Rosen alle von Sternrußtau befallenen Blätter. Auf die Blätter gesprühtes Seifenwasser verhindert den Befall durch Blattläuse.

Auch das Anlegen von Pflanzengruppen ist eine erprobte und bewährte Methode zur natürlichen Schädlingsbekämpfung. Manche Gewächse sondern Düfte ab, die Ungeziefer abschrecken. Andere, wie beispielsweise die Bohne, speichern Stickstoff im Boden und sollten im Fruchtwechseln mit Kartoffeln und Möhren angebaut werden, die viel Stickstoff verbrauchen. Wirksame Pflanzen für die natürliche Schädlingsbekämpfung sind unter anderem:

- **Lauchgewächse** wie Zwiebeln und Knoblauch in Gemeinschaft mit Möhren. Der Geruch der Zwiebel oder des Knoblauchs vertreibt die Möhrenfliege.
- **Koriander, Schnittlauch oder Kerbel** in Gemeinschaft mit Rosen. Der Duft der Kräuter verhindert den Befall durch Blattläuse, die an Rosen und anderen Blumen schmarotzen.

- **Ringelblumen** in Gemeinschaft mit Tomaten. Die Wurzeln der Ringelblume enthalten einen Inhaltsstoff, der die Weiße Fliege abschreckt. Ringelblumen werden oft in Gewächshäusern als umfassender natürlicher Schutz gegen Schädlingsbefall gezogen.
- **Rosmarin** in Gemeinschaft mit Kohl, Bohnen oder Möhren. Der Duft des Rosmarins vertreibt Kohlfliegen.
- **Borretsch** ist die ideale Begleitpflanze für viele Gemüsearten wie Gurke, Kürbis und Tomate sowie für die Erdbeere. Borretsch wirkt gegen viele Ungeziefer arten.
- **Dill** in Gemeinschaft mit Kohl, Blattsalat, Zwiebeln und Gurken. Dill wirkt gegen Blattläuse und Spinnmilben.
- **Liebstöckel** ist ebenfalls eine sehr wirksame Begleitpflanze, denn das Kraut fördert das gesunde Wachstum vieler unterschiedlicher Pflanzenarten.
- **Pfefferminze** in Gemeinschaft mit Kreuzblütlern wie Kohl, Broccoli und Rosenkohl. Der Pfefferminzgeruch vertreibt ebenfalls die Kohlfliege.
- **Geranien und Petunien**. Die Blumenstöcke locken Ungeziefer von Rosen und Rebstöcken an.

RECYCLING IM GARTEN

Das Recycling von Wertstoffen im Garten beschränkt sich nicht auf das Kompostieren organischer Abfälle. Auch viele nicht mehr benötigte Einrichtungsgegenstände, Bauteile und Behälter lassen sich auf nützliche Weise wiederverwenden. Es hat für mich einen gewissen Reiz, aus scheinbar nutzlosen Gegenständen etwas Neues, Unkonventionelles zu schaffen, wie beispielsweise einen Schuppen aus alten Türen und Fenstern mit einem Wellblechdach, oder Blütenstauden in ausgedienten Blechdosen, wie man ihnen noch heute in ärmlichen Gegenden im Mittelmeerraum auf Terrassen und Fensterbänken begegnet. Alte Ziegel von einem Abbruchhaus lassen sich in frostfreien Zonen bei der Landschaftsgestaltung für Terrassen und Gartenwege verwenden. Manche dieser wiederverwendeten Werkstoffe können teurer sein als neue, aber in den meisten Fällen bekommt man sie fast geschenkt. An ihre Grenzen stößt die Freude an der Wiederverwertung bei ökologisch bedenklichen Materialien wie Eternit – enthält Asbest – oder alten Eisenbahnschwellen. Finger weg! Das Teeröl, mit dem sie imprägniert sind, ist krebserregend.

Tipps für den grünen Gärtner

- Schaffen Sie alle Geräte ab, die viel Energie verbrauchen, wie Rasenmäher, Trimmer, Laubsauger usw. Wenn Sie alles von Hand erledigen, bleiben Sie fit und gesund.

- Kaufen Sie Gartenwerkzeug von bester Qualität und behandeln Sie es gut, dann hält es ein Leben lang.

- Kaufen Sie Gartenmöbel und Bauteile aus Holz. Achten Sie darauf, dass die Hölzer aus nachhaltigen Quellen stammen.

- Verwenden Sie zum Streichen von Holzzäunen und hölzernen Gartenmöbeln nur ungiftige Farben und Lasuren.

- Beschränken Sie die Pflasterung auf das Allernötigste. Ein dichtes Pflaster hindert das Regenwasser daran, ins Grundwasser abzufließen, und erhöht die Gefahr von Überflutungen.

- Ziehen Sie Sämlinge in Behältern aus Torf, Korkbast oder Pflanzenfasern, die im Erdreich verrotten.

- Lebende oder grüne Zäune fördern die Pflanzenvielfalt. Hecken brauchen lange, bis sie als Gartenzaun dienen können, bieten aber vielen Tierarten und Vögeln Unterschlupf und Nistgelegenheiten. Aus Weiden- oder Haselnussruten geflochtene Zäune fügen sich natürlicher in die Landschaft ein als Holzzäune. Auf Trockenmauern siedeln sich Steingartengewächse, Insekten und Eidechsen an.

- Errichten Sie Rankgitter, Spaliere und andere Kletterhilfen, um senkrechte Flächen wie Hausfassaden, Mauern und Sichtschutzwände zu begrünen. Dadurch wirkt Ihr Garten weitläufiger und größer.

- Stellen Sie keine elektrischen Heizstrahler auf die Terrasse und verzichten Sie auf die Gartenbeleuchtung. Wenn Sie Licht brauchen, verwenden Sie Solarleuchten.

- Verwenden Sie Zitronella-Bienenwachs oder Kerzen aus Pflanzenstoffen, um sich vor Insektenstichen zu schützen.

Behälter aller Art spielen im Garten eine wichtige Rolle. Zwar wachsen die meisten Pflanzen in Beeten, aber für Stecklinge und Ableger brauchen Sie Töpfe, die unweigerlich auch anfallen, wenn Sie neue Pflanzen kaufen.

Leider haben die Gärtnereien, nicht nur die großen, mit einem Problem zu kämpfen: der Verpackung. Allein in Großbritannien werden jährlich mehr als 500 Millionen Kunststoffcontainer verwendet. Ein großer Teil davon landet auf der Müllkippe. Eine Antwort auf diese verantwortungslose Verschwendung wertvoller Ressourcen besteht darin, dass Sie Pflanzen nur in Containern kaufen, die aus wiederverwertbarem oder biologisch abbaubarem Material wie Torf, Kokosbast oder Holzabfällen bestehen. Terrakottatöpfe dagegen sind ein Naturprodukt. Sie kosten mehr, wirken aber gefälliger als Kunststoffcontainer.

Viele Arten von Behältern können zu attraktiven Blumen- und Pflanztöpfen umfunktioniert werden. Dazu zählen neben großen Dosen für Olivenöl emaillierte Eimer und Gießkannen, Tröge, Becken, Wannen und Fässer aus Holz oder Eisenblech. Dem Einfallsreichtum und der Fantasie bei der Verschönerung des Gartens mit zweckentfremdeten Gegenständen sind keine Grenzen gesetzt.

NUTZGÄRTEN

Neueste statistische Erhebungen haben ergeben, dass der Absatz von Gemüsesamen boomt. Immer mehr Menschen wenden sich von Staudengewächsen und Ziersträuchern ab und ziehen stattdessen Salat, Möhren, Kohl und Bohnen. Die Selbstversorgung mit frischem Gemüse hat sich zum Volkssport gemausert, und die Nachfrage nach Schrebergärten in Ballungsgebieten ist ungebrochen. Ich wohne auf dem Land und habe schon vor langer Zeit damit begonnen, Obst, Gemüse und Kräuter für den eigenen Bedarf anzubauen, wobei ich zugeben muss, dass es mir dabei mehr um Geschmack und Frische geht als um ökologische Belange. Obst und Grünzeug aus dem eigenen Garten schmecken einfach besser als die im Supermarkt angebotenen Waren, die über weite Entfernungen eingeflogen und in Kühlhäusern gelagert werden müssen. In einigen Fällen sind die Qualitätsunterschiede erstaunlich. Spargel zum Beispiel hat ein sehr flüchtiges Aroma und sollte möglichst bald nach der Ernte verzehrt werden. Ein Bekannter von mir ist von dieser Vorstellung so besessen, dass er einen Campingkocher mit in den Garten nimmt, um den gestochenen Spar-

Unten: Recycling im Garten bietet eine Fülle von Gestaltungsmöglichkeiten. Dieser Weg besteht aus alten Autoreifen.

Unten rechts: Aus leeren Dosen entstehen lustige Behälter für die Aufzucht von Sämlingen und Ablegern. Auf diese Weise kann die Menge von nicht mehr benötigten Pflanzencontainern aus Kunststoff verringert werden.

Gegenüber links: Eine alte Cloche aus Terrakotta, die früher zum Bleichen benutzt wurde, bildet einen attraktiven Blickfang im Gemüsegarten.

Gegenüber rechts: Schrebergärten sind heiß begehrt. In vielen Gemeinden gibt es lange Wartelisten, nachdem die junge Generation die Freude am eigenen kleinen Garten entdeckt hat.

gel sofort zu garen. Für umweltbewusste Menschen hat der Anbau von Gartenfrüchten offensichtliche Vorteile: Man macht sich unabhängig vom Supermarkt und der Verschwendung von Ressourcen und Energie, die durch Verpackung und Transport entstehen. Der World Wildlife Fund hat im Zug seiner Initiative »One Planet Living« errechnet, dass auf Erzeugung und Transport von Nahrungsmitteln 23 Prozent der Pro-Kopf-CO_2-Emissionen eines Durchschnittseuropäers entfallen. Das ist mehr als der Energieverbrauch eines ganzen Haushalts.

Wenn die Preise für Lebensmittel anziehen, bringt der Eigenanbau von Obst und Gemüse erhebliche finanzielle Vorteile. Hinzu kommt das gute Gefühl, in Einklang mit dem Lauf der Jahreszeiten zu leben, beispielsweise indem man auf frische Erd- oder Himbeeren bis zum Sommer wartet, wenn sie im Garten reifen.

Viele Leute, die Obst und Gemüse selbst anbauen, sind auch zu den traditionellen Verfahren des Lagerns und Konservierens ihrer Erzeugnisse übergegangen. Einlegen, Einkochen und den Saft von Früchten auf Flaschen zu ziehen sind nur drei von vielen Möglichkeiten, im Sommer einen Vorrat anzulegen, von dem man im Winter zehren kann.

WASSER

oder Kunststoff, wobei die schöneren Holzfässer teurer sind. Die Behälter werden ans Fallrohr der Dachrinne angeschlossen und sammeln den Regen ein, der auf dem Dach niedergeht. Bei den in Deutschland üblichen Eindeckungen aus Ziegeln oder Betondachsteinen ist das völlig unbedenklich. Bei Flachdächern könnten über die Dachhaut auch Schadstoffe ins Gießwasser gelangen, beispielweise Bitumen, die das Wasser trüben und unbrauchbar machen. Außerdem darf man das aufgefangene Wasser nicht zu lange stehen lassen, weil sich sonst Fäulnisbakterien bilden können. Regenwassertonnen mit integrierter Handpumpe lassen sich leichter leeren als solche mit einem einfachen Auslaufventil.

Unterirdische Wassertanks sind erheblich teurer und erfordern zudem umständliche Erdarbeiten, fassen aber bis zu 2000 Liter. Über Rohrleitungen wird das Wasser zu den Zapfstellen für den Gartenschlauch und andere Verwendungszwecke geleitet.

NATÜRLICHE TEICHE UND BADETEICHE

Es besteht ein großer Unterschied zwischen künstlich angelegten Teichen mit den bei vielen Gartenbesitzern so beliebten »Wasserspielen« und einem natürlichen Teich oder Feuchtbiotop. Ein Teich im Garten sorgt für Artenvielfalt, indem er Frösche, Kröten und Insekten anlockt, die für die Bestäubung der Blüten sorgen oder sich als Fressfeinde von Schädlingen nützlich machen. Zu einem Öko-Gartenteich gehören Wasserpflanzen wie Schilf und Rohr, Teichlilien und andere Gewächse, die das Wasser filtern und die Algenbildung eindämmen. Auch Naturerzeugnisse wie Extrakte von Gerstenstroh und Lavendel können zur Reinhaltung des Wassers hinzugegeben werden.

Wenn Ihr Gartenteich groß genug ist, spricht nichts dagegen, ihn zum Baden zu nutzen. Die Reinhaltung des Wassers erfolgt wiederum durch Wasserpflanzen. Damit erübrigt sich die Desinfektion mit chlorhaltigen Chemikalien. Natürliche Badeteiche bestehen in der Regel aus einem tiefen Bereich zum Schwimmen und in einem seichten für die Pflanzen, die das Wasser filtern. Über den bepflanzten Bereich wird das Wasser auf eine angenehme Temperatur erwärmt. Fachleute empfehlen bei der Anlage von Badeteichen die Verwendung größerer Pflanzen, damit die Filterwirkung schon nach kurzer Zeit einsetzt.

Oben rechts: Das Regenwasser fließt durch das Fallrohr in die Tonnen. Eine Pumpe erleichtert die Wasserentnahme.

Gegenüber oben: Natürliche Schwimmteiche erfordern eine Bepflanzung mit besonderen Pflanzenarten, die das Wasser sauberhalten.

Gegenüber unten: Dieser Schwimmteich in Cottage Point bei Sydney in Australien ist ein willkommener Rückzugsort aus der Hektik des Alltags.

Ein erheblicher Teil des kostbaren Trinkwassers wird für die Bewässerung von Gärten verbraucht. In trockenen oder heißen Klimazonen kann durch diese Verschwendung der Verbrauch von Trinkwasser in nicht zu verantwortender Weise anwachsen. Um den Verbrauch von Wasser im Garten einzudämmen, genügt es schon, den Boden mit Kompost anzureichern oder zu mulchen (s. S. 168, um die Verdunstung zu verlangsamen.

Das Sammeln von Gießwasser kann auf verschiedene Weise geschehen (s. S. 62). Die einfachste und billigste bietet die Verwendung des Brauchwassers aus der Bade- oder Duschwanne und aus dem Handwaschbecken. Das Umfüllen geschieht von Hand mittels Eimern oder kleiner Wannen. Oder Sie pumpen es ab. Verwenden Sie stets umweltverträgliche Reinigungsmittel, Duschgels und Seifen, wenn Sie Brauchwasser zum Gießen verwenden wollen. Auch Brauchwasser aus der Küchenspüle lässt sich für diesen Zweck nutzen, sofern darin nur Gemüse gewaschen wurde. Geschirrspülwasser enthält zuviel Fett und organische Rückstände.

Eine gebräuchlichere Methode, Wasser zu sammeln, ist das Aufstellen von Regenwassertonnen aus Holz, Beton

KOMPOSTIEREN

Das Kompostieren ist eine umweltfreundliche Tätigkeit mit vielen Vorteilen. Der im Haushalt anfallende organische Abfall braucht nicht über die Mülltonne entsorgt zu werden. Man lässt ihn verrotten und steigert damit die Fruchtbarkeit und den Ertrag des Gartens. Schätzungsweise 40 Prozent des Inhalts eines Abfalleimers können kompostiert werden.

Kompost ist hervorragend dazu geeignet, die Bodenbeschaffenheit in Ihrem Garten zu verbessern. Er liefert darüber hinaus Humus, der wichtige Nährstoffe für das gesunde Wachstum der Pflanzen bereitstellt. Die regelmäßige Düngung der Gemüsebeete mit Kompost ermöglicht den Verzicht auf Kunstdünger, dessen Rückstände Insekten und kleinen Tieren schaden und zudem in die Nahrungskette gelangen können. Außerdem brauchen Sie die Pflanzen seltener zu wässern, denn komposthaltige Erde trocknet nicht so schnell aus.

KOMPOSTBEHÄLTER

Sie können mit geringem Aufwand kompostieren, indem Sie einen Haufen aus organischem Material anlegen und mit Pappe oder einer Folie zudecken. Ordentlicher wirken Kompostbehälter, die zudem auch praktischer sind. Kompostbehälter gibt es in verschiedenen Formen und Größen. Wenn im Garten genug Platz ist, stellen Sie zwei oder mehrere auf, damit der Inhalt des einen schon verrottet, während der andere noch gefüllt wird. Auch das Umsetzen des Komposts wird dadurch erleichtert. Achten Sie beim Kauf darauf, dass der Behälter einen Deckel hat. Es geht auch ohne, aber dann dauert das Kompostieren etwas länger.

KOMPOSTKÄSTEN AUFSTELLEN

Stellen Sie den Kompostkasten nicht in den hintersten Winkel des Gartens. Bei schlechtem Wetter werden Sie es zu schätzen wissen, wenn er gut erreichbar ist. Der Inhalt des Kompostkastens verrottet am schnellsten, wenn der Behälter unten offen ist und an einem sonnigen oder halbschattigen Ort auf trockenem, nacktem Boden steht. Tiefer Schatten und ständig feuchter Untergrund sind einer schnellen Kompostierung wenig zuträglich.

KOMPOSTAUFBEREITUNG UND INHALT

Die Kompostierung ist ein Kinderspiel, sofern Sie die richtigen Zutaten verwenden. Am einfachsten ist es, den Küchenabfall sofort in den Behälter oder auf den Haufen zu kippen. Diese spontane Vorgehensweise hat allerdings den Nachteil, dass es ziemlich lange dauert, bis verwertbarer Kompost entsteht – manchmal bis zu einem Jahr –, und dass der Umgang mit dem Ergebnis eher unerfreulich sein kann. Damit brauchbarer Kompost entsteht und die Verrottung schnell erfolgt, sollten Sie sich mit dem Umwandlungsprozess vertraut machen. Wertvoller Kompost ist leicht und feinkrümelig, tiefschwarz und riecht angenehm.

Beim Kompostieren müssen Sie dafür sorgen, dass das Verhältnis zwischen »grünem« und »braunem« Material ausgewogen ist. Grünes Material verrottet schnell und ist luftundurchlässig. Braunes Material lockert das Gemenge auf und bildet Lufttaschen. Sie können den Behälter abwechselnd mit Schichten aus grünem und braunem Material füllen, oder Sie geben braunes Material zu den Küchenabfällen, wenn Sie diese zum Kompost bringen.

Das regelmäßige Umsetzen des Komposts beschleunigt das Verrotten. Vermischen Sie den Inhalt gut mit der Grabgabel. Ist das Material feucht und matschig, geben sie mehr braunes Material dazu. Ist der Kompost ausgetrocknet, wässern Sie ihn. Zugaben von Stallmist oder Gartenerde beschleunigen den Verrottungsvorgang zusätzlich.

Der Kompost ist gebrauchsfertig, wenn er dunkelbraun bis schwarz wird und sich krümelig und erdig anfühlt. Bis es so weit ist, können sechs Wochen bis zu einem Jahr vergehen. Bevor sie den Kompost im Garten ausbringen, lassen Sie ihn noch einen Monat reifen.

Sicherheitsvorkehrungen Die Kompostaufbereitung ist völlig gefahrlos, wenn man sich an die Grundregeln der Hygiene hält. Tragen Sie Handschuhe beim Hantieren mit Kompost. Verbinden Sie blutende Verletzungen an den Händen. Waschen Sie die Hände nach der Arbeit.

Links: Erfolgreiches Kompostieren erfordert ein Gemenge aus grünem und braunem Material. Grünes Material wie Grasschnitt verrottet schnell, braunes Material wie trockenes Laub und Zweige sorgt für Volumen und Lockerheit.

Rechts: Kompost muss regelmäßig umgesetzt werden, um das Verrotten zu beschleunigen. Ist das Gemenge zu trocken oder zu matschig, gibt man entsprechend mehr grünes oder braunes Material dazu.

KOMPOSTIERFÄHIGES MATERIAL

Alle organischen Stoffe lassen sich kompostieren mit Ausnahme von Fleisch, Molkereiprodukten und Resten von gekochten Speisen. Letztere locken Ratten und anderes Ungeziefer an. Das Gleiche gilt für Katzenstreu, Hundekot und Babywindeln. Auch vom Kompostieren mehrjähriger Unkräuter wie Zaunwinde und Giersch sowie kranker Pflanzen ist abzuraten, besonders wenn die Krankheitserreger aus dem Boden kommen. Um hochwertigen Kompost zu erhalten, brauchen Sie annähernd gleiche Volumenmengen grünen und braunen Materials. Grüne Gartenabfälle wie Grasschnitt zersetzen sich schnell und beschleunigen das Kompostieren. Gibt man aber ausschließlich grünes Material in den Kompostkasten, entsteht ein schmieriger, übelriechender Matsch. Brauner Abfall wie Zweige und Äste verrottet langsamer und lockert das Gemenge auf. Damit Holzabfälle schneller verrotten, sollte man sie gründlich zerkleinern oder häckseln, sonst dauert es ewig.

Zu den grünen Abfällen gehören:
• Grasschnitt
• Rohe Gemüseabfälle
• Alle Arten von Unkraut ohne Samenkapseln, ausgenommen mehrjährige wie Zaunwinde oder Giersch
• Obstschalen
• Stallmist von Kühen, Pferden und Hühnern

Zu den braunen Abfällen gehören:
• Zweige und kleine Äste, gehäckselt oder zerkleinert
• Säge- und Hobelspäne
• Papier und Pappe
• Stroh und Heu
• Käfigstreu von pflanzenfressenden Haustieren wie Kaninchen und Meerschweinchen
• Abgefallenes Laub; kann auch zum Mulchen verwendet werden (s. S. 168)

Weitere kompostierbare Abfälle:
• Zerdrückte Eierschalen
• Textilien aus Naturfasern wie reine Schaf- und Baumwolle

MULCHEN

Eine weitere zweckmäßige Methode, die Bodenbeschaffenheit zu verbessern, ist das Mulchen. Eine mindesten 5 cm dicke Schicht aus organischem oder nichtorganischem Material sorgt dafür, dass der Boden fruchtbar bleibt, und dient als Dämmschicht bei kaltem oder heißem Wetter. Darüber hinaus werden das Wachstum von Unkraut unterdrückt und das Verdunsten von Feuchtigkeit verlangsamt. Früher hat man zum Mulchen überwiegend Torfmull verwendet. Aber Torf ist ein nicht erneuerbarer Rohstoff, so dass heute aus Gründen des Umweltschutzes nachdrücklich davon abgeraten wird.

Abgefallenes Laub liefert einen guten organischen Mulch. Statt die zusammengerechten Blätter zum Kompost zu tragen, gibt man das trockene Laub in Papiersäcke oder in eine Gitterbox. Lassen Sie es ein Jahr lang stehen, damit daraus Laubmulch wird. Sie können den Vorgang erheblich beschleunigen, indem Sie die Blätter vorher durch den Häcksler jagen.

Ein traditionelles organisches Mulchmaterial ist Stallmist – sofern man ihn bekommen kann –, den man drei bis zwölf Monate verrotten lässt. Mulchen Sie nicht mit frischem Mist, denn er entwickelt Hitze und verbrennt die Pflanzen. Mulchen mit Stallmist entspricht der Wirkung von Langzeitdünger.

Ein weiteres bewährtes Material ist Rindenmulch, den es in jedem Baumarkt oder Gartencenter zu kaufen gibt. Er verbreitet einen angenehmen Duft und ist sehr hilfreich bei der Unkrautbekämpfung.

Wer es sich leichter machen will, greift zur Mulchfolie. Dieses Material erfüllt den gleichen Zweck, ohne die Umwelt zu belasten. Denn Mulchfolien werden auf der Basis von Maisstärke hergestellt und bauen sich innerhalb von vier Monaten auf natürliche Weise ab.

—

WURMKOMPOSTER

Wenn Ihr Garten für einen Komposthaufen oder -kasten zu klein ist, versuchen Sie es mit Würmern. Die sorgen dafür, dass gewöhnliche Küchenabfälle, einschließlich gekochter Speisen, in flüssige Nährstoffe und organischen Kompost umgewandelt werden. Falls Sie sich vor Würmern ekeln, dürfen Sie beruhigt sein, denn der Vorgang vollzieht sich in einem geschlossenen Behälter mit abgetrennten Kammern, und die Würmer verrichten ihr Werk unter der obersten, neu hinzugekommenen Schicht aus Abfällen. Sie können den Würmern alle Arten von Küchenabfällen vorsetzen, einschließlich Teebeutel, Eierschalen und gekochten oder rohen Essensresten sowie Papier von Verpackungen. Kompost aus dem Wurmkomposter kann unmittelbar im Garten ausgebracht werden.

Im angelsächsischen Raum sind Wurmkomposter, dort sinnigerweise »Wormeries« genannt, sehr verbreitet und in großer Auswahl erhältlich. Mittlerweile gibt es entsprechende Produkte auch in Deutschland.

Rechts: Wurmkomposter machen aus Küchenabfällen, einschließlich gekochter Speisen, flüssige Nährstoffe und organischen Kompost. Bei Platzmangel sind sie ein idealer Ersatz für den Kompostkasten.

Ganz rechts: Weil das Kompostieren lange dauert, empfiehlt es sich, mehrere Behälter aufzustellen. Während der Inhalt des einen verrottet, wird der andere gefüllt.

PFLEGE

In meiner Generation gab es für das inzwischen schon klassisch anmutende Mantra von der Nachhaltigkeit – einschränken, wiederverwenden, wiederverwerten – den Begriff »sparen und reparieren«. Schon als Kind, das den Zweiten Weltkrieg miterlebt hat, wurde mir bewusst, dass es an allem fehlte und an allen Ecken und Enden gespart wurde. Kein Benzin, winzige Butterrationen, grauenhaftes Trockeneipulver. Aber es war nicht nur der kriegsbedingte Mangel, der die Bevölkerung zur Sparsamkeit veranlasste. Nichts weg zu werfen, sondern zu reparieren, zu flicken und wieder zu verwenden, galt als Tugend der Haushaltsführung. In den meisten Familien wurden Socken gestopft, Schuhe neu besohlt, Kinderbekleidung weitergegeben und Essensreste wieder aufgewärmt. Heute lässt sich das kaum nachvollziehen. Aber als der Konsumrausch der vorangegangenen Jahrzehnte mit einer bisher nicht gekannten Finanz- und Wirtschaftskrise endete und das gewohnte Leben auf Pump zum unkalkulierbaren Risiko wurde, überboten sich die Medien gegenseitig mit Ratschlägen, wie man zu den bewährten alten Traditionen zurückkehren könnte. Ein von Sparsamkeit geprägter Lebensstil ist von Haus aus eine grüne Angelegenheit.

Links: Bestimmte Werkstoffe und Oberflächen sind auf natürliche Weise unempfindlich und brauchen nicht gestrichen oder versiegelt zu werden.

ABFALLVERMEIDUNG

Seit die Industrie in der Nachkriegszeit dazu überging, kurzlebige Konsumgüter zu produzieren, um den Umsatz anzukurbeln, leben wir in einer Wegwerfgesellschaft. Die Lebensdauer vieler Produkte ist unvorstellbar kurz und verkürzt sich in dem Maße weiter, in dem sich der technologische Wandel beschleunigt. Es wird als selbstverständlich hingenommen, dass ein Computer nach drei oder vier Jahren nicht mehr mit den aktuellen Programmen betrieben werden kann und für den professionellen Anwender wertlos wird, obwohl er noch viele Jahre in Gebrauch bleiben könnte. Es gab Zeiten, da galt allein schon die Vorstellung von einem mobilen Telefon als revolutionär. Heute erwarten wir von unserem Mobiltelefon, dass wir damit fotografieren und ins Internet gehen können. In schneller Folge einander ablösende Generationen von Handys und Computern haben zu einem explosionsartigen Anwachsen elektronischen Schrotts geführt.

Die Bemühungen zur Vermeidung von Abfall gehen in drei Richtungen. Die erste zielt darauf ab, nur Geräte von bester Qualität zu kaufen und diese länger zu benutzen, was auf die unmittelbare Reduzierung des Sondermülls hinausläuft. Die zweite Strategie befürwortet die Wiederverwendung von Erzeugnissen – Reparieren und Nachrüsten sind praktische Methoden der Wiederverwendung –, und die dritte tritt für das Recycling ein, damit nur ein möglichst kleiner Rest übrig bleibt, der entsorgt werden muss.

Rechts: In die Einbauküche integrierte Abfalleimer erleichtern die Mülltrennung.

Gegenüber: In vielen Städten und Gemeinden findet Recycling buchstäblich vor der Haustür statt. Nachdem der Abfall getrennt und in separaten Containern für Papier, Blech, weißes, grünes und braunes Glas sowie Folien, Kunststoffbehälter und Verbundwerkstoffe entsorgt wurde, werden diese in regelmäßigen Abständen geleert.

WENIGER VERBRAUCHEN

- Kaufen Sie nur Dinge, die Sie wirklich brauchen. Mancher brave Bürger ist dieer Aufforderung gefolgt und hat nach einigen Monaten erkannt, wie viele dieser Einkäufe in der Vergangenheit überflüssig waren. Impulsives Kaufverhalten befriedigt nur selten wahre Bedürfnisse, sondern holt Dinge ins Haus, die früher oder später weggeworfen werden oder für alle Zeiten ungenutzt herumliegen und wertvollen Platz beanspruchen.
- Achten Sie auf Qualität. Wenn Sie weniger kaufen, bleibt Ihnen mehr Geld für Qualitätsprodukte, die länger halten und besser funktionieren.
- Kaufen Sie keine Gegenstände aus Kunststoff oder anderen Werkstoffen, die nicht wiederverwertet werden können oder nicht biologisch abbaubar sind. Nehmen Sie Glasflaschen statt Plastikflaschen, um nur ein Beispiel zu nennen.
- Verpackungsmaterial verursacht große Mengen an Müll. Kaufen Sie unverpacktes Obst und Gemüse. Nehmen Sie große Packungen anstelle mehrerer kleiner. Benutzen Sie wiederverwendbare Einkaufstüten und -beutel.
- Verwenden Sie keine Wegwerfprodukte wie Rasiersets aus Kunststoff, Papierservietten, Küchenpapier, Pappteller, Plastikbecher und -besteck.
- Gehen Sie in die öffentliche Bibliothek, um Bücher auszuleihen und Zeitschriften zu lesen. Lesen Sie Online-Zeitungen. Leihen Sie DVDs und Videos in einschlägigen Geschäften.
- Tauschen Sie Kinderspielzeug mit Ihren Nachbarn, statt immer neue Sachen anzuschaffen.
- Mieten Sie Werkzeuge und Maschinen beim Fachhändler oder fragen Sie Ihren Nachbarn. Heimwerken ist keine Hauptbeschäftigung, und man muss nicht alle Werkzeuge selbst besitzen, wenn man sie nur gelegentlich einsetzt.
- Vermeiden Sie Spam schon an der Quelle, indem Sie Ihren Namen aus Adressenlisten entfernen und regelmäßige »Infopost« per E-Mail abbestellen.
- Kaufen Sie in Flaschen abgefülltes Wasser nur im Notfall. Verwenden Sie gebrauchte Plastikflaschen, falls Sie unterwegs Durst bekommen. Bestehen Sie auch im Restaurant auf Leitungswasser.
- Verschicken Sie Glückwünsche nicht mehr per Post, sondern nur noch per E-Mail.
- Drucken Sie Ihre E-Mails nur dann aus, wenn es erforderlich ist. Bedrucken Sie nach Möglichkeit beide Seiten des Blattes. Es gibt Software, die den Verbrauch von Toner und Papier reduzieren hilft.
- Kaufen Sie keine Einwegkameras.
- Nehmen Sie das Lunchpaket von zu Hause mit zur Arbeit; das spart Geld und Verpackungsmaterial.
- Ändern Sie Ihre Schenkgewohnheiten. Geschenke, die keiner braucht, sind Geldverschwendung und landen auf dem Müll. Schenken Sie statt dessen Gutscheine für Kino-, Theater- und Konzertbesuche, Kuraufenthalte und andere schöne Dinge.
- Üben Sie sich in der Kunst, aus Essensresten ein neues Gericht zusammenzustellen oder diese in Suppen, Eintöpfen und Aufläufen zu verwenden.

WIEDERVERWENDEN UND REPARIEREN

Eine bedenkliche Nebenwirkung unserer Konsumbesessenheit ist die Bereitschaft, Dinge wegzuwerfen, die man mit einfachen Mitteln hätte reparieren können. Die handwerklichen Fertigkeiten dafür lassen sich ohne umfangreiche Vorkenntnisse erlernen. Und für den Fall, dass Sie zwei linke Hände haben sollten, gibt es Reparaturbetriebe wie beispielsweise Änderungsschneider. Auch viele Reinigungsbetriebe besorgen einfache Näharbeiten.

Aber manchmal lohnt sich die Reparatur nicht. Dafür hat schon der Hersteller gesorgt, indem er keine Ersatzteile für Geräte zur Verfügung stellt, die länger funktionieren würden, wenn es sie gäbe. Erzeugnisse aus synthetischem Material lassen sich in vielen Fällen nur mit großem Aufwand reparieren. Wenn z.B. Ihr Dielenboden abgetreten aussieht und Schrammen hat, können Sie ihn jederzeit abschleifen. Ein abgetretener Bodenbelag aus Vinyl hingegen wandert früher oder später in den Sperrmüll. Kaufen Sie nach Möglichkeit nur Gegenstände aus natürlichen Werkstoffen. Dann stehen die Chancen gut, dass sie bei entsprechender Pflege lange halten.

- Kaufen Sie keine Batterien, sondern verwenden Sie Akkus, die weder Quecksilber noch Kadmium enthalten. Benutzen Sie ein mit Sonnenenergie betriebenes Ladegerät.
- Verwenden Sie leere Behälter wie Marmeladengläser und Plastikdosen für Schrauben und Nägel im Arbeitsschuppen oder als Aufbewahrungsgefäße im Haushalt. Füllen Sie Essensreste in wiederverwendbare, verschließbare Behälter, statt sie mit Alu- oder Klarsichtfolie zuzudecken.
- Verwenden Sie Briefumschläge und Versandtaschen mehrfach.
- Reparieren Sie alte Möbel. Lassen Sie Sessel und Sofas polstern, statt neue anzuschaffen. Beseitigen Sie Kratzer und Flecken auf Holzmöbeln selbst.
- Besuchen Sie Zwangsversteigerungen. Da bieten sich überraschend günstige Einkaufsmöglichkeiten.

- Gehen Sie auf Flohmärkte und in Secondhand-Läden, zu Autoverwertern, Antiquitätenhändlern und Trödlern.
- Alte handgestrickte Kleidungsstücke lassen sich wieder auftrennen, für die Wolle findet sich immer eine Verwendung.
- Wenden Sie die Regeln einer vorsorgenden Haushaltsführung auch auf den Computer an. Kaufen Sie Upgrades für Ihre Software, sobald Sie herauskommt, bestücken Sie den Rechner im Bedarfsfall mit einer größeren Festplatte und erweitern Sie den Arbeitsspeicher, statt einen neuen Rechner zu kaufen.
- Nutzen Sie alte Bettlaken und Handtücher als Putzlappen anstelle von Wegwerftüchern aus Kunststoff oder Papier.
- Viele Gemeinden stellen Altmaterial zur Verfügung, mit dem Kinder basteln können.

RECYCLING

In den Gemeinden vieler Länder des Westens ist das Sammeln von Wertstoffen zu einer festen Einrichtung geworden. Falls es an Ihrem Wohnort noch keinen Wertstoffhof gibt, mobilisieren Sie Ihre Freunde und Bekannten und setzen Sie sich bei Ihrem Bürgermeister dafür ein. Das Verfahren der Mülltrennung kann von Gemeinde zu Gemeinde unterschiedlich gehandhabt werden. In manchen stehen Container für die verschiedensten Abfallsorten bereit, so dass bereits beim Deponieren des Mülls detailliert vorsortiert wird. In anderen landet alles in einem Behälter, was ich persönlich für keine gute Lösung halte.

Erleichtern Sie die Mülltrennung im Haushalt durch die Anschaffung separater Recycling-Container, sofern Ihre räumlichen Verhältnisse das erlauben. In den Kellern oder Hauswirtschaftsräumen von Einfamilienhäusern findet sich immer eine freie Ecke, aber niemand kann von Ihnen verlangen, Ihr Einzimmerappartement in eine Mülltrennungsdeponie zu verwandeln.

Eine Anzahl von Klappcontainern leistet bei der Mülltrennung gute Dienste. Trennen Sie metallische Abfälle von Kunststoffen und diese wiederum nach Folien, Behältern und Verbundwerkstoffen.

Die vorteilhafteste Form des Recycling ist die Wiederverwertung des Rohstoffs in gleicher Qualität, was gemeinhin als »closed-loop«-Recycling bezeichnet wird. Das trifft vor allem auf Glas und Metalle zu. Beim Recycling von Aluminium wird 95 Prozent weniger Energie verbraucht als bei der Raffination aus Bauxit.

Eine weitere und von manchen Händlern angebotene Möglichkeit ist das Leasen von Computern und Unterhaltungselektronik. Der Verbraucher zahlt nur die Leasingraten und muss sich nach Ablauf des Leasingvertrags nicht um die Weiterverwertung kümmern.

Es gibt zahlreiche Quellen, aus denen man sich über Müllmanagement und Recycling informieren kann. Einige davon finden Sie im Anhang dieses Buches.

Rechts: Mülltrennung ist Bestandteil einer kompetenten Haushaltsführung. Wiederverwertbare Abfälle müssen im Haushalt vorsortiert und auf Wertstoffhöfen abgegeben werden.

Überlegen Sie, bevor Sie einen Kaufentschluss fassen, wie der Gegenstand oder das Material, aus dem er besteht, wiederverwertet werden kann, nachdem seine Zeit abgelaufen ist. Kaufen Sie nichts, was nicht auf direktem Weg recycelbar ist. Bevorzugen Sie Geschäfte, die Ihre ausgedienten Geräte und Gebrauchsgegenstände zurücknehmen.

• Geben Sie Essensabfälle nicht in den Restmüll, wo sie Methangas erzeugen. Kompostieren Sie stattdessen organische Abfälle wie Obst- und Gemüseschalen (s. S. 166). Alle gekochten oder gegarten Essensreste sollten unter Verwendung von EM (Effektive Mikroorganismen) fermentiert werden, z. B. in einem Bokashi-Nahrungsmittel-Kompostierer. Benutzen Sie keinen Abfallzerkleinerer in der Küchenspüle, denn das fein zerhackte Zeug gelang über kurz oder lang ins Grundwasser.

• Spenden Sie alte Kleidungsstücke und Schuhe einer karitativen Einrichtung. Weil Kinder oft schneller wachsen, als die Kleidung verschleißt, reichen Sie diese an den Nachwuchs im Bekanntenkreis weiter.

• Anstatt Kleidungsstücke und andere nicht mehr benötigte Dinge einer gemeinnützigen Institution zu spenden, können Sie diese auch bei eBay versteigern und etwas Geld damit verdienen.

• Suchen Sie im Sperrmüll nach ausrangierten Gegenständen, aus denen Sie mit einfachen handwerklichen Fähigkeiten praktische Kleinmöbel herstellen können. Das muss sich nicht darauf beschränken, aus Ziegeln und Holzplanken eine bescheidene Schlafstelle zu errichten, wie man sie in zahllosen Wohnung antrifft. Mit etwas handwerklichem Geschick und Einfallsreichtum dürfte es Ihnen gelingen, z. B. ein Regal aus weggeworfenen Schubkästen zu basteln.

• Alte Brillen können Sie der Wohlfahrt spenden. Manche Optiker schicken nicht mehr benötigte Gestelle und Gläser in die Dritte Welt.

• Wählen Sie bei Toilettenpapier und Schreibblöcken Recyclingware. Meiden Sie Produkte aus rein weißem Papier; es wurde gebleicht, und die Bleiche enthält schädliche Dioxine.

• Viele Versandhändler, die Druckpatronen anbieten, nehmen die leeren Behälter zurück. Verwenden Sie für die Rücksendung die beiliegende Verpackung. Versandkosten trägt der Empfänger.

• Ausgediente Mobiltelefone entwickeln sich zunehmend zu einem Entsorgungsalptraum, weil die Akkus schädliche Schwermetalle enthalten. Das in den Handy-Akkus verwendete Kadmium ist eine der gefährlichsten Substanzen auf unserer Erde. Das Kadmium aus nur einem einzigen Mobiltelefon-Akku reicht aus, um 600 000 Liter Wasser zu verseuchen. Bringen Sie Akkus und Batterien zu Sammelstellen, wo sie fachgerecht entsorgt werden.

• Auch bei der Entsorgung von Computern ist Sorgfalt geboten. Ausrangierte Rechner werden zerlegt und in Einzelteilen entsorgt, wobei schädliche Schwermetalle vorher entfernt werden müssen. In der Regel können Rechner im Wertstoffhof abgegeben werden – mitunter gegen Gebühr.

• Alte Kühl- und Gefrierschränke enthalten oft umweltschädliches FCKW. Viele Fachhändler nehmen Ihren alten Kühl- oder Gefrierschrank mit, wenn Sie einen neuen kaufen, und kümmern sich um die Entsorgung.

• Bringen Sie Arbeitsgeräte und sperrige Möbel zu auf die Entsorgung spezialisierten Einrichtungen, die die Gegenstände aufarbeiten und an bedürftige Familien weitergeben.

• Nicht wiederverwertbarer, gefährlicher Abfall wie Autobatterien, Motoröl, Leuchtstoffröhren, Farben, Lösungsmittel und Gartenchemikalien gehören in den Wertstoffhof.

RECYCLE

SAUBERKEIT

In jüngster Vergangenheit haben viele Menschen damit begonnen, sich über Nahrungsmittelzusätze und Konservierungsmittel Gedanken zu machen und sind zu einer gesünderen Ernährungsweise übergegangen. Es ist nur folgerichtig, solche Überlegungen auch in Hinblick auf die im Haushalt verwendeten Reinigungsmittel anzustellen, von denen viele Chemikalien enthalten, die die Gesundheit des Menschen beeinträchtigen und der Umwelt Schaden zufügen können. Schlimmer noch: Die Produkte sind oft nur unzureichend gekennzeichnet und lassen Sie im Dunkeln darüber, welchen Chemikalien Sie sich aussetzen und wie hoch deren Konzentration ist. Stattdessen werden Sie in den Produktbeschreibungen nur aufgefordert, den Inhalt nicht zu trinken, die Behälter nicht in die Hände von Kindern gelangen zu lassen und Hautkontakte zu vermeiden. Wie groß das Risiko wirklich ist, erfahren Sie nicht.

In Zeiten, als es nur Gasbeleuchtung und Kohleöfen gab, war das Putzen eine mühselige Angelegenheit. Heute, da der Strom aus der Steckdose kommt und die Wohnungen mit Zentralheizungen ausgestattet sind, entsteht weit-

NATÜRLICHE REINIGUNGSMITTEL

Viele Dinge, die in der Küche ohnehin vorhanden sind oder die Sie in Lebensmittelmärkten, Reformhäusern oder in Drogerien zu vernünftigen Preisen kaufen können, lassen sich als äußerst wirksame Reinigungsmittel, Detergentien, Fleckentferner, Polituren und Deodorants einsetzen. Ganz oben auf der Liste stehen Zitronensaft, Backpulver und Essig, die sich auf mannigfaltige Weise als Saubermacher nutzen lassen. Traditionelle Rezepte für natürliche Reinigungsmittel findet man in alten Haushaltsbüchern und auf verschiedenen Internetseiten.

Zitrone

Zitronensaft ist ein natürliches Desinfektionsmittel, beseitigt üble Gerüche und hinterlässt den frischen Duft von Zitrusfrüchten. Die Anwendungsmöglichkeiten sind vielseitig.

- Zitronensaft löst Seifenrückstände, Fett und Kalkablagerungen von hartem Wasser.
- Die Zitrone in zwei Hälften schneiden, die glatte Seite in Backpulver oder Kochsalz drücken und damit hölzerne Arbeitsflächen, Küchenbretter und Teller abreiben. Auch hartnäckige Flecken lassen sich auf diese Weise entfernen.
- Zum Putzen und Polieren von Messing und Kupfer.
- Mit Essig und Backpulver vermischter Zitronensaft ergibt eine Reinigungspaste für vielerlei Zwecke.
- Zum Entfernen von Schweißrändern und anderen Verunreinigungen der Kleidung.

aus weniger Schmutz. Trotzdem gibt es viele Leute, die sich mit einer geradezu hysterischen Angst vor irgendwelchen Krankheitskeimen auf jedes neue Produkt stürzen, das als arbeitserleichternd oder desinfizierend angepriesen wird. Ich bin weiß Gott kein Befürworter von Schmutz und Schlamperei, aber es ist erwiesen, dass der ständige Kontakt mit verbreitet auftretenden Bakterien die Abwehrkäfte des Immunsystems stärkt. Jenes hohe Maß an Keimfreiheit, wie Sie es in einer Klinik zu Recht erwarten dürfen, ist im Haushalt gar nicht wünschenswert.

- Gewöhnen Sie sich an, weniger gründlich, aber öfter zu putzen. Wischen Sie Arbeitsflächen, Küchenbretter und Herdplatten gleich nach dem Gebrauch ab; lassen Sie den Schmutz nicht antrocknen, sonst müssen Sie zu scharfen Putzmitteln greifen, um ihn zu entfernen.
- Kehren Sie die Fußböden regelmäßig mit dem Besen, statt gleich mit dem Staubsauger, Putzlappen und Reinigungsmittel zum Großreinemachen anzurücken. Lassen Sie Wäsche auf der Leine trocknen, anstatt im Strom fressenden elektrischen Wäschetrockner.

- Kaufen Sie umweltschonende Reinigungsmittel für Geschirr und Wäsche. Anders als bei chemischen Reinigern sind die Verpackungen von Öko-Produkten in der Regel ausführlich beschriftet, so dass Sie genau wissen, mit welchen Wirkstoffen Sie es zu tun haben. Die meisten Waschmittel enthalten Phosphate, die zu den ärgsten Umweltverschmutzern zählen. Handelsübliche Öko-Reiniger enthalten Zitrusöl für einen angenehmen Geruch, Kamille als Weichmacher und Kokos- oder Palmöl als Schmutzlöser.
- Putztücher mit spezieller Gewebestruktur, die Staub und Schmutz bindet, verringern den Bedarf an Reinigungsmitteln.
- Verwenden Sie Bienenwachs, Tungöl oder Leinsamenöl zum Polieren und Versiegeln von Holzoberflächen.
- Achten Sie bei der Auswahl von Mitteln für die Körperpflege und Kosmetik auf das Öko-Siegel. Die Bezeichnung »Naturprodukt« ist wenig aussagekräftig und bedeutet nicht unbedingt, dass das Produkt umweltverträglich ist.

Essig

Wie Zitronensaft ist auch Essig ein natürliches Desinfektionsmittel und beseitigt unangenehme Gerüche. Keine Sorge, wenn es im Haus nach Essigfabrik riecht – der Geruch verflüchtigt sich rasch. Die Anwendungsmöglichkeiten sind vielseitig:

- Zur Reinigung von Gläsern und Fensterscheiben. Essig und Wasser zu gleichen Teilen in eine Sprühflasche geben. Auf die Gläser oder Scheiben sprühen und sauber wischen. Zusammengeknülltes Zeitungspapier hinterlässt keine Wischspuren.
- Zur Reinigung verstopfter Abflussrohre. Zwei Esslöffel Backpulver in den Ausguss geben und etwas Essig darübergießen. Das Pulver beginnt zu schäumen, und der Druck entfernt den klebrigen Schmutz im Rohr. Anschließend kochendes Wasser nachgießen.
- Als Astringentium. Mit der gleichen Menge Wasser

verdünnter Essig befreit die Haut von Seifenrückständen.
- Zur WC-Reinigung unverdünnten Essig in die Schüssel und auf den Rand gießen, über Nacht einwirken lassen und am nächsten Morgen gründlich abwischen.
- Als Allzweckreiniger. Essigwasser in beliebiger Konzentration reinigt Oberflächen in der Küche und im Bad. Soll das Mittel schärfer sein, etwas Kochsalz dazugeben.
- Als Kalklöser. Um Kalkrückstände zu beseitigen, Papierküchentücher mit Essig tränken und um den Wasserhahn wickeln. Eine Stunde einwirken lassen, dann kräftig abwischen.
- Als Weichspüler/Wasserenthärter. Vor dem Spülgang eine halbe Tasse Essig zur Wäsche geben.
- Als Haarwaschmittel. Eine Spülung mit unverdünntem Essig beseitigt Shampoo-Rückstände.
- Als Fleckentferner. Weiße Trockenränder auf Lederschuhen mit Essigwasser abwischen.

Backpulver

Backpulver (doppeltkohlensaures Natron) ist feinkörnig wie ein Scheuermittel, lässt sich vielseitig verwenden und sollte in größeren Mengen vorrätig sein. Es neutralisiert Gerüche und gilt als Allzweckreiniger. Die Anwendungsmöglichkeiten sind vielseitig:

- Eine geöffnete Packung Backpulver in den Kühlschrank stellen, um Gerüche zu beseitigen.
- Als Allzweckreiniger. Auf Oberflächen in der Küche und im Bad gestreutes Backpulver reinigt und deodoriert. Mit etwas Wasser vermischtes Backpulver ergibt ein wirksames Scheuermittel.
- Als Backofenreiniger. Eine dicke Paste aus Backpulver und Wasser löst auch angetrocknete und eingebrannte Rückstände.
- Als Geruchsentferner für Teppiche und Bodenbeläge. Backpulver auf den Teppich streuen, fünfzehn Minuten einwirken lassen, dann absaugen.

Borax

Borax (Natriumtetraborat) ist ein Salz mit antibakterieller Wirkung, hilft gegen Schimmel und ersetzt chemische Bleichmittel. Weil Borax giftig ist, muss er außer Reichweite von Kindern und Haustieren aufbewahrt werden. Die Anwendungsmöglichkeiten sind vielseitig:

- Zum Einweichen verschmutzter Arbeitskleidung 1 Esslöffel Borax in 4 Liter Wasser auflösen und die Wäsche darin einweichen, bevor sie in die Waschmaschine kommt.
- Als Desinfektionsmittel 1 Esslöffel Borax in 4 Liter Wasser auflösen und als Reinigungsmittel verwenden.
- Borax auf ein feuchtes Tuch streuen und als Reiniger im Bad verwenden.

Insektenschutzmittel

Handelsübliche Insektizide enthalten schädliche Chemikalien und sind hochgiftig. Aber viele Kräuter und ätherische Öle eignen sich als

natürlicher Schutz vor lästigen Insekten.

- Motten. Mottenlarven, die eigentlichen Verursacher des Schadens, werden von Eiweißstoffen in Naturfasern und von Essensrückständen auf der Kleidung angelockt. Deshalb alle Kleidungsstücke, die längere Zeit nicht benutzt werden, waschen oder reinigen lassen. Natürliche Mottenschutzmittel sind Lavendel, Zedernholzspäne, Muskatnuss, Gewürznelke, Zimt, Thymian und Rosmarin.
- Fliegen. Intensive Duftstoffe vertreiben Fliegen. Natürlichen Schutz bieten Gewürznelke, Rosmarin, Thymian, Lavendel, Gartenraute und Basilikum.
- Flöhe. Um Haustiere von Flöhen zu erlösen, werden in der Regel chemische Mittel eingesetzt. Sie können es auch auf natürliche Weise versuchen, indem Sie Ihren vierbeinigen Liebling mit Teebaumöl-Shampoo baden.

FALLSTUDIEN

Links: Detail von Sunken House (s. S. 196–197) mit der dunkel imprägnierten Holzverkleidung. Alle Holzteile sind vorgefertigt.

Viele Befürworter grüner Lebensweise bauen sich ein eigenes Haus, das den Maßstäben ihrer ökologischen Weltanschauung entspricht, oder sie gestalten ein schon vorhandenes nach ökologischen Gesichtspunkten um. Die folgenden Beispiele zeigen, dass Befürchtungen, daraus könne sich ein »grüner Einheitsstil« entwickeln, unbegründet sind. Vielmehr kann die architektonische Gestaltung von herkömmlichen Baustilen beispielsweise für Scheunen und Bauernhäuser abgeleitet sein oder kompromisslos modernistischen Vorstellungen entsprechen. Welche Baustoffe – von traditionell bis Hightech – dabei verwendet werden sollen, kann jeder Bauherr selbst entscheiden. Im Grunde geht es allen Beteiligten vor allem darum, ein Haus zu schaffen, das unserem Planeten Erde den geringstmöglichen Schaden zufügt.

NATÜRLICHE ANTWORT

Der preisgekrönte Architekt Glenn Murcutt entwirft Häuser, die sich auf einzigartige Weise in ihre natürliche Umgebung einfügen und die den vorherrschenden Klimabedingungen angepasst sind. Als einer der ersten Architekten hat er die Rücksichtnahme auf Natur und Umwelt im weitesten Sinne zu seiner Maxime erhoben.

Das Walsh House im Kangaroo Valley weist gewisse Gemeinsamkeiten mit anderen Entwürfen Murcutts auf und ist ein Bindeglied zwischen dem herkömmlichen, bodenständigen Baustil Australiens und einer eleganten, formal reduzierten Moderne. Wie alle Häuser Murcutts scheint auch Walsh House über dem Boden zu schweben.

Es besteht aus Baustoffen, für deren Herstellung möglichst wenig Energie verbraucht wurde, und die während ihrer gesamten Lebensdauer die Energiekosten niedrig halten.

Das Haus steht auf weithin freiem Gelände. Die Längsachse verläuft in Ost-West-Richtung. An der Nordseite, von der aus man auf einen bewaldeten Höhenzug blickt, schützt das überstehende Dach die Fenster im Sommer vor direkter Sonneneinstrahlung. Außen angebrachte Jalousien bieten weitere Möglichkeiten, den Lichteinfall zu regulieren. In der Süd- und Westwand des Hauses ist die Zahl der Fenster geringer, und sie sind kleiner, weil im Winter der kalte Wind aus diesen Richtungen bläst.

Für die Ausführung wurde Sichtmauerwerk aus Ziegeln gewählt. Die Innenwände sind nicht verputzt, sondern mit einer dünnen Zementschicht geschlämmt und anschließend gestrichen. Der Holzständerrahmen ist außen mit Dämmplatten ausgefüllt und mit schwarz imprägnierten Brettern verkleidet. Das Mauerwerk aus Ziegeln dient als thermische Masse. Das Fundament des Hauses besteht aus einer gegossenen Betonplatte, der Fußboden ist mit grauen Steinfliesen ausgelegt. Der Dachstuhl ist mit Dämmplatten gut isoliert. Die Dachhaut aus galvanisiertem Stahlblech leitet das Regenwasser in eine Zisterne ab.

Im Winter dringt die Sonnenenergie tief ins Haus ein und erwärmt Fußboden und Wände. Nachts ist das Haus geschlossen, die in Mauerwerk und Fundament gespeicherte Wärme bewahrt die Räume vor dem Auskühlen.

Oben: Die Nordfassade des Hauses von Westen. Drei vorspringende Erker mit Jalousien verraten, dass sich dahinter jeweils getrennte Räume verbergen.

Rechts: In den Erker des Arbeitszimmers ist eine Schreibplatte eingebaut. Die Jalousien erlauben es, den Lichteinfall nach Bedarf zu regulieren, und im Sommer sorgen sie dafür, dass es im Raum nicht zu heiß wird.

Ganz rechts: Das Regenwasser wird vom Dach in große Wellblechzisternen geleitet – eine wichtige Vorkehrmaßnahme gegen Trockenperioden, die in dieser Gegend häufig auftreten.

Gegenüber: Ein großer, mit Holz befeuerter Herd trennt Küche und Essbereich vom Wohnzimmer und sorgt im Winter für zusätzliche Wärme.

Murcutt ist bekannt für offene Raumeinteilungen und weitläufige Wohnflächen. Aber im Walsh House ist der Wohnbereich in einzelne Zimmer unterteilt, von denen jedes einen vorspringenden verglasten Erker aufweist. Die Erkerfenster sind mit beweglichen Jalousien ausgestattet, so dass die Lichtverhältnisse den jeweiligen Erfordernissen angepasst werden können. Jeder Erker hat eine bestimmte Funktion; der eine dient als Schreibtisch, im andern steht ein Tagesbett und der dritte wird als kleines Gewächshaus genutzt. Die Regulierung von Luft und Licht sind wichtige Voraussetzungen für ein angenehmes Raumklima. Im Walsh House lassen sich die beiden äußeren Fenster an der Nordseite sowie die verglaste Ostwand öffnen, so dass Wohnzimmer und Veranda eine Einheit bilden. Die Luftbewegungen über dem seichten Pool tragen dazu bei, die Sommerhitze erträglicher zu machen. Ein großer Holzherd trennt den Bereich Kochen/Essen vom Wohnzimmer. Wie die meisten von Murcutts Entwürfen ist auch dieses Haus so sensibel auf Lichteinfall und Luftbewegung abgestimmt, dass es keiner zusätzlichen Heizung oder Kühlung bedarf. Eine Besonderheit sind die großen Zisternen aus Wellblech, in denen das Regenwasser vom Dach aufgefangen wird, das Trinkwasserqualität aufweist und umfassend genutzt wird. Wegen der häufigen Buschbrände wurde ein Löschteich angelegt.

Unten: Das große, nach Süden weisende Küchenfenster gibt den Blick frei auf einen uralten Baum auf dem Nachbarhügel. Die Küche mitsamt ihren Einbauten ist L-förmig angelegt.

Unten rechts: In den verglasten Erker eines der Schlafräume ist ein Tagesbett eingebaut. Die Fensteröffnungen unter der Decke sorgen für ausgezeichnete natürliche Lichtverhältnisse. Schutz vor direkter Sonneneinstrahlung erhält der Raum durch das überstehende Dach.

Links: Die Badezimmer liegen zwischen den Schlafräumen. Die eleganten Armaturen sind charakteristisch für die Sorgfalt, mit der sich Murcutt um jedes Detail kümmert. Die Räume sind miteinander verbunden und darüber hinaus über eine Außengalerie unter dem vorspringenden Dach zugänglich.

Rechts: Regulierbare Lüftungsklappen erlauben es dem Benutzer des Raums, die natürliche Luftzufuhr nach Belieben einzustellen und eine kühlende Luftströmung zu erzeugen.

ÖKO-FAKTEN

- Verwendung einfacher Baustoffe, für deren Herstellung wenig Energie verbraucht wurde.
- Sensible Anpassung ans Gelände.
- Regulierbare Jalousieläden, Rollos, Lüftungsklappen und Schiebefenster, die Licht und Lüftung steuern, machen eine Klimaanlage entbehrlich.

- Überstehendes Dach zum Schutz der Räume vor direkter Sonneneinstrahlung.
- Nutzung von Regenwasser in großen Zisternen.
- Effiziente Nutzung der Wohnfläche durch verschiedene Einbauelemente.

ERKLÄRUNGEN

1 NUTZFLÄCHE	7 SCHREIBTISCH
2 GARAGE	8 WOHNBEREICH
3 SCHLAFZIMMER	9 TEICH
4 BAD	10 VERANDA
5 EINGANG / DIELE	11 GRILLPLATZ
6 KOCHEN / ESSEN	

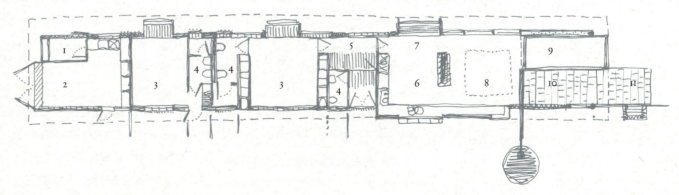

HAUS IN NORWEGEN

FINRUD CABIN | HEMSEDAL | NORWEGEN | ARCHITEKT: HENRIK E. NIELSEN

Oben: Das Haus steht oberhalb der Baumgrenze an einem Berghang in Norwegen.

Oben rechts: Große Glasflächen auf der Südseite sorgen für passive solare Gewinne. Die Fenster auf der den kalten Winden ausgesetzten Nordseite sind vergleichsweise klein.

Rechts: Die Innenwände bestehen aus Sichtbeton. In der aus Beton gegossenen Fundamentplatte liegt die Fußbodenheizung. Der Boden ist mit Schiefer gefliest.

Ganz rechts: Das gesamte Gebäude ist rundum wärmeisoliert und außen mit Brettern verschalt. Das dafür verwendete Holz ist unbehandelt. Mit der Zeit wird es unter Einwirkung der Witterung eine zartgraue Färbung bekommen.

Dieses Haus an einem Berghang über dem Hemsedal in Mittelnorwegen ist das Ergebnis der erfolgreichen Zusammenarbeit zwischen Bauherr und Architekt. Es war der Wunsch des Besitzers, inmitten unberührter Natur zu leben. Im Winter ist das Haus nur auf Skiern zu erreichen.

Schon bei der Planung wurde große Sorgfalt darauf verwendet, den Bau in die majestätische Landschaft zu integrieren. Von der gegenüberliegenden Talseite her wirkt er dank der großen Glasfenster auf der Südseite nahezu transparent. In diesem Teil des Tals reicht die Baumgrenze erheblich weiter hinauf als in der Umgebung, da es hier wärmer ist. Das Haus liegt unmittelbar oberhalb der Baumgrenze und ist nach Süden gerichtet, um die Sonneneinstrahlung optimal zu nutzen. Häuser in so abgelegenen Gebieten wie dem Hemsedal sind von allen kommunalen Versorgungseinrichtungen abgeschnitten. Hier kommt das Frischwasser aus einem Brunnen unter dem Haus.

Durch die verglasten Öffnungen auf der Süd-, Ost- und Westseite gelangen Licht und Wärme ins Haus. Die nordorientierten Fenster sind wegen des kalten Windes winzig.

Rechts: Die ineinander übergehenden Aufenthaltsräume liegen auf der Südseite. Das Dach ist innen mit naturbelassenem Birkenholz verkleidet. Die Möblierung ist minimalistisch, rustikal und der Umgebung angepasst.

Ganz rechts oben: Zusätzliche Schlafgelegenheiten für Gäste befinden sich auf der geräumigen Galerie unter der Dachschräge. Die Familienschlafzimmer liegen auf der gleichen Ebene wie die Aufenthaltsräume.

Ganz rechts unten: Ein offener Kamin spendet zusätzliche Wärme. Das Trinkwasser kommt aus einem Brunnen unter dem Haus.

Fundamentplatte und tragende Wände sind aus Beton gegossen, der tagsüber die Wärme allmählich speichert und nachts langsam wieder abstrahlt. Die Innenwände bestehen aus Sichtbeton, außen sind sie gedämmt und mit Lärchenbrettern verkleidet. In der Bodenplatte ist eine Fußbodenheizung verlegt, der Fußboden besteht aus Schiefer. Als Zusatzheizung dient ein Kamin, der den behaglichen Mittelpunkt des Wohnbereichs bildet. Das Giebeldach ist außen mit Zedernholz, innen mit Birke verschalt. Keines der für das Haus verwendeten Hölzer, weder innen noch außen, wurde mit Öl, Farbe oder irgendeinem anderen Anstrich behandelt. Es ist völlig naturbelassen und soll auf natürliche Weise altern.

Die offene Raumeinteilung des Hauses ist so ausgelegt, dass der Wohnbereich aus Küche, Wohnzimmer und Esszimmer auf der Südseite liegt, die viel natürliches Licht erhält und einen grandiosen Blick über das Tal bietet. In der warmen Jahreszeit lässt er sich dauf die überdachten Terrassen an der Ost- und Westwand ausdehnen. Die Schlafräume liegen auf der Nordseite, zusätzliche Schlafgelegenheiten befinden sich auf einer Galerie im Zwischenstock. Darunter, auf Erdgeschossebene, liegen die Bäder.

Das auf Pfählen errichtete Haus ruht leicht auf dem Boden. Sorgfältig durchdachte Planung, viel Glas und naturbelassene Hölzer bewirken, dass das Gebäude sich harmonisch und unauffällig in seine Umgebung einfügt.

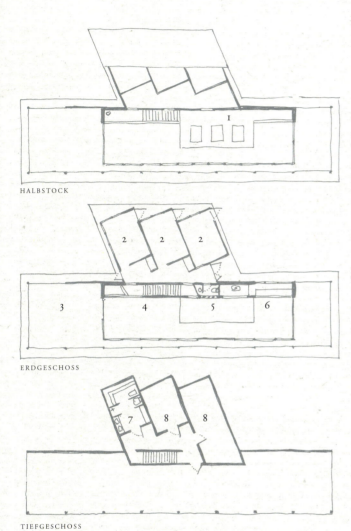

HALBSTOCK

ERDGESCHOSS

TIEFGESCHOSS

ÖKO-FAKTEN

- Hohe Energieeffizienz durch Lage und Ausrichtung.
- Hochwirksame Dämmung.
- Verwendung von Beton wegen der hohen thermischen Masse.
- Verkleidung innen und außen mit naturbelassenem Holz.
- Trinkwasserversorgung aus dem eigenen Brunnen.
- Natürliches Licht dank großzüger Verwendung von Glas.

ERKLÄRUNGEN

1 GALERIE
2 SCHLAFZIMMER
3 WESTTERRASSE
4 WOHNBEREICH
5 ESSBEREICH
6 KÜCHE
7 BAD
8 GARAGE

OFFENES HAUS

PFANNER HOUSE | CHICAGO, ILLINOIS | USA | ARCHITEKT: ZOKA ZOLA

Rechts: Das Haus liegt auf einem Eckgrundstück in Chicago. Auf der schmalen Westseite befindet sich die Garage mit einer großen Loggia darüber. Es wurden die gleichen orangeroten Klinker verwendet wie für die übrigen Häuser in diesem Wohngebiet.

Links unten: Weil das Haus einen lang gestreckten Grundriss hat und in Nord-Süd-Richtung viel schmaler ist als in Ost-West-Richtung, ist es von natürlichem Licht durchflutet.

Rechts unten: Auf dem Geländestreifen auf der Südseite, der das Haus vom Nachbargrundstück trennt, wachsen Laubbäume, die im Sommer Schatten spenden und im Winter den natürlichen Lichteinfall in den Wohnbereich nicht behindern.

Die Architektin hat dieses Haus für sich und ihre Familie entworfen. Im Vordergrund stand der Wunsch nach offenem Wohnen sowohl im Hinblick auf die Raumaufteilung als auch auf die Wechselbeziehung zwischen Bewohnern und Passanten. Das Haus weist eine große Zahl umweltfreundlicher Einrichtungen auf und berücksichtigt in der Planung bereits den schrittweisen weiteren ökologischen Ausbau, zu dem unter anderem die Installation einer geothermischen Klimaanlage sowie von Sonnenkollektoren auf dem Dach eines Anbaus für die Strom- und Warmwassererzeugung gehören.

Die Lage des Hauses auf dem Eckgrundstück ist auf die verfügbare Fläche abgestimmt und nutzt das vorhandene natürliche Licht auf optimale Weise. Ein 2,5 Meter breiter Streifen trennt das Haus vom Nachbargrundstück. Das ist mehr, als die örtlichen Bauvorschriften verlangen, hat aber den Vorteil, dass im Winter die Strahlen der niedrig stehenden Sonne tief ins Gebäudeinnere einfallen. Im Sommer spenden vier Laubbäume Schatten.

Weil der Grundriss des Hauses in Nord-Süd-Richtung schmaler ist, erhalten alle Räume ausreichend natürliches Licht. Denn die Architektin hat erkannt, dass Bewohner

Das Studio mit dem Treppenaufgang im Erdgeschoss; rechts hinten der Eingang. Große Fenster verbinden den Privatbereich mit der Straße und sorgen für natürliches Licht in der Wohnung.

Rechts: Die Nordfassade des Hauses bei Dunkelheit mit dem Balkon über der Eingangstür und dem großen Fenster des Studios. Auf eine Einzäunung des Grundstücks wurde verzichtet.

Unten: Die Einbauküche ist rundum mit Holz getäfelt, das mit einem umweltverträglichen Spezialöl versiegelt wurde.

eines Hauses, in dem es tagsüber hell ist, seltener dazu neigen, nachts alle Leuchten einzuschalten, weil sie nach der Helligkeit des Tages die Dunkelheit als angenehme Abwechslung empfinden. Für künstliches Licht sorgen fast ausnahmslos Energiesparleuchten. Nur ein paar Spots in der Decke sind mit Lampen von geringer Wattstärke und mit Dimmern ausgerüstet.

Wegen des in Chicago herrschenden Kontinentalklimas mit heißen Sommern und kalten Wintern ist das gesamte Gebäude mit Dämmplatten von 10 und 25 Zentimeter Stärke gedämmt. Die Dachstuhldämmung ist sogar 30 Zentimeter stark. Die Fundamentplatte liegt unter der Frostgrenze und ist mit 13 Zentimeter starken Dämmplatten isoliert. Auch die Isolierverglasung der Fenster mit Argonfüllung genügt höchsten Anforderungen. Die Aluminiumrahmen sind mit Holz verkleidet. Um einen Hitzstau im Innern zu verhindern, ist die Dachhaut mit weißer Dachfarbe beschichtet. Die Außenhülle aus orangeroten Klinkern dient als Regenschutz, und dahinter liegt ein 2 Zentimeter breiter Spalt zur Ableitung des Regenwassers.

Alle Räume sind mit Fußbodenheizung ausgestattet, die fünf Prozent weniger Energie verbraucht als die in den Vereinigten Staaten üblichen Warmluftheizungen. Fußbodenheizungen arbeiten geräuschlos und erzeugen ein behagliches Raumklima, weil die abgestrahlte Wärme keine Luftbewegungen verursacht.

Über einen Wärmetauscher im Studio gelangt temperierte Frischluft in alle Räume des Gebäudes. Natürliche Luftzirkulation sorgt für Kühlung, und die große Terrasse vor dem Haus sowie der Balkon auf der Rückseite, die beide für Wohnzwecke genutzt werden, machen eine zusätzliche Kühlung entbehrlich.

Die Baustoffe sind nach ökologischen Gesichtspunkten ausgewählt, und alle Farben, einschließlich des Fußbodenanstrichs im Studio, sind umweltverträglich. Die Tische im Studio bestehen aus Strohfaserplatten.

Auch die Bepflanzung des Grundstücks nimmt Rücksicht auf die Umwelt. Zu den vier großen Bäumen auf dem Streifen zwischen Haus und Nachbargrundstück kommen vier weitere kleine Bäume, auf der Erde wachsen winterharte Bodendecker und Efeu. An der Straße auf der Nordseite hat die Stadt auf Drängen der Architektin drei Ahornbäume gepflanzt, und statt eines Rasens, der ständig hätte gewässert werden müssen, wurde eine Kleewiese angelegt.

Links: Alle Bereiche des Hauses sind von natürlichem Licht durchflutet. Die großen Isolierglasfenster entsprechen höchsten technischen Anforderungen.

Unten links: Die Schlafräume liegen im ersten Stock. Alle im Haus verwendeten Farben und Anstriche sind umweltverträglich.

ERKLÄRUNGEN

1 STAURAUM
2 SCHLAFZIMMER
3 TERRASSE
4 WOHNBEREICH
5 WOHNBEREICH
6 BALKON
7 BIBLIOTHEK
8 BAD
9 GARAGE
10 EINGANG
11 HEIZUNGSRAUM
12 STUDIO

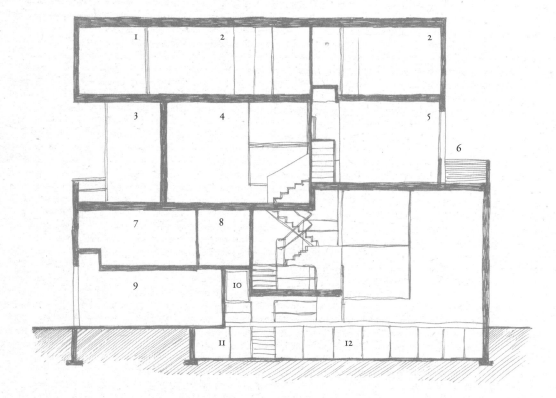

ÖKO-FAKTEN

- Hochwirksame Dämmung der Außenwände, der Fundamentplatte und des Dachs.
- Hoch wärmedämmende Isolierglasfenster mit Argonfüllung.
- Fußbodenheizung.
- Ausrichtung unter Berücksichtigung von natürlichem Lichteinfall und Luftzirkulation.
- Umweltverträgliche Farben und Anstriche.
- Wassersparende Armaturen.
- Umweltfreundliche Bepflanzung mit Kompostaufbereitung auf dem Grundstück.

PFIFFIGE KISTE

SUNKEN HOUSE | LONDON | UK | ARCHITEKTEN: ADJAYE ASSOCIATES

Oben: Blick ins Esszimmer im Untergeschoss. Die vorgefertigten Holzbauplatten sind alle gleich stark und erlauben eine präzise Ausrichtung der Wandöffnungen.

Oben rechts: Die Ostfassade des Hauses mit der Stützmauer. Der Grundriss ist spartanisch einfach.

Ganz rechts: Alle Außenwände sind mit wasserabweisenden Holzbrettern verkleidet und bilden eine lückenlose Fläche.

Dieses spartanisch wirkende Holzhaus steht in einem Wohngebiet im Norden Londons, das durch viktorianische Reihenhäuser in Ziegelbauweise geprägt ist. Es wurde für einen Fotografen entworfen, der überwiegend auf den Gebieten Inneneinrichtung und Design tätig ist. Um allen Wünschen des Bauherrn gerecht zu werden, musste eine Baugrube für das Souterrain, den abgesenkten Innenhof und das Betonfundament ausgehoben werden.

Bestimmendes Element des Architektenentwurfs ist die Verwendung von Holz. Das Gebäude besteht aus vorgefertigten massiven Holzbauplatten, denn die Verwendung groß dimensionierter Fertigteile ist billiger als die herkömmliche Bauweise und verkürzt die Bauzeit erheblich. Außerdem ist sie umweltfreundlicher. Mit jedem verbauten Festmeter Holz lassen sich gegenüber der Ziegelbauweise fast 1 Tonne CO_2-Emissionen vermeiden. Auch der Energieverbrauch ist geringer, und es fällt kaum Bauschutt an. Großformatige Holzplatten bedeuten weniger Verbindungen und dementsprechend weniger Fugen – ein Vorteil bei der Wärme- und Lärmdämmung.

In diesem Fall lieferte die Verwendung großer Holzbauteile auch die Lösung für mehrere technische Probleme, die sich aus der Anordnung der Wandöffnungen und der Lage des Treppenaufgangs ergaben.

Die Holzbauplatten sind alle gleich stark, was für die Statik von Vorteil ist, den Innenräumen thermische Stabilität verleiht und eine Langlebigkeit erwarten lässt, die viele Hightech-Neubauten vermissen lassen. Anders als in Ständer-Bohlen-Bauweise errichtete Gebäude verhält sich ein Haus aus Massivholz, auch wenn es sich nur um Platten handelt, sehr vorteilhaft im Hinblick auf die Regulierung von Temperatur und Raumfeuchtigkeit, hält beides weitgehend konstant und sorgt für ein angenehmes Wohnklima.

Die mächtigen, bis zu 3 Tonnen schweren Platten für die Wände, das Dach und den Fußboden sind aus Nadelholz gefertigt, die Platten für die Dachkonstruktion wurden mit Naturhanf gedämmt. Sämtliche Bauteile wurden vorgefertigt zur Baustelle transportiert und dort zusammengebaut, was einschließlich der Anlieferung lediglich fünf Tage dauerte.

Oben: Der Wohnbereich liegt im Obergeschoss und erhält Licht durch ein raumhohes Fenster.

Links: Das Weiß der Ausstattung der Badezimmer steht in lebhaftem Kontrast zu den dunkel gehaltenen Fliesen der Wände.

Unten: Vom Essplatz im Untergeschoss blickt man auf den abgesenkten Innenhof hinaus.

Links: Die eleganten Einbauregale im Atelier enthalten Bücher, Geschäftsunterlagen und CDs.

Unten: Die L-förmig angelegte Küche ist zum Esszimmer hin offen.

Der Hauseingang liegt auf Straßenebene und führt teilweise über die Decke des Untergeschosses hinweg, die auch als PKW-Stellplatz dient. Das Untergeschoss beherbergt den Essraum und die Küche, der abgesenkte Innenhof zieht sich an drei Seiten ums Gebäude. Im Erdgeschoss liegen die Schlafzimmer und Bäder sowie ein Abstellraum. Das gesamte Obergeschoss dient als Wohnbereich.

Die Außenwände des Gebäudes sowie alle waagrechten und senkrechten Flächen des Innenhofs sind mit wasserabweisenden Holzbrettern verkleidet, wodurch eine lückenlose Außenhaut entsteht. Für die Verkleidung wurde Thermoholz verwendet, hochtemperaturgetrocknete Rottanne, die keine Feuchtigkeit mehr aufnehmen kann und auf diesem Weg sehr dauerhaft wird. Die geriffelten Bretter sind dunkelbraun lasiert. Von der tragenden Holzkonstruktion ist nichts zu sehen; nur die Unterseite der wärmegedämmten Dachkonstruktion liegt frei.

ÖKO-FAKTEN

- Verwendung von umweltfreundlichem Holz für Außen- und Innenwände.
- Große vorgefertigte Holzplatten sparen Energie und hinterlassen keinen Schutt auf der Baustelle.
- Exzellente thermische Performance.
- Wärmedämmung aus dem Naturfaserstoff Hanf.

ERKLÄRUNGEN

1 WOHNZIMMER
2 KINDERZIMMER
3 STAURAUM
4 SCHLAFZIMMER
5 BAD
6 DACHTERRASSE
7 KÜCHE
8 ESSZIMMER
9 BAD
10 ATELIER

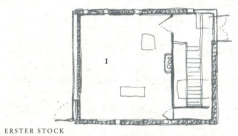

ERSTER STOCK

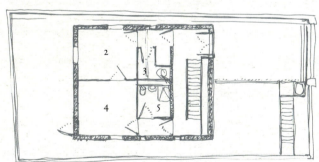

ERDGESCHOSS

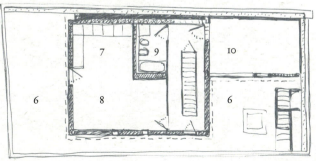

SOUTERRAIN

WOHN-SCHEUNE

Diese moderne Version eines landwirtschaftlichen Gebäudes steht mitten auf einem Feld in der Normandie und dient als Wochenendhaus. Bis auf die Punktfundamente aus Beton besteht das stattliche Gebäude vollständig aus Holz. Das Haus ist nicht ans Stromnetz angeschlossen, verfügt aber über eine ganze Reihe ökologischer Vorzüge: So ist die vollständig verglaste Giebelwand südorientiert. Im Winter scheint die niedrig stehende Sonne tief ins Gebäudeinnere hinein und erzeugt Wärme. Im Sommer steht sie zu hoch, um das Haus übermäßig aufzuheizen. Sechs Falltüren im Fußboden und Öffnungen im Dach unterstützen die natürliche Luftzirkulation.

Geheizt wird auf traditionelle Weise mit Holz in einem Kachelofen, der ein gemütliches Raumklima schafft. Gemauerte Öfen erwärmen sich langsam, strahlen aber lange Wärme ab. Damit ein Kachelofen seine Wirkung entfalten kann, steht er in der Raummitte. Da es nur wenige Trennwände gibt, kann die Luft fast ungehindert zirkulieren.

Der Baukörper besteht ganz aus Holz. Für die Außenverkleidung wurden aus Kanada importierte Douglasienschindeln verwendet, die unter Einwirkung der Witterung mit der Zeit einen silbrigen Schimmer annehmen. Bei allen Zimmermannsarbeiten im Außenbereich wurde altes Bauholz wiederverwendet und ohne Holzschutzmittel verbaut. Zum Schutz vor Feuchtigkeit und UV-Strahlung wurden die Holzteile leicht angesengt – ein traditionelles Verfahren, um Holzoberflächen wetterfest zu machen.

Anstatt das Haus auf eine Betonplatte zu stellen, was einen erheblichen Eingriff in die Natur bedeutet hätte, hat man sich für ein Punktfundament aus 20 kleinen Beton-

Oben: Die vollständig verglaste Giebelwand des Hauses ist nach Süden ausgerichtet, um in den Wintermonaten die Sonnenenergie zu nutzen. Landwirtschaftliche Gebäude lieferten das Vorbild für den einfachen Grundriss des Hauses.

Rechts: In diesem Wochenendhaus gibt es keinen elektrischen Strom. Wenn die Dunkelheit hereinbricht, werden Laternen und Kerzen angezündet.

Unten rechts: Die Douglasienschindeln für die Außenhaut des Hauses wurden aus Kanada importiert. Unter Einwirkung von Wind und Wetter verfärben sie sich mit der Zeit zu einem silbrigen Grau.

Ganz rechts: Die Decke der weitläufigen Wohnhalle reicht bis unters Dach hinauf. Ein Kachelofen spendet Wärme.

Links: Ein lang gestreckter, contai-
nerartiger Kasten mit Zugang über
eine kurze Treppe bildet einen
abgeschlossenen Bereich mit zwei
Schlafkojen und Bad.

Unten: Die Dachkammer, zu der
eine Leiter hinaufführt, bietet Platz
für weitere Schlafgelegenheiten.

ÖKO-FAKTEN

- Energieeffiziente Ausrichtung
  nach Süden.
- Punktfundamente.
- Holzbauweise, wiederverwendetes
  Bauholz, Schindelfassaden.
- Verzicht auf Holzschutzmittel.
- Kein Stromanschluss.
- Beleuchtung durch Kerzen und
  Laternen.
- Natürliche Belüftung durch
  Falltüren im Boden und
  Dachöffnungen.

ERKLÄRUNGEN

1 SCHLAFKOJEN
2 KORRIDOR
3 BAD
4 WOHNBEREICH
5 LEITER

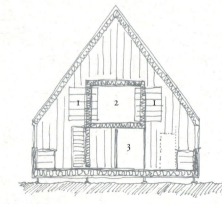

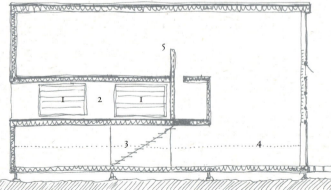

pfeilern entschieden. Abgesehen von der Rahmenkonstruktion, die von Zimmerleuten ausgeführt wurde, hat der Besitzer, ein Architekt, das Haus in Eigenleistung erbaut, wofür er 18 Monate brauchte. Das Ergebnis bietet die Möglichkeit, ein ländlich geprägtes Leben im Einklang mit dem Rhythmus der Natur zu führen – unter Verzicht auf manche zivilisatorische Annehmlichkeiten. So sind Kerzen und Laternen die einzigen Lichtquellen.

Die Raumeinteilung des Gebäudes ist rudimentär. Der ebenerdige Bereich ist für Wohnen, Essen und Kochen vorgesehen. Durch den Einbau eines langen, containerartigen Kastens, zu dem eine kurze Treppe hinaufführt, wurde Platz für zwei durch einen Gang getrennte Schlafkojen und das Bad geschaffen. In der über eine Leiter zugänglichen Dachkammer befinden sich weitere Schlafgelegenheiten.

Im Einklang mit den idealistischen Vorstellungen von einer Zurück-zur-Natur-Bewegung ist die Innenausstattung bescheiden und rustikal. Die Wände sind mit naturbelassenen Holzpaneelen verschalt, die physisch und psychologisch ein Gefühl von Wärme erzeugen.

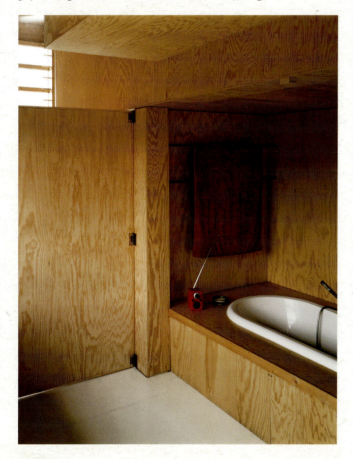

Oben: Für die Verkleidung der Innenwände wurden naturbelassene Holzpaneele verwendet. Die Einrichtung ist zweckmäßig und rustikal.

Ganz links: Das Bad liegt im Zwischenstock.

Links: Vorhänge sorgen für ein gewisses Maß an Privatsphäre in den Schlafkojen.

GOLDSTAR

SMOG VEIL RECORDS BUILDING | CHICAGO, ILLINOIS | USA | ARCHITEKTEN: WILKINSON BLENDER ARCHITECTURE

Oben: Durch den offenen Wohn/ Küchenbereich im ersten Stock gelangt man in einen dahinterliegenden Schlafraum. Für natürlichen Lichteinfall sorgt ein breites, schmales Oberlicht, das aufs Dach hinausgeht. Die Bauteile der Kücheneinrichtung sind formaldehydfrei und recyclebar.

Oben rechts: Der Neubau besteht großenteils aus dem Material des Abrisshauses. Über 80 Prozent konnten wiederverwertet werden.

Ganz rechts: Auf dem Dach arbeiten zwei teilweise eingehauste Windkraftturbinen. Um sie installieren zu können, mussten die örtlichen Baubestimmungen gelockert werden. Die Ebenen des Dachs tragen zur Definierung der Innen- und Außenräume bei und ermöglichen den natürlichen Lichteinfall in die darunterliegenden Bereiche.

Das Grundprinzip hinter dem Konzept, nach dem dieses preisgekrönte Wohn- und Geschäftshaus in Chicago geplant und ausgeführt wurde, war Nachhaltigkeit. Die Bauherren, ein Ehepaar aus der Musikbranche, hatten keine konkreten Vorstellungen, wie das Haus, ein ehemaliger Gastronomiebetrieb, aussehen sollte, außer dass es ein grünes Dach haben sollte, um den Mangel an Grünflächen zu kompensieren. Darüber hinaus wünschten sie sich ein komfortables Umfeld, das ihrem gehobenen Lebensstil entsprach und ihren Vorstellungen von ökologischem Wohnen und Arbeiten gerecht wurde.

Von Anfang an hatte der Wunsch nach einem grünen Dach weitreichende Auswirkungen auf den Bauplan. Die stufenförmige Ausführung des Flachdachs ermöglicht den ungehinderten Tageslichteinfall in die darunterliegenden Räume und gestattet den Ausblick auf die Skyline Chicagos. Daneben dient das Dach als Plattform für technische Einrichtungen zur nachhaltigen Erzeugung von Energie.

Beim Bau wurde dem Wunsch nach Nachhaltigkeit auf dreierlei Weise Rechnung getragen: erstens in der Installation verschiedener Formen alternativer Technologie zur Energieerzeugung. Zweitens in der Energieeffizienz dank wirksamer Dämmung und anderer Maßnahmen. Und zum

Dritten wurden während der Bauarbeiten und im Zuge des Innenausbaus alle nur denkbaren Anstrengungen unternommen, Material einzusparen und die Bauschuttmengen gering zu halten. Wie erfolgreich diese Strategie war, lässt sich daran ermessen, dass dem Gebäude als erstem im Bundesstaat Illinois und als achtem in den gesamten Vereinigten Staaten der Goldene LEED (Leadership in Energy and Environmental Design) zuerkannt wurde.

Das Haus ist beispielhaft für eine umfassende Umgestaltung vorhandener Bausubstanz. Der Altbau blieb erhalten, wenn auch in anderer Form, indem man Baustoffe und Konstruktionsteile wiederverwendete. Das Mauerwerk besteht aus den Ziegeln des abgerissenen ursprünglichen Gebäudes. Aus dem Gebälk des alten Dachstuhls entstanden Treppenabsätze und Trittstufen. 80 Prozent des beim Abriss angefallenen Bauschutts konnten recyclet werden. Für den Innenausbau wurden zu 99 Prozent die ursprünglichen Gipskartonplatten verwendet und für den Estrich 100 Prozent recyceltes Glasterrazzo, vermischt mit recycleten Schellack-Schallplatten. Die Energieerzeugung erfolgt durch Kleinwindkraftanlagen und eine Fotovoltaikinstallation auf dem Dach. Um Windräder in einem städtischen Wohngebiet aufstellen zu dürfen, musste das Architekten-

Oben: Ein beträchtlicher Teil des für den Neubau verwendeten Baumaterials ist wiederverwertet. Der Estrich besteht aus Altglas-Terrazzo, vermischt mit recycleten Schellack-Schallplatten.

Rechts: Der Dachgarten bietet eine Grünfläche und ein natürliches Umfeld, das Bienen und Schmetterlinge anlockt. Die Sonnenkollektoren spenden Schatten für den Freisitz.

Ganz rechts: Aus dem Bauholz vom Dachstuhl des abgerissenen Altbaus entstanden Treppenabsätze und Trittstufen. Das Mauerwerk im Erdgeschoss wurde unverputzt gelassen.

team eine Ausnahmegenehmigung erwirken. Die beiden vertikalen Windräder überragen das Dach um 3 Meter und liefern 20 Prozent des benötigten Stroms. Eine Fläche aus 30 Solarkollektoren von je 170 Watt Leistung erzeugt weitere 30 Prozent und verschattet die anderen Nutzflächen des Dachs.

Den größten Beitrag zur Energieeinsparung leistet die Nutzung der Erdwärme zum Heizen und Kühlen. Für die Dämmung der Außenwände wurde ein auf Soja basierender Isolierschaum aufgesprüht, der nicht nur wegen seiner Umweltverträglichkeit gewählt wurde, sondern weil er ein hochwirksames natürliches Dämmmaterial ist und die Bildung von Wärmebrücken verhindert.

Die Fenster entsprechen dem neuesten Stand der Technik. Ihre mit Sorgfalt ausgewählte Lage, insbesondere bei den Dach- und Oberlichtfenstern, verringert den Strombedarf für die Hausbeleuchtung. Alle Elektrogeräte wurden unter dem Gesichtspunkt der Energieeinsparung ausgewählt und übertreffen die Standards der Effizienzklasse A. Nicht zu unterschätzen ist die nachhaltige Wirkung des grünen Dachs. Die Begrünung liefert eine zusätzliche Dämmschicht, speichert Regenwasser und kühlt die nähere Umgebung. Der Dachgarten ist ein Treffpunkt für Bienen und Schmetterlinge und bietet einen angenehmen Freiraum zur Entspannung.

ÖKO-FAKTEN

- Energieerzeugung durch
  Sonnenkollektoren und
  Windkraftanlagen.
- Nutzung der Erdwärme zum
  Heizen und Kühlen.
- Dämmstoffe aus Pflanzenfasern.
- Fenster mit hohen
  Wärmedämmwerten.
- Grünes Dach.
- Wiederverwertung von Baustoffen
  im Außen- und Innenbereich.

ERKLÄRUNGEN

1	WINDRÄDER	7	BÜRO
2	SONNENKOLLEKTOREN	8	STUDIO
3	DACHGARTEN	9	GARAGE
4	WOHNBEREICH	10	ABSTELLRAUM
5	KOCHEN/ESSEN		
6	SCHLAFZIMMER		

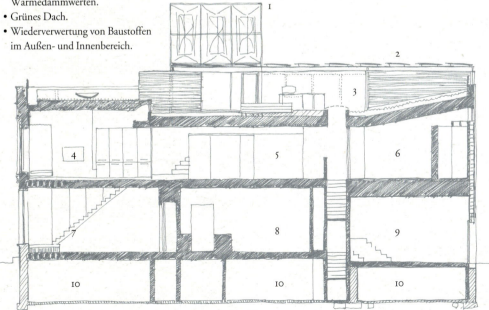

GRÜNER WOHNEN

REIHENHAUS | SYDNEY | AUSTRALIEN | ARCHITEKT: ROTH ARCHITECTS PTY LTD

Rechts: Der im Grundriss auf die gesamte Breite des Grundstücks erweiterte hintere Teil des Hauses mit den Glastüren im Erdgeschoss und dem Balkon darüber.

Ganz rechts: Eine Galerie im Elternschlafzimmer bietet Raum für einen Arbeitsplatz unter dem Dach, ohne Lichteinfall und Luftzirkulation zu behindern. Unter der Galerie ist ein großer, mehrtüriger Wandschrank eingebaut.

Gegenüber: Der Treppenaufgang wurde zum Lichtschacht und sorgt für Helligkeit im zentralen Innenbereich. Für das Geländer wurden Glastafeln verwendet.

Reihenhäuser sind in vielerlei Hinsicht umweltverträglicher als freistehende. Gemeinsam genutzte Wände verringern den Bedarf an Baumaterial, liefern thermische Masse und reduzieren Temperaturschwankungen auf Grund der geringeren Außenflächen. Allerdings können Tageslicht und Belüftung zum Problem werden, vor allem dann, wenn die Ausrichtung des Gebäudes nicht optimal ist. Die Folge sind dunkle, stickige, schlecht temperierte Räume.

Bei der Renovierung und Erweiterung dieses Hauses in einem Wohngebiet im Osten Sydneys kam es vor allem darauf an, diese Nachteile zu korrigieren. Ursprünglich enthielt das nur 4 Meter breite Haus mehrere kleine, dunkle und unzureichend belüftete Räume. Eines der vorrangigen Ziele bestand darin, den natürlichen Lichteinfall und die Luftzirkulation zu maximieren und mit Hilfe verschiedener passiver Strategien den Bedarf an Heizungenergie im Winter und Kühlung im Sommer zu verringern. In Zusammen-

hang damit stand die Absicht, ineinander übergehende Wohnbereiche und mit möglichst geringem Materialaufwand mehr Raum zu schaffen, der sich vielseitig und flexibel nutzen lässt. Zu diesem Zweck wurde der hintere Teil des Hauses bis an die Grundstücksgrenzen verbreitert.

Der natürliche Lichteinfall wurde optimiert, indem man Oberlichte, große Fenster und verglaste Dachflächen einbaute, wodurch sich künstliche Beleuchtung während des Tages erübrigte. Die Dachverglasung über der Küche versorgt auch den dahinterliegenden Wohnraum mit Licht, und das große zweiteilige Oberlicht über der Treppe macht das Treppenhaus zu einem Lichtschacht für den zentral gelegenen Innenbereich. Bäder und Abstellräume erhielten getönte Glasfenster zum Lichtschacht.

Der Umbau machte aus dem Erdgeschoss des Hauses eine einzige weitläufige Wohnlandschaft, die nur durch den Treppenaufgang und die Waschküche geringfügig unter-

Rechts: Über dem Küchen- und Essbereich im hinteren Teil des Hauses befindet sich eine Dachöffnung mit energieeffizienter Isolierverglasung.

Unten: Die weißen Wände und sanitären Einrichtungen im Haus optimieren den natürlichen Lichteinfall und schaffen ein angenehm kühles Raumklima. Getönte Glasfenster im Treppenhaus versorgen die Bäder mit indirektem Licht.

Unten rechts: Das Treppenhaus.

Links: Vom Kinderzimmer im hinteren Teil des Hauses führt eine Tür auf den Balkon hinaus. Dieser liegt über den großen Glastüren der Küche und spendet im Sommer Schatten.

teilt ist. Das begünstigte die Luftzirkulation im gesamten Innenbereich. Die weißen Wände lassen den umbauten Raum größer erscheinen, reflektieren das Licht und sorgen für eine angenehm kühle Wohnatmosphäre. Auf der Galerie über dem Elternschlafzimmer entstand ein Arbeitsplatz.

Die neu gefliste Fundamentplatte in der hinteren Hälfte des Erdgeschosses und eine Steinbank wirken im Winter als passive Heizung. Dazu heizt das durch die neuen großen Glastüren auf der Rückseite des Hauses und durch die Dachverglasung über der Küche einfallende Sonnenlicht die Betonplatte auf. Im Sommer sorgt der Balkon über den Glastüren für Schatten. Optimale Dämmeigenschaften gaben den Ausschlag bei der Auswahl der Materialien, beispielsweise der Mauerverblender, die leicht, geräuschdämmend und wärmeisolierend sind.

Bei der Gestaltung des Gartens wurde darauf geachtet, den zu erwartenden Verbrauch an Wasser zu reduzieren und einen unmittelbar von der Küche und vom Wohnbereich aus zugänglichen Freiraum zu schaffen.

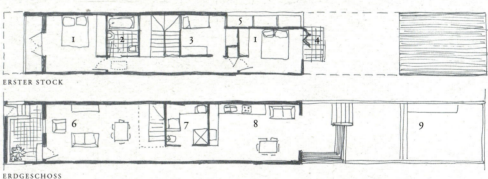

ERSTER STOCK

ERDGESCHOSS

ÖKO-FAKTEN

- Neue energieeffiziente Fenster, Dachverglasung und Innenfenster verringern den Bedarf an künstlichem Licht.
- Hochwirksame Isolierverglasung.
- Die thermische Masse der Fundamentplatte aus Beton ermöglicht passives Heizen im Winter.

ERKLÄRUNGEN

1 SCHLAFZIMMER
2 BAD
3 SCHLAFZIMMER/BÜRO
4 BALKON
5 OBERLICHT
6 WOHNEN/ESSEN
7 WASCHKÜCHE
8 KÜCHE
9 CARPORT

- Hochwirksame Dämmung.
- Günstige Luftzirkulation spart Energiekosten durch den Verzicht auf eine Klimaanlage.
- Flexible Planung schafft mehr Wohnfläche und spart Material.
- Geringer Wasserverbrauch im Garten.

KOMFORTABLES HEIM

PASSIVHAUS | MUTTELSEE | DEUTSCHLAND | PLANUNG UND AUSFÜHRUNG DURCH DIE BESITZER

Passivhäuser sind so geplant und gebaut, dass sie sehr wenig zusätzliche Energie benötigen, um ein behagliches Wohnumfeld zu gewährleisten. Die ersten Passivhäuser wurden in Deutschland errichtet. Dank technologischer Fortschritte stehen inzwischen Tausende solcher Häuser vorwiegend in mitteleuropäischen Ländern. Beim Passivhaus wird der Wärmeverlust so gering wie möglich gehalten, was eine optimale Wärmedämmung und Abdichtung voraussetzt. Früher bestand das Problem bei hermetisch abgeschlossenen Räumen darin, dass die Luft stickig wurde und sich Schimmel bildete. Heute sorgen Wärmetauschgeräte dafür, dass der Abluft die Wärme entzogen und der Frischluft zugeführt wird. An sehr kalten Tagen schaltet sich die Wärmepumpe ein und heizt die Luft weiter auf. Im Sommer ist es umgekehrt, und die Luft wird abgekühlt.

Diese Holzkonstruktion mit klaren Umrisslinien wurde auf einem bereits bebauten Grundstück in dörflicher Lage nahe dem Bodensee errichtet. Bis zur Schweizer Grenze sind es 15 Minuten. Der Besitzer, ein Ingenieur, der auf dem Gebiet der Architektur recht gut bewandert ist, eignete sich die erforderlichen Kenntnisse an, um das Haus selbst zu entwerfen. Unterstützt wurde er dabei vom Fraunhofer Institut in Freiburg, das integrierte Wärmepumpensysteme für diesen Typ von Energiesparhaus entwickelt. Die Baukosten lagen niedriger als die für ein in konventioneller Bauweise errichtetes Gebäude gleicher Größe, teils dank staatlicher Zuschüsse, die für grünes Bauen gewährt werden, teils weil – abgesehen von Wasser und Kanalisation – keine weiteren Versorgungsleitungen verlegt zu werden brauchten.

Wie zu erwarten sind die Standards der Dämmung unvorstellbar hoch. Die vorgefertigten Wandbauteile aus Holz haben eine Stärke von 55 Zentimeter. In den Feldern zwischen den Balken liegt eine 50 Zentimeter starke Dämmschicht aus Zellulose. Beim Dach sind es 48 Zentimeter. Alle Fenster sind dreifach verglast mit Argonfüllung. Alle Leitungen, Rohre und Kabel verlassen das Haus durch den Fußboden und liegen 1 bis 2 Meter unter dem Fundament, um die Dämmwirkung nicht zu beeinträchtigen. Nach dem gleichen Prinzip sind die Fenster so in die Wände eingesetzt, dass nur ein schmaler Streifen des Rahmens freiliegt, was die Gefahr, dass sich Wärmebrücken bilden, stark verringert.

Von einem Passivhaus wird erwartet, dass die Dichte der Gebäudehülle höchsten Standards gerecht wird. Die ent-

Unten: Das Passivhaus ist eine optimal gedämmte und nahezu luftdichte Holzkonstruktion. Schiebeläden beschatten die Fenster und sorgen im Sommer für Kühlung.

Unten rechts: Der kompakte Baukörper sorgt für hohe Energieeffizienz. Große südorientierte Fensterflächen bringen Energiegewinne durch Sonneneinstrahlung.

Ganz rechts: Das Haus liegt in ländlicher Umgebung nahe dem Bodensee. Passivhäuser finden in mitteleuropäischen Ländern zunehmend Verbreitung.

Rechts: Alle Fußböden sind mit heimischem Kalkstein gefliest, der die thermische Masse des Gebäudes erhöht. Die Innenwände sind mit Gipskartonplatten verkleidet.

Unten: Auf der Galerie über dem Wohnbereich befinden sich ein zusätzlicher Schlafraum sowie eine Sitzecke.

Unten rechts: Ess- und Wohnbereich gehen ineinander über. Dank des Lüftungssystems wird ständig Frischluft zugeführt, auch wenn die Fenster geschlossen bleiben.

ÖKO-FAKTEN

- Holzbauweise. Extrem starke Dämmschichten an Wänden und Dach (Zellulosedämmung).
- Dreifach verglaste Fenster mit Argonfüllung.
- Weitestgehend dichte Gebäudehülle; Vorkehrungen zur Vermeidung von Wärmebrücken.
- Wärmerückgewinnung aus der Abluft.
- Wärmepumpe für zusätzliche Heizung und Kühlung.
- Warmwasserbereitung über Sonnenkollektoren.
- Fotovoltaikanlage für die Stromerzeugung.
- Nutzung des Regenwassers vom Dach für Toiletten und Waschmaschine.

sprechenden Werte werden durch einen Test ermittelt, bei dem im Haus ein Überdruck erzeugt und gemessen wird, wieviel Luft entweicht. Bei bestandenem Test wird nahezu keine Wärme verlorengehen und keine Kälte eindringen. Die aus der Abluft rückgewonnene und der Frischluft zugeführte Wärme sorgt für eine gleichbleibende Temperatur von 20 bis 21 °C. Die meiste Zeit über genügen die Körperwärme der Bewohner sowie die Wärmeabstrahlung von Geräten wie Waschmaschine, Computer, Beleuchtung, Herd und so weiter, um eine angenehme Raumtemperatur zu schaffen. An sehr kalten Tagen wird die Wärmepumpe zugeschaltet. Dazu gehört eine 50 Meter lange schlangenförmig verlegte Soleleitung 3 Meter unter der Erdoberfläche, wo permanent eine Temperatur von ca. 13 °C herrscht. An heißen Sommertagen dient sie zur Kühlung.

Die Warmwasserbereitung erfolgt über Sonnenkollektoren, die an die 80 Prozent des Jahresbedarfs decken. Die Fotovoltaikanlage erzeugt etwa ein Drittel mehr Strom, als das Haus verbraucht. Das Regenwasser vom Dach wird gesammelt und für die Toilettenspülung und die Waschmaschine verwendet. Nur das Frischwasser kommt aus dem kommunalen Leitungsnetz.

Befürworter dieses Typs von Energiesparhaus sind einhellig der Meinung, dass das Leben in einem Passivhaus sehr komfortabel und angenehm ist.

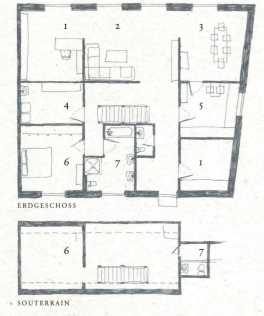

ERDGESCHOSS

SOUTERRAIN

ERKLÄRUNGEN

1 BÜRO
2 WOHNZIMMER
3 ESSZIMMER
4 WASCHKÜCHE
5 KÜCHE
6 SCHLAFZIMMER
7 BAD

Rechts: Die modernen Toilettenspülungen zeichnen sich durch einen geringen Wasserverbrauch aus und nutzen das aufgefangene Regenwasser vom Dach. Die Wände sind mit den gleichen Kalksteinplatten gefliest wie der Fußboden.

Ganz rechts: Die Treppe zur Galerie besteht aus gebürstetem Edelstahl, der keiner Pflege bedarf und nicht rostet.

HOCH HINAUS

Oben: Beim Umbau des Lofts entstanden ineinander übergehende Wohnbereiche mit integriertem Elternschlafzimmer. In der Mitte der Wohnlandschaft führt eine freitragende Treppe zum eingehausten Dachausgang hinauf.

Rechts: Die Begrünung am Fuß der Treppe holt die Natur in den Innenbereich.

Gegenüber: Durch den verglasten Dachausgang gelangt man auf die Terrasse und in den Dachgarten. Versorgungseinrichtungen wie der Wasserspeicher wirken nicht als Fremdkörper, sondern sind integrierter Teil der Umgebung.

Der Leitgedanke hinter diesem Projekt, bei dem es um die Renovierung eines Dachgeschosses am Broadway im unteren Manhattan ging, war die Auflösung der Trennung zwischen Innen und Außen, um ein Naturerlebnis im Herzen der Großstadt zu ermöglichen. Das Penthouse, dessen Besitzer am Entwicklungsprozess mitwirkte, besteht aus zwei Schlafräumen, zwei Bädern und einem separaten WC, einem Wohn- und Essbereich, der Küche und einer Dachterrasse. Bei der Renovierung wurden eine Reihe umweltfreundlicher Baustoffe, Beschläge und Armaturen verwendet, zum Beispiel zu 100 Prozent recyclete Baumwolle für die Dämmung.

Was ist unter »Naturerlebnis in einem urbanen Umfeld« zu verstehen? Ein kritischer Punkt war die Frage des Umgangs mit der Infrastruktur des Nachbargebäudes. Versorgungseinrichtungen wie Wasserspeicher auf dem Dach, Verrohrung, Anschlüsse, Lüftungsschächte und Schutzgitter, die in der Stadt als »natürlich« angesehen werden, wurden nicht unterdrückt oder verborgen, sondern der Bepflanzung innen und außen als belebende Kontraste gegenübergestellt. Grundprinzip des Verfahrens war die Absicht, die Natur Schritt für Schritt in den Innenbereich zu integrieren. Ein kleiner Garten am Fuß der Treppe, die

Rechts: Das von oben einfallende Licht hat dynamische Qualität. Das Walnussholz für den Fußboden und die Wandverkleidung stammt aus nachhaltig bewirtschafteten Produktionsstätten.

Unten: Blick über die grüne Insel an der Treppe auf die begrünte Wand des Badezimmers. Der Sichtschutz ist durch bewegliche Glaswände gewährleistet.

aufs Dach hinaufführt, stimmt auf den Außenbereich ein. Von diesem grünen Teppich ausgehend führen Holzstufen zu der neu geschaffenen Freifläche und dem Dachgarten hinauf, die den eingehausten Ausgang umgeben. Im Einklang mit der Vorstellung von natürlichem Wohnen wurde die kleinteilige Einteilung aufgelöst und eine offene, nur sparsam partitionierte Raumeinteilung geschaffen. Nun lenken die mit Holz verkleideten Wände und die Holzdecke den Blick von einem Wohnbereich in den anderen und liefern den Hintergrund für den ständig wechselnden Einfall des natürlichen Lichts. Den Höhepunkt bildet die Dachterrasse mit Blick auf die umliegenden Hochhäuser.

Auf der in mehreren Ebenen angelegten Dachterrasse gibt es verschiedene Einrichtungen wie Dusche, Outdoor-Küche, Sauna und Sitzplatz. In einer großen Zisterne wird Regenwasser aufgefangen und für die Bewässerung genutzt. Ein Teil des Gartens ist mit Fetthenne bepflanzt, die häufig auf grünen Dächern vorkommt und so robust ist, dass man darauf treten kann. Der Boden besteht aus einem feuchtigkeitsabweisendem Hartholz, das keiner Pflege bedarf.

Durch die verglaste Einhausung des Dachausgangs, die den im Schiffsbau gebräuchlichen Niedergängen nachemp-

Rechts: Das Gästebadezimmer. Die im gesamten Loft verwendete Vielfalt natürlicher Baustoffe ist Ausdruck des Wunsches, die Natur in die Ästhetik der Wohnumgebung einzubeziehen.

Unten rechts: Die begrünte Wand im Bad des Elternschlafzimmers scheint bis zum Dachgarten hinaufzureichen.

ÖKO-FAKTEN

- Pflanzen ermöglichen das Erlebnis der Natur in einer urbanen Umgebung und schaffen eine grüne Oase in der Großstadt.
- Regenwassernutzung, Brauchwasser-Recycling, Kompostierung der Küchenabfälle.
- Umweltverträgliche Farben und Klebstoffe.
- Einsatz von nachhaltigen, wiederverwendeten und wiederverwerteten Baustoffen.
- Energieeffiziente Geräte und Armaturen.

ERKLÄRUNGEN

1 REGENWASSERZISTERNE
2 SAUNA/RUHEPLATZ
3 OUTDOOR-KÜCHE
4 SITZPLATZ
5 DACHBEPFLANZUNG
6 DUSCHE
7 SCHLAFZIMMER
8 WOHNDIELE
9 BAD
10 INNENGARTEN
11 WOHNRAUM
12 KOCHEN/ESSEN

funden ist, fällt das Licht in den darunterliegenden Wohnbereich und schafft eine dynamische, prickelnde Atmosphäre. Die freitragende Treppe mit Trittstufen aus Walnuss begünstig den Lichteinfall. Auf der einen Seite des Lofts geht der Wohnbereich unmittelbar ins Elternschlafzimmer über. Die bewegliche Verglasung des Bads bietet die Möglichkeit, einen Sichtschutz zu schaffen. Eine Wand des Bads ist begrünt, wodurch der Eindruck entsteht, die Pflanzen wüchsen vom Dachgarten herein.

Neben diesen ästhetischen »grünen« Elementen verfügt das Loft über viele andere umweltfreundliche Einrichtungen. Gefiltertes Brauchwasser wird wiederverwendet, die Küchenabfälle werden kompostiert. Die Toiletten sind mit einer wassersparenden Spülung ausgestattet. Farben und Klebstoffe enthalten keine umweltschädlichen Wirkstoffe, und alle eingebauten Elektrogeräte tragen das A-Plus-Siegel. Das Walnussholz des Fußbodens und der Wandverkleidung kommt aus nachhaltigen Quellen, und die Gipsbauplatten, die für den Innenausbau verwendet wurden, bestehen aus recyceltem Gips. Die Möbel bestehen ebenfalls aus recycleten oder nachhaltigen Rohstoffen und stammen aus heimischer Produktion.

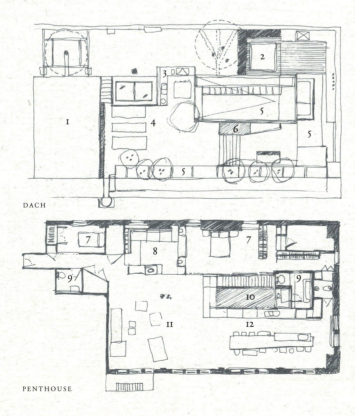

DACH

PENTHOUSE

NORDLICHT

Oben: Die langen Seitenwände im Erdgeschoss sind durchgehend verglast und tauchen das Innere in natürliches Licht. Die Fenster haben Dreifachverglasung mit Argon-füllung.

Oben rechts: Die Verglasungen der Seiten- und Giebelwände gleichen auf dem Grundrissplan einem Pluszeichen – was den Anstoß für den Namen des Modells gab. Die vorgefertigten Holzplatten wurden angeliefert und auf der Baustelle in nur 20 Tagen zusammengefügt.

Ganz rechts: Die zentrale offene Treppe bietet freien Durchblick.

Fertighäuser haben in Schweden einen Marktanteil von über 70 Prozent – der Spitzenplatz in Europa. Mag es in anderen Teilen der Welt mit Imageproblemen behaftet sein – in Schweden sieht man darin eine Bauweise, die sich unter dem Gesichtspunkt optimaler Nutzung von Zeit und Ressourcen entwickelt hat. Die meisten Haustypen in den Katalogen der Hersteller folgen traditionellen Vorgaben: kleine Fenster, Satteldach und imprägnierte Holzverkleidung. Das »Plus-Haus« von Claesson Koivisto Rune ist Ergebnis einer Ausschreibung von »Arkitekthus«, einem schwedischen Planungsbüro, das sich die Verbesserung der architektonischen Eigenschaften von Fertighäusern zum Ziel gesetzt hat.

Der Unterschied zwischen einem Fertighaus und einem konventionell gebauten besteht darin, dass ersteres auf Grund der Fertigungsmethoden niemals spezifisch auf eine bestimmte Lage zugeschnitten werden kann. Hier aller-dings ist es den Architekten mit ihrem Entwurf gelungen, einem bodenständigen skandinavischen Gebäudetyp, der Scheune, eine zeitgemäße Form zu geben, die sich allen Geländebedingungen anpassen lässt.

Das bestechende Hauptmerkmal des Entwurfs sind die langen verglasten Seiten- und Giebelwände. Auf dem Reiß-brett erscheinen die beiden Sichtachsen senkrecht zueinan-der wie ein Pluszeichen, was den Anstoß für die Bezeich-nung des Entwurfs gegeben hat. Die Orientierung des Hauses ist symmetrisch, und alle Wände sind gleich, ob sie nun in der Sonne liegen oder im Schatten. Dafür sitzen alle Fenster in 90 Zentimeter tiefen Nischen, so dass, unabhän-gig von der Ausrichtung, eine ausreichende Beschattung im Sommer gewährleistet ist.

Das Satteldach und die Abmessungen des zweistöckigen Gebäudes berücksichtigen die jeweiligen örtlichen Baube-stimmungen und entsprechen dank klarer Linienführung

Links: Blick aus dem Koch- und Essbereich in den Wohnraum. Die offene Raumeinteilung wird durch die wenigen unauffälligen Trennwände, die Rückzugsräume bieten, wenn man seine Ruhe haben möchte, nicht beeinträchtigt.

Oben rechts: Das vom lichtdurchfluteten Schlafzimmer aus zugängliche Bad ist der einzige vollständig abgetrennte Raum im Haus.

Oben ganz rechts: Das Haus bietet viel Stauraum hinter unauffälligen Blenden und Türen.

und großer Öffnungen für natürliches Licht den Anforderungen des Marktes an zeitgemäßes Wohnen.

Die Gesamtbauzeit betrug 40 Tage: 20 im Werk und weitere 20 auf der Baustelle. Die vorgefertigten Holzbauteile für Rahmen, Wände und Dach wurden werksseitig zusammengesetzt. Die Außenverkleidung aus Nadelholz wird sich mit der Zeit grau verfärben. Die Wandbauteile sind hervorragend gedämmt, die Fenster dreifach verglast.

Die Inneneinrichtung ist einfach und beschränkt sich auf das Nötigste, um die langen Sichtlinien nicht zu beeinträchtigen, die das weitläufige Raumgefühl ausmachen. Die Treppe ist – anders als beim Grundtyp mit geschlossenem Treppenhaus –, als offene Treppe ausgeführt, so dass der Lichteinfall nicht behindert wird. In den fugenlosen Schränken an den nicht verglasten Wänden ist viel Platz für Dinge, die man im Haushalt braucht. Die Schiebetüren im Obergeschoss nehmen wenig Raum im Anspruch.

Obwohl die Planung eine offene Raumeinteilung vorsieht, haben die Architekten es geschickt verstanden, Weitläufigkeit und Privatsphäre in einem ausgewogenem Verhältnis zu halten. Und die großen verglasten Flächen sorgen dafür, dass trotz allem niemals ein Gefühl von Enge aufkommen kann.

ÖKO-FAKTEN

- Vorgefertigte Holzkonstruktion.
- Hochwirksame Dämmung.
- Dreifachverglasung.
- Nach innen versetzte Fenster verhindern Überhitzung durch direkte Sonneneinstrahlung im Sommer.
- Viel Helligkeit durch natürliches Licht.

ERKLÄRUNGEN

1 SCHLAFZIMMER
2 BAD
3 WOHNDIELE
4 WOHNZIMMER
5 KÜCHE
6 STAURAUM
7 ESSRAUM

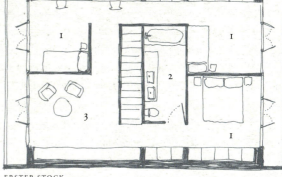

ERSTER STOCK

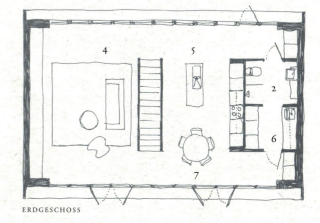

ERDGESCHOSS

STRANDPAVILLONS

WOCHENENDHAUS | SMITHS LAKE, NEW SOUTH WALES | AUSTRALIEN | ARCHITEKTEN: SANDBERG SCHOFFEL ARCHITECTS

Rechts: Die Pavillons dieses Wochenenddomizils liegen an einem Hang und sind durch eine überdachte Treppe miteinander verbunden. Zum Bau musste nur ein Baum gefällt werden.

Unten: Von der dem Wohnpavillon vorgelagerten Terrasse blickt man auf den See hinab. Natürlicher Luftaustausch und Dachüberstände sorgen für Kühlung im Innenbereich.

Ganz rechts: Die Wellblechdächer der Pavillons und das Dach über der Treppe leiten das Regenwasser in große Lagertanks unter dem Wohnpavillon. Das Wasser wird im Garten und als Reservoir für die Sprinkleranlage gegen Buschbrände verwendet.

Das Trachten aller modernen ökologischen Baumaßnahmen geht dahin, Geländeeingriffe zu minimalisieren, vor allem dann, wenn der Bauplatz in einer unberührten Landschaft von natürlicher Schönheit liegt. Smiths Lake in New South Wales ist ein beliebtes Naherholungsgebiet für Kurzurlauber. Das umliegende Buschland beherbergt eine mannigfaltige Fauna. An einem nordorientierten, von der Straße zum See hin abfallenden Hang gelegen, besteht das Wochenenddomizil aus zwei getrennten Pavillons, einem zum Wohnen, dem anderen zum Schlafen. Beide sind durch eine überdachte Treppe verbunden. Bei der Planung der Anlage wurde eine ganze Reihe ökologischer Ziele berücksichtigt: Einsparung von Energie, Auffangen von Regenwasser, passive Heizung und Kühlung und vor allen Dingen Verträglichkeit mit dem natürlichen Umfeld.

Durch die Verwendung von Schraubfundamenten für die beiden Einheiten wurden Erdarbeiten und Schäden am Wurzelwerk der Bäume vermieden. Die Lage der Pavillons wurde so sorgfältig gewählt, dass nur ein Baum des bewaldeten Grundstücks gefällt werden musste. Ansonsten blieb das ursprüngliche Landschaftsbild erhalten. Auch durch den Verzicht auf eine Einfriedung konnten Eingriffe ins Terrain vermieden werden.

Die Aufteilung des Baukörpers in zwei separate Pavillons – einer zum Wohnen, Essen und Kochen, der andere für Schlafräume und Bäder – ermöglichte eine effiziente Raumnutzung und Einsparungen bei den Installationen. Die Konstruktion aus vorgefertigten leichten Stahlrahmenteilen erforderte einen minimalen Materialaufwand. Beim Zusammenfügen des Stahlrahmens dienten die Fundamentplatten als Arbeitsfläche, so dass der Waldboden geschont werden konnte. Die freiliegende Stahlkonstruktion sowie die Überdachung der Treppe, die beide Pavillons verbindet, reflektieren die Farben der Bäume. Die Farbtöne der Außenhaut erwecken den Eindruck, als ziehe sich das Gebäude in den Wald zurück und die Bäume schöben sich in den Vordergrund. Auch durch die Verwendung von Wellblech in Verbindung mit den Metallplatten der Verkleidung entsteht ein natürliches Muster aus Licht und Schatten. Dank des galvanisierten Stahls und der vorbehandelten Verkleidungsplatten waren auf der Baustelle nur wenige Malerarbeiten erforderlich. Weil die tragende Konstruktion gegen Insektenbefall unempfindlich ist, waren chemische Mittel zum Schutz vor Termiten entbehrlich.

Die Pavillons sind nordorientiert, so dass alle Räume Tageslicht erhalten. Das überstehende Dach und die Kronen der Bäume tragen im Sommer zur Beschattung des Gebäudes bei, und die Hanglage hält kalte Winde ab. Schrankwände nach Süden, wo die Straße vorbeiführt, und nach Osten, wo die Nachbarhäuser liegen, verringern die Lärmbelästigung. Alle Wände, Dächer und Fußböden sind wärmeisoliert, in allen Räumen herrscht natürlicher Luftaustausch, so dass auf eine Klimaanlage oder Heizung verzichtet werden konnte. Warmwasser kommt bei Bedarf aus einem mit Gas betriebenen Boiler.

Trockenheit und Buschbrände sind eine stets gegenwärtige Gefahr. Das Regenwasser von den Wellblechdächern wird in Tanks unter dem Wohnpavillon gesammelt und für die Bewässerung des Gartens genutzt sowie für die Sprinkleranlage zur Bekämpfung von Buschbränden, die über die Telefonleitung fernbedient werden kann.

Rücksichtnahme auf die Landschaft bedeutet auch die Beschränkung auf heimische Pflanzenarten für die Begrünung des Gartens. Für alle Neuanpflanzungen wurden heimische, gegen Trockenheit resistente Arten ausgewählt, die nur wenig zusätzliches Wässern erfordern.

Unten: Im unteren Pavillon liegen die Bereiche für Wohnen, Essen und Kochen. Jalousiefenster begünstigen den natürlichen Luftaustausch. Alle Räume bieten Ausblick auf den See.

Rechts: Die Einbauküche befindet sich im unteren Pavillon.

Gegenüber links und rechts: Der obere Pavillon beherbergt die Schlafräume und Bäder. Die Außenverkleidung trägt dazu bei, dass sich die Gebäude harmonisch in ihre natürliche Umgebung einfügen.

ÖKO-FAKTEN

- Minimale Geländeeingriffe dank sorgfältig geplanter Ausrichtung, des Stahlrahmenwerks und der Verwendung von Schraubfundamenten.
- Natürliche Luftzirkulation macht eine Klimaanlage entbehrlich.
- Wärmedämmung und windgeschützte Hanglage halten die Pavillons im Winter warm.
- Keine zusätzliche Heizung, ausgenommen für Warmwasserbereitung und Kühlung.
- Verwendung von Regenwasser im Garten und für die Sprinkleranlage gegen Buschbrände.
- Vorbehandelte Verkleidung erübrigt Anstriche.

ERKLÄRUNGEN

1 WOHNBEREICH MIT KÜCHE
2 ÜBERDACHTE TREPPE MIT REGENWASSERSAMMLER
3 SCHLAFRÄUME UND BÄDER
4 PARKEN

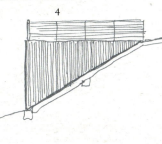

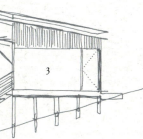

FERTIGHAUS NACH MASS

RESIDENZ EINES BILDHAUERS | SANTA ROSA, KALIFORNIEN | USA | ARCHITEKTEN: SANDER ARCHITECTS

Rechts: Dieses Haus in Hanglage ist außen mit Blechtafeln verkleidet, wie sie normalerweise für die Dachhaut verwendet werden.

Unten: Der »große Salon« im Erdgeschoss ist ein offener Bereich für Wohnen, Essen und Kochen. Die leichte Bauweise der Stahlrahmenkonstruktion erlaubt Räume mit hohen Decken.

Ganz rechts: Die hohe Eingangshalle im Erdgeschoss greift die Umrissformen der Keramikarbeiten des Bildhauers auf, die an prominenter Stelle platziert sind. Eine gewundene Treppe führt in den ersten Stock hinauf.

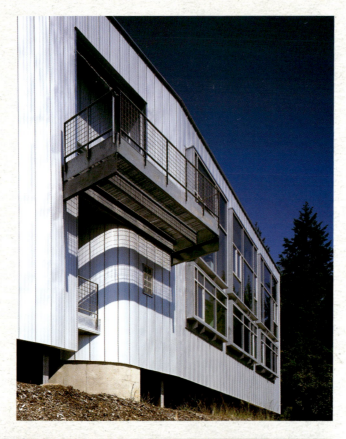

Der Begriff Fertigbauweise umfasst vielfältige Möglichkeiten. Allen gemeinsam ist die werksseitige Vorfertigung aller Gebäudeteile, die zur Baustelle transportiert und dort aufgestellt werden. Im Extremfall haben diese Bauteile die Form von Modulen oder vollständigen Räumen. Fertighäuser gelten allgemein als umweltfreundlich, weil sie in einer Fabrikhalle entstehen, in der das Baumaterial effizienter genutzt wird als auf der Einzelbaustelle und der Energieverbrauch dank Rationalisierung gering gehalten werden kann. Außerdem ist diese Bauweise schneller als die konventionelle. Nachdem das Fundament gelegt ist und die Bauteile angeliefert wurden, steht das Haus in wenigen Tagen, was die Umweltbelastung durch die Arbeiten auf der Baustelle, die bei klassischer Bauweise Monate betragen, erheblich verringert.

Die Architekten dieses in herrlicher Hanglage in Kalifornien stehenden Hauses haben sich auf eine »Hybrid«-Konstruktion spezialisiert, die ultimative Freiheit beim Design zulässt. Anders als bei den meisten Fertighaustypen, die für Sonderwünsche nur wenig Spielraum lassen, ermöglicht es ihnen die leichte Konstruktion aus Recycling-Stahl, individuelle Gebäude zu entwerfen, die auf die individuellen Bedürfnisse der Bauherren zugeschnitten sind. Weil Größe und Proportionen beliebig sind, lassen sich große Spannweiten überbrücken und weitläufige Räume schaffen. Darüber hinaus bieten Fertighäuser erhebliche ökonomische Vorteile gegenüber konventionellen Häusern, und man schätzt, dass die Baukosten pro Quadratmeter um ein Drittel niedriger sind.

Unser Haus steht am Hang über einem Tal, das den schönen Namen »Valley of the Moon« trägt. Diese Lage maximiert die passiven Solargewinne. Auch die Anordnung der Fenster ist diesem Ziel unterworfen, aber auch der Optimierung der natürlichen Luftzirkulation und einer perfekten Ausleuchtung – mit dem Erfolg, dass weder Klimaanlage noch Kunstlicht am Tag benötigt werden.

Der leichte Rahmen aus Recycling-Stahl erforderte nur geringe Materialmengen. Am Ende der Lebenszeit des Hauses lässt er sich ohne großen Aufwand zerlegen und wiederverwerten. Um die Forderung des Bauherrn nach einer wartungsfreien Außenhaut zu erfüllen, wurde diese aus vorbehandelten Blechtafeln ausgeführt, wie diese normalerweise für die Dachhaut verwendet werden. Sie erfordern keinen Anstrich und sind äußerst unempfindlich.

Unten: Die Stahlkonstruktion durchzieht das ganze Haus. Zu einem späteren Zeitpunkt kann sie demontiert, wiederverwendet oder recyclet werden. Die Arbeitsplatten in der Küche bestehen aus Geopolymerbeton, als Material für die Bodenbeläge wurde Bambus gewählt.

Rechts: Die fast 7 Meter hohe gewellte Stahlwand im Erdgeschoss reicht bis in den ersten Stock hinauf und bildet eine harmonische Ergänzung zu den glasierten Keramikgefäßen.

Ganz rechts: Die sorgfältig geplante Anordnung der Fenster sorgt für ein Maximum an natürlichem Licht und begünstigt die Luftzirkulation.

Die übrigen im Haus verwendeten Baustoffe sowie Einbauten und Armaturen wurden ebenfalls nach ökologischen Gesichtspunkten ausgewählt. Der Bodenbelag im Obergeschoss besteht aus umweltfreundlichem Bambus. Eine Fußbodenheizung sorgt für Wärme. In der Küche vereinigen sich umweltverträgliche Einbauten mit Arbeitsplatten aus Geopolymerbeton. Die Elektrogeräte gehören zur Energie-Effizienzklasse A, die Toiletten haben wassersparende Spülungen, und alle Anstriche im Innenbereich sind umweltfreundlich. Bei der Gartengestaltung hat man Eingriffe in die Landschaft weitestgehend vermieden. Die Bepflanzung mit einheimischen, trockenheitsresistenten Gewächsen erfordert Wässern nur bei anhaltender Dürre.

Die Einteilung der Innenräume ergibt ein abwechslungsreiches Bild. Der Eingang liegt hangseitig auf der Rückseite des Gebäudes. Man betritt die hohe Halle, deren kubische Form die Umrisse der Keramiktöpfe des Künstlers zitiert, die das Gesamtbild bestimmen. Von der Halle gelangt man über eine Treppe und Galerie in einen weitläufigen Koch- und Wohnbereich. Das Erdgeschoss beherbergt das Atelier und die Werkstatt des Künstlers.

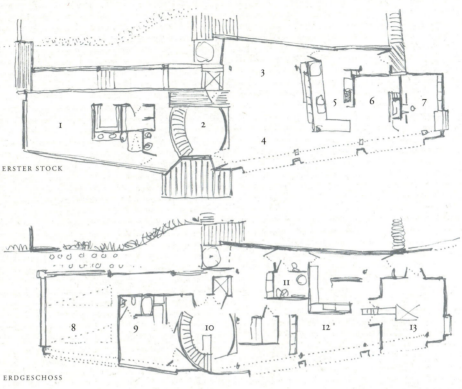

ERSTER STOCK

ERDGESCHOSS

ÖKO-FAKTEN

- Effizientes passives Heizen und
  Kühlen durch Lage und
  Anordnung der Fenster; keine
  zusätzliche Klimaanlage
  erforderlich.
- Vorgefertigter Rahmen in
  Leichtbauweise aus Recycling-
  Stahl. Kann am Ende der
  Nutzungszeit des Hauses zerlegt
  und wiederverwendet werden.
- Fundamentplatte dient als Estrich
  in Erdgeschoss; Bodenbeläge aus
  Bambus im ersten Stock.
- Fußbodenheizung.
- Wartungsfreie Gebäudehülle.
- Niedervolt-Halogenleuchten,
  Energiesparlampen, wasser-
  sparende Toiletten, Elektrogeräte
  der Energie-Effizienzklasse A,
  umweltfreundliche Anstriche.
- Heimische, an Trockenheit
  gewöhnte Pflanzen im Garten.

ERKLÄRUNGEN

1	SCHLAFZIMMER/BAD
2	EINGANG
3	ESSRAUM
4	WOHNBEREICH
5	KÜCHE
6	FAMILIENRAUM
7	DIELE
8	CARPORT
9	SCHLAFZIMMER
10	EINGANG
11	BÜRO
12	ATELIER
13	WERKSTATT

HOCH EMPOR

HAUS UND ATELIER | PARIS | FRANKREICH | ARCHITEKTEN: JACQUES MOUSSAFIR, ISABELLE DENOYEL UND ERIC WUILMOT

Unten: Hoch effiziente Verglasung mit einem minimalen Anteil an Rahmung sorgt für reichlich natürliches Licht und ein Gefühl von Weitläufigkeit im Innenbereich. Der Dachstuhl wurde angehoben, um mehr Raumvolumen zu schaffen.

Unten rechts: Die großen Fenster des Wohnbereichs sind zur Gasse hin mit einem Lattenrost abgeschirmt.

Ganz rechts: Umbau und Erweiterung bilden eine Einheit. Dank der Baumaßnahmen erhalten die Räume nun mehr natürliches Licht, und die Energieeffizienz des Gebäudes ist erheblich besser als vor der Renovierung.

Dieses Haus mit Atelier aus dem späten 19. Jahrhundert liegt halb versteckt in einer malerischen Gasse im Herzen des 14. Arrondissements von Paris. Der Eigentümer wünschte sich mehr Platz und größere Räume und ließ es umbauen und modernisieren. Das Ergebnis ist eine Verbindung von zeitgenössischem Design mit umweltfreundlichen Technologien und Baustoffen. Die Energieeffizienz liegt um 40 Prozent über der vergleichbarer Neubauten.

Die Vorgaben des Bauherrn beinhalteten unter anderem die Vergrößerung der Wohnfläche, die Anpassung des vorhandenen Wohnraums an einen modernen Lebensstil, unmittelbaren Zugang zum Garten und die Optimierung des Lichteinfalls. Des Weiteren galt es durch den Einsatz alternativer Technologien und die Verwendung nachhaltiger Baustoffe den Kohlendioxidausstoß zu verringern. Das Dach sollte angehoben werden, um den umbauten Raum zu vergrößern, die Fassade zur Gasse verbreitert werden, um zusätzliche Wohnfläche zu schaffen. Unter Umgehung aller

Fallstricke, die mit dem Versuch verbunden sind, Nostalgisches mit Modernen zu verschmelzen, ist es hier gelungen, aus Alt und Neu ein harmonisches Ganzes zu machen.

Das angehobene Dach ist mit Zinkblechtafeln eingedeckt, deren senkrecht stehende Nähte ein modern anmutendes geometrisches Muster bilden. Zinkblech ist zu 100 Prozent recyclebar und in Paris als Dacheindeckung verbreitet. Velux-Dachfenster unterstützen den natürlichen Luftaustausch, und eine 6 Quadratmeter große Fläche aus Sonnenkollektoren liefert nahezu die Hälfte des Energiebedarfs für Heizung und Warmwasser. Die Kollektoren sind so unauffällig in die Dachhaut integriert, dass man sie fast für Dachfenster halten könnte. Für die neuen Fenster wurde eine hochdämmende Doppelverglasung gewählt. Die Scheiben bestehen aus einer Glasart, die bis zu einem Grad gebogen werden kann, so dass die Glasfront nicht von Streben durchbrochen wird. Wände, Dach und Fußböden des Hauses sind hochwirksam gedämmt.

Rechts: Im Zuge der Umbauarbeiten wurde die Treppe verlegt, um eine vorteilhaftere Raumeinteilung zu schaffen.

Ganz rechts: Die Küche wurde in die Mitte des Erdgeschosses gerückt. Vom Essbereich aus blickt man in den Garten hinaus.

Unten: Der Wohnbereich liegt drei Stufen höher als Küche und Essplatz. Der mit Holz befeuerte Kaminofen liefert zusätzliche Wärme und sorgt für eine gemütliche Atmosphäre.

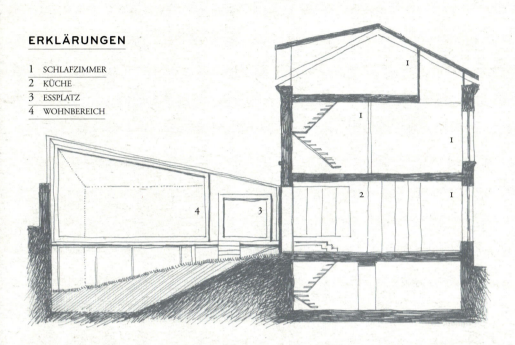

ÖKO-FAKTEN

• Sonnenkollektoren für die Warmwasserbereitung.
• Nutzung von Erdwärme.
• Wärmerückgewinnung aus der Abluft.
• Regenwasser für die Gartenbewässerung.
• Hoch energieeffiziente Fenster.
• Umweltfreundliche Anstriche.
• Hochwirksame Dämmung von Wänden und Fußböden.
• Mehr natürliches Licht durch Velux-Dachfenster.

Oben rechts: Alle Türen im Haus sind wandhoch, wodurch die Zimmer höher erscheinen, als sie tatsächlich sind.

Rechts: Im Bad wurde Corian verwendet, ein teilweise aus wiederverwendeten und wiederverwerteten Stoffen bestehender acrylgebundener Mineralstoff.

Vor den großen Panoramafenstern des der Gasse zugewandten Wohnbereichs wurden Lattenroste errichtet, die rankenden Pflanzen als Kletterhilfe dienen. Auf diese Weisen entstand ein Sichtschutz, der die Privatsphäre gewährleistet und den Wünschen der Nachbarn entgegenkommt.

Die Nutzung von Erdwärme sowie die Wärmerückgewinnung aus der Abluft verringern den Bedarf an zusätzlicher Heizung und Kühlung. Dank dieser Anlage werden im Winter 85 Prozent des üblichen Energiebedarfs eingespart. Im Sommer dient die Wärmepumpe zur Klimatisierung, in der kalten Jahreszeit als Heizung.

Zusätzliche Wärme liefern ein hocheffizienter Gas-Brennwertkessel und ein mit Holz befeuerter Kaminofen. Der zylindrische Ofen erreicht eine Energieeffizienz von über 80 Prozent. Abgesehen von der gemütlichen Atmosphäre, die er im Raum verbreitet, erfüllt er drei Funktionen, je nachdem, ob man ihn mit der verglasten Tür verschließt, durch die man die Flammen bobachten kann, oder mit einer Gusseisenklappe, hinter der man das Feuer auch über Nacht in Gang halten kann, oder ob man ihn gar nicht verschließt, so dass er wie ein offener Kamin wirkt.

Zwei große Zisternen sammeln Regenwasser, das für die Gartenbewässerung verwendet wird. Auch die Spülung der Toiletten ist sparsam im Umgang mit Wasser. Der Garten wurde – eine Seltenheit in der Pariser Innenstadt – zu einem Nutzgarten umgestaltet mit Beeten für Gemüse und Kräuter sowie einem Obstbaum.

BÜGELEISEN

FOCUS HOUSE | LONDON | UK | ARCHITEKT: JUSTIN BERE

Rechts: Der Neubau entstand auf dem keilförmigen Grundstück neben einem alten viktorianischen Wohnhaus und ist hinten breiter als vorn.

Ganz rechts: Die Treppe in den ersten Stock hat einen neutralen Anstrich, der den Eindruck von Weitläufigkeit nicht beeinträchtigt.

Unten: Im Erdgeschoss gehen die Bereiche für Wohnen, Essen und Kochen ineinander über. Der Fußboden besteht aus Eichendielen, die Einbauten sind mit Rosenholz furniert. Die großen skandinavischen Isolierglasfenster begünstigen den natürlichen Lichteinfall.

Gegenüber: Der Blick aus dem Essbereich in den vorderen Teil des Hauses verrät den keilförmigen Grundriss. Alle Gelegenheiten wurden genutzt, um Stauraum zu schaffen.

Das passende Grundstück für ein Haus zu finden, kann schwierig sein, besonders in Innenstädten und dicht besiedelten Einzugsgebieten. Als die Eigentümer dieses ungewöhnlichen, mit Zinkblech verkleideten Gebäudes den Entschluss fassten, ein umweltfreundliches Haus zu bauen, bot sich als einzige Möglichkeit ein keilförmiger Streifen Bauland im Norden Londons an, der zu einer viktorianischen Villa gehörte und als Parkplatz diente. Um das Projekt zu finanzieren, erwarben die zukünftigen Bauherren das gesamte Anwesen, verkauften die Villa weiter und behielten nur den keilförmigen Zipfel.

Die ungünstigen Abmessungen des Grundstücks bestimmten den Grundriss des neuen Hauses. Es ist drei Stockwerke hoch und sieht fast wie ein Bügeleisen aus, vorn knapp 3 Meter breit, hinten 7 Meter. Das gesamte Erdgeschoss wird für Wohnen und Essen genutzt. Durch die großen Schiebefenster für natürlichen Lichteinfall blickt man in den rückseitig liegenden Garten hinaus. Im ersten Stock befinden sich ein Arbeitszimmer, das teilweise über den äußeren Eingangsbereich an der Straßenseite hinausragt, sowie

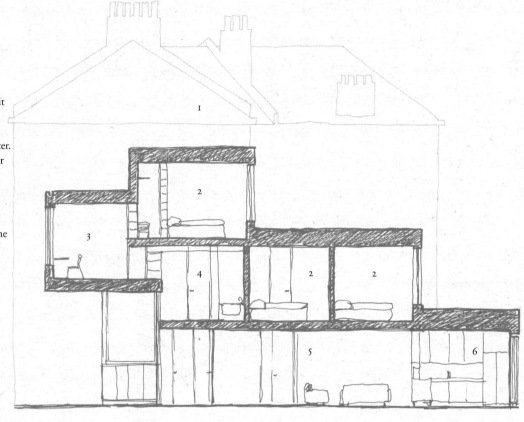

- Holzkonstruktion aus
  erneuerbaren Quellen.
- Hochwirksame Dämmung mit
  Isolierschaum.
- Hochwärmedämmende
  skandinavische Isolierglasfenster.
- Wärmerückgewinnung aus der
  Abluft.
- Sonnenkollektoren für
  Warmwasserbereitung und
  Heizung.
- Dauerhafte, umweltverträgliche
  Außenhaut.
- Effiziente Raumnutzung.

ERKLÄRUNGEN

1	NACHBARHAUS
2	SCHLAFZIMMER
3	ARBEITSZIMMER
4	BAD
5	WOHNBEREICH
6	KÜCHE

Ganz links oben: Die Bauherren-familie kam aus einem geräumige-ren Haus und musste erst lernen, was Beschränkung bedeutet. Die Küche befindet sich im hinteren Teil des Wohnbereichs.

Ganz links unten: Der Garten mit einer großen Holzveranda ist ohne großen Aufwand und pflegeleicht angelegt. Neben dem Kumquat-baum in der Mitte gibt es Oliven-bäumchen in Kübeln.

Links: Eine Treppe führt vom Arbeitszimmer ins Elternschlaf-zimmer im zweiten Stock.

zwei Schlafräume und ein Bad hintereinander an einem Korridor. Einen Stock höher liegen ein zweites Bad und das Elternschlafzimmer mit Ausblick auf die Nachbargebäude.

Die Architekten hatten den Auftrag, ein Einfamilien-haus zu entwerfen, das bei möglichst niedrigen Baukosten wenig Energie verbraucht, geringere Unterhaltskosten ver-ursacht und viel flexibel nutzbare Wohnfläche bereitstellt. Wände, Fußböden und Dach bestehen aus 200 Millimeter starken Multiplexplatten aus nachhaltig bewirtschafteten Wäldern und wurden aus Österreich importiert. Verglichen mit Beton und Stein ist Holz ein schlechter Wärmespei-cher. Doch bei Fertigbauweise können Holzbauteile große Flächen überspannen und sehr schnell zusammengefügt werden. Die Bauzeit für das Gebäude einschließlich Innen-ausbau und aller Installationen betrug nur sechs Monate.

Die Außendämmung besteht aus einer 200 Millimeter starken Schicht Glasschaum, die eine undurchdringliche Dampfsperre bildet. Darüber liegt die eigentliche Gebäu-dehülle aus verzinktem Blech – sehr dauerhaft und pflege-leicht. Einen weiteren Beitrag zur Energieeffizienz des Gebäudes liefern die Isolierglasfenster aus Skandinavien.

Entsprechend der für ein Passivhaus geltenden Defini-tion ist das Gebäude weitgehend luftdicht und gut gedämmt, so dass nur minimaler zusätzlicher Wärmebedarf entsteht. So herrschen auch im Sommer in den Wohnräu-men angenehme Temperaturen. Das Gebäude ist für die Wärmerückgewinnung aus der Abluft eingerichtet, und der Verbrauch an Warmwasser wird zur Hälfte durch Solarther-mie gedeckt, so dass die Energiekosten gering sind.

Um räumliche Weite zu suggerieren, findet man im Innenbereich nur niedrige Trennelemente statt raumhoher Wände. Eine neutrale Farbpalette in Grautönen und Weiß optimiert den natürlichen Lichteinfall durch die großen Fenster. Weil die Bauherrenfamilie zuvor ein weitaus gerä-migeres Haus gemietet hatte, ließen sich gewisse Einschrän-kungen nicht vermeiden. Aber die notwendige Trennung von Inventar führte zu der Erkenntnis, dass das Prinzip »weniger ist mehr« im Einklang mit einer umweltfreund-lichen Lebensweise steht.

Ein Haus ohne Eigenkapital zu bauen, ist eine riskante Angelegenheit, finanziell wie organisatorisch, und erst recht, wenn der Faktor Ökologie mit ins Spiel kommt. Dass Focus House ein Erfolgsmodell ist, wurde spätestens dann offensichtlich, als es drei begehrte Preise gewann: den RIBA London Award, den Grand Designs Award für das beste Öko-Haus und den British Homes Award.

WIEDERGEBURT

PRIVATHAUS | LE VAR | FRANKREICH | ARCHITEKT: BERTRAND BONNIER

Nach langer Suche nach einem Grundstück auf dem Land, das die Möglichkeit bot, sowohl biologischen als auch traditionellen Landbau zu betreiben, stieß der Bauherr zufällig auf dieses alte Anwesen im Departement Var. Zwar konnte man die ursprünglichen Felder auf alten Fotos noch deutlich erkennen, aber inzwischen waren sie unter der Vegetation kaum noch auszumachen. Einst hatte man hier Weizen angebaut sowie Wein und Oliven geerntet, aber die Felder und Gärten lagen seit 70 Jahren brach. Das kleine Bauernhaus aus Feldsteinen war unbewohnbar geworden.

Der erste Schritt zur Restaurierung bestand darin, das Gelände von Unkraut zu befreien, die Trockenmauern der Einfriedung zu reparieren und einen Hain für 600 Olivenbäume anzulegen. Das alte Bauernhaus wurde restauriert und an der Rückseite um einen langen, schmalen Trakt erweitert, der teilweise in den unmittelbar dahinterliegenden Hang hineingebaut ist. Eine Pergola, die von Mittag bis Abend in der Sonne liegt und im Sommer durch Rohrmatten verschattet wird, vervollständigt die Erweiterung.

Für die Konstruktion des Anbaus und die Außenverkleidung der Längswände sowie der Nordfassade wurde Holz verwendet. An der Rückseite wurde mit dem Aushub aus Erdreich und Steinen eine Böschung angelegt, die zur

thermischen Masse des Gebäudes beiträgt und mithilft, es im Sommer kühl und im Winter warm zu halten. Einen weiteren Beitrag zur Nutzung der thermischen Masse bilden die Betonwände im Wohnbereich. Das Dach des Erweiterungsbaus besteht auf ganzer Länge aus einer Terrasse, die mit robusten Sträuchern bepflanzt ist.

Der Neubau ist mit großen Südfenstern ausgestattet, um die Sonnenwärme optimal zu nutzen. Die Beschattung erfolgt durch Schiebeläden. An der Nordseite des Anbaus

Oben rechts: Der Neubau liegt hinter dem aus Feldsteinen errichteten ursprünglichen Gebäude. Sonnenkollektoren decken den Energiebedarf.

Rechts: Das alte Steingebäude und der neue Anbau sind harmonisch aufeinander abgestimmt und bilden eine Einheit.

Ganz rechts: Die Pergola ist mit Rohrmatten verschattet, die Schutz vor den sengenden Strahlen der Sommersonne gewähren.

Ganz links: Steinmauern haben eine hohe thermische Masse. Im Winter unterstützen sie die Heizung, im Sommer die Kühlung.

Links: Bei Bedarf liefert der offene Kamin zusätzliche Wärme.

unterstützen dicht unter der Decke angebrachte Oberlichte die natürliche Luftzirkulation. Das Gebäude ist hochwirksam gedämmt.

Wegen der Entfernung von mehreren Kilometern zum nächsten Dorf und weil das Anwesen weder ans Stromnetz noch an die Wasserversorgung angeschlossen ist, hatte man keine andere Wahl, als es so autark wie möglich zu machen. Ein Bohrloch wurde abgeteuft und dient als Wasserquelle. Als Auffangbecken für Regenwasser wurde ein künstlicher Teich angelegt, der knapp 230 Kubikmeter Wasser fasst. Mit dem Regenwasser wird der Olivenhain bewässert, außerdem dient es als Löschwasserreservoir.

Die für den Betrieb des Hauses erforderliche Energie liefert die Sonne. Die neben dem Teich aufgestellten Kollektoren der thermischen Solaranlage haben einen Neigungswinkel von 60 Grad, damit sie in den Wintermonaten die

Strahlen der tiefstehenden Sonne einfangen können sowie das ganze Jahr hindurch vom reflektierten Licht des Teichs profitieren. Diese Wärmeenergie wird für den Betrieb der Fußbodenheizung und die Warmwasserbereitung genutzt. Ein Stück abseits davon stehen die Kollektoren der Fotovoltaikanlage für die Stromversorgung des Hauses. Zu ihrer Unterstützung kann bei schlechtem Wetter und an verhangenen Tagen ein Generator zugeschaltet werden.

Das landestypische, aus unvermörtelten Feldsteinen errichtete Gebäude scheint mit dem Grund, auf dem es steht, zu verschmelzen. Der Anbau ist kein Stilbruch, sondern bildet eine Einheit mit dem Haus und passt sich der ländlichen Umgebung an. In der Nutzung der natürlichen Energieressourcen sowie der Produktion eines hochwertigen Speiseöls aus dem Olivenanbau verbinden sich traditionelle Landwirtschaft und technischer Fortschritt.

ÖKO-FAKTEN

- Restaurierung alter Bausubstanz und Wiederbelebung eines landwirtschaftlichen Anwesens.
- Sonnenkollektoren sorgen für Wärme und Strom.
- Trinkwassergewinnung auf dem Grundstück und Nutzung von Regenwasser.

- Verwendung von Baustoffen mit hoher thermischer Masse.
- Holzkonstruktion und -verkleidung.
- Hochwirksame Dämmung.
- Natürliche Luftzirkulation.

ERKLÄRUNGEN

1	SCHLAFZIMMER
2	BAD
3	WOHNEN/ESSEN
4	STAURAUM
5	HEIZUNGSRAUM
6	GARAGE
7	KÜCHE/WOHNRAUM

Oben: Ein Bassin mit einem Fassungsvermögen von fast 230 Kubikmeter dient als Speicherbecken für Regenwasser. Im Winkel von 60 Grad geneigte Sonnenkollektoren fangen die Strahlen der Wintersonne ein und das ganze Jahr über das von der Teichoberfläche reflektierte Sonnenlicht.

Links: Große südorientierte Fenster sorgen für Helligkeit im Wohnbereich des Anbaus. Oberlichte unter der Decke in der Nordwand unterstützen die natürliche Luftzirkulation.

FREIER BLICK

1532 HOUSE | SAN FRANCISCO, KALIFORNIEN | USA | ARCHITEKTEN: FOURGERON ARCHITECTURE

Oben: Jalousien vor den Fenstern zur Straße halten neugierige Blicke ab. Über der ebenerdigen Garage befindet sich das Künstleratelier.

Oben rechts: Zwischen den beiden Gebäudeteilen liegt der Innenhof. Es gibt noch weitere Freiflächen, einschließlich einer vom Atelier aus zugänglichen Dachterrasse.

Rechts: Eine freitragende Treppe verbindet die Schlafräume auf der unteren Ebene mit dem Wohnbereich und dem Elternschlafzimmer in der oberen Etage.

Ganz rechts: Blick aus dem Innenhof auf den rückwärtigen Teil des Gebäudes. Stege aus Glas und Holz verbinden die Innen- mit den Außenbereichen. Die großen Fenster, die vom Boden bis zur Decke reichen, lassen sich für den natürlichen Luftaustausch öffnen.

Mit dem Begriff »infill« beschreibt die moderne Architektur die systematische Nutzung von Baulücken in urbanen Ballungsgebieten als ökologische Antwort auf den hemmungslosen Geländeverbrauch in den Vorstädten. Dieses Haus füllt einen knapp 8 Meter breiten Geländestreifen in San Francisco und besteht aus zwei Gebäudeteilen, die an einen gemeinsamen Innenhof grenzen. Insgesamt gibt es sieben Freiräume, von der Terrasse an der Vorderseite bis zum Garten hinter dem Haus. Alle sind um die Wohnbereiche gruppiert, wodurch der Eindruck offener Raumeinteilung entsteht. Fenster vom Boden bis zur Decke, Glasfußböden und Oberlichte sorgen für einen ungehinderten Tageslichteinfall in allen Räumen. Von der Straßenseite geht der Blick ungehindert durchs ganze Gebäude bis hinaus in den Garten auf der Rückseite. In den vorderen Teil des Hauses ist ebenerdig eine Garage integriert, darüber liegt das Atelier des Eigentümers. Der Bereich Wohnen/Kochen/Essen befindet sich ebenerdig auf der der Straße abgewandten Seite des Innenhofs im rückwärtigen Gebäudeteil. Das Stockwerk darüber beherbergt das Elternschlafzimmer, das nach hinten versetzt ist, damit man auf die Bucht und die Golden Gate Bridge hinausblicken kann. Unterhalb des Wohnbereichs und auf gleicher Ebene wie die Garage sind weitere Schlafräume unterge-

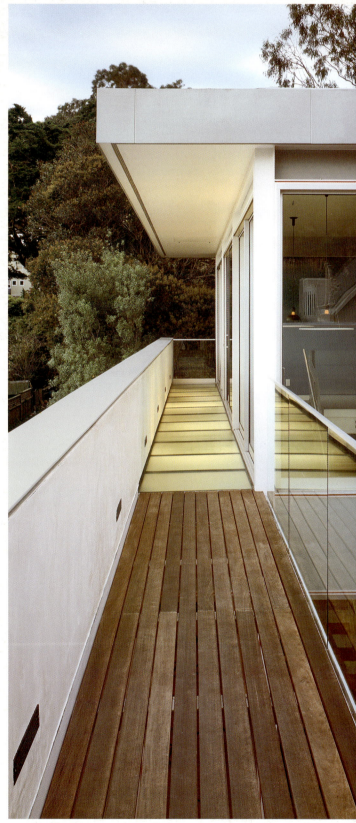

Oben: Durch die Schiebetür im Wohnbereich mit offener Raumeinteilung gelangt man in den Garten hinter dem Haus.

Rechts: Großzügig bemessene Überstände verschatten die Verglasung im Sommer; bei niedrigem Sonnenstand im Winter erlauben sie den Einfall der wärmenden Strahlen.

bracht. Das Gefühl von Transparenz, das die großen verglasten Flächen und die Freiräume vermitteln, hat keine nachteiligen Auswirkungen auf die Energieeffizienz des Gebäudes. Ungehindert fällt das Tageslicht ein und schafft eine behagliche Wohnatmosphäre. Für alle verglasten Flächen wurde Isolierglas verwendet, und zur Straße hin sorgen Jalousien für Privatsphäre. Die größten Öffnungen befinden sich in der Nord- und Südfassade, um die thermische Masse zu nutzen. Die Überstände der südorientierten Baukörper schirmen die Sommersonne ab, ohne die wärmende Einstrahlung bei niedrigem Sonnenstand im Winter zu behindern. Alle Fenster der Wohnräume lassen sich öffnen, und auf allen Ebenen gewähren große Glasschiebetüren Zugang zum Atrium, was in Verbindung mit einer freitragenden Treppe die natürliche Luftzirkulation begünstigt, so dass keine mechanischen Absaugvorrichtungen eingebaut werden mussten.

Für die Energieversorgung des Hauses sorgt die Fotovoltaikanlage auf dem Dach, die mehr Strom erzeugt, als im Haushalt benötigt wird. Eine thermische Solaranlage liefert vorgewärmtes Wasser für die Fußbodenheizung. Für alle Anstriche im Haus wurden umweltschonende Farben verwendet, und die Auswahl der Oberflächenverkleidung erfolgte unter dem Gesichtspunkt der Nachhaltigkeit.

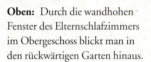

Oben: Durch die wandhohen Fenster des Elternschlafzimmers im Obergeschoss blickt man in den rückwärtigen Garten hinaus.

Oben rechts: Die freitragende Treppe erstreckt sich unter dem Oberlicht über zwei Stockwerke und begünstigt die natürliche Luftzirkulation.

ÖKO-FAKTEN

- Fotovoltaikanlage erzeugt mehr Strom, als verbraucht wird.
- Durch Solarthermie vorgewärmtes Wasser für die Fußbodenheizung.
- Hohe thermische Masse dank der Verwendung von Beton.
- Hochwirksam gedämmte Fenster.
- Natürliches Licht durch große Wandöffnungen.
- Umweltverträgliche Farben und nachhaltige Oberflächenbehandlung.

ERKLÄRUNGEN

1	SCHLAFZIMMER
2	TERRASSE
3	WOHNBEREICH
4	ATELIER
5	GARAGE

KRAFTWERK

LACEMAKERS HOUSE | NOTTINGHAM | UK | ARCHITEKTEN: MARSH: GROCHOWSKI ARCHITECTS

Rechts: Aus einem alten Fabrikgebäude entstand ein modernes Öko-Haus mit Sonnenkollektoren auf dem Dach. Das Haus ist rundherum hochwirksam gedämmt.

Unten: Eine Wohnzimmerwand ist mit alten Papphülsen verkleidet, eine preiswerte und individuelle Lösung.

Ganz rechts: Ein freiliegender Stahlträger erinnert an die industrielle Vergangenheit des Gebäudes. Der Fußboden des Wohnbereichs besteht aus Holzbauplatten, der der Küche aus Linoleum.

Alan Simpson, Mitglied der Labour-Partei und Abgeordneter des Wahlbezirks Nottingham South im britischen Unterhaus seit 1992, sieht die Wurzeln seines Feldzugs zur Förderung nachhaltigen Wohnens in der Zeit der Energiekrise, als Rentner erfroren, weil sie es sich nicht leisten konnten, ihre Wohnung zu heizen. Anders als andere Politiker hat Simpson seine öffentlich bekundeten Prinzipien in die Tat umgesetzt, indem er eine aufgelassene Ziegelei in ein Öko-Haus umwandelte.

Das Fabrikgelände grenzt an einen öffentlichen Parkplatz im Zentrum Nottinghams. Der Stadtteil heißt Lace Market in Erinnerung an die einst hier ansässige Textilindustrie. Als Simpson es erwarb, befand sich das Gebäude in einem desolaten Zustand. Aber statt auf einem Grundstück im Grünen zu bauen, wollte Simpson beweisen, dass es möglich ist, ein ausgedientes Industriegebäude umzuwandeln und zu renovieren und dabei den CO_2-Ausstoß ganz erheblich zu reduzieren. Eingedenk der Tatsache, dass über 80 Prozent der englischen Bevölkerung in Altbauten wohnt, liegt es auf der Hand, dass hier der Hebel angesetzt werden muss, um die freigesetzte Kohlendioxidmenge in nennenswertem Umfang zu begrenzen.

Ein nicht unbeträchtlicher Teil der Baukosten entfiel naturgemäß auf die Wärmedämmung. Mauerwerk aus dem 19. Jahrhundert kann diese Anforderungen nicht erfüllen. In unserem Fall wurde das Problem gelöst, indem man die Mauern außen mit Glasfasermatten dämmte und darüber die neue Außenhaut anbrachte. Auch an der Innenseite der Mauern und unter der Dachhaut wurde Isoliermaterial verlegt.

Ein weiterer wichtiger Schritt war der Einbau einer Fotovoltaikanlage, deren Kollektoren die Fläche der südlichen Dachhälfte einnehmen. Dadurch können im Lauf der Lebensdauer der Anlage bis zu 8 Tonnen CO_2-Emissionen vermieden und 15 Prozent der Energiekosten einge-

Rechts: Durch das Oberlicht fällt natürliches Licht ins Innere des Gebäudes. Einige der Ziegelwände wurden in ihrem ursprünglichen Zustand belassen.

Ganz rechts: Blick in den zwei Stockwerke hohen Wohnbereich im Erdgeschoss. Das Haus erzeugt seinen eigenen Strom und speist die Hälfte davon ins öffentliche Versorgungsnetz ein.

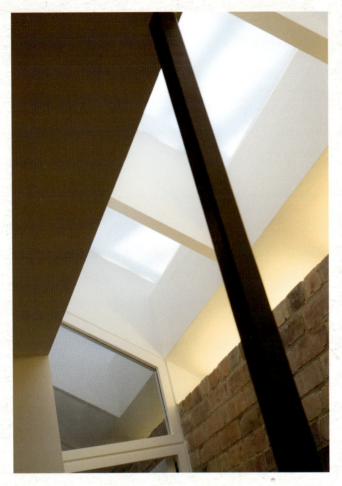

spart werden. Zu den alternativen Technologien im Haus gehört ein mit Gas betriebenes Mini-Blockheizkraftwerk für Warmwasser und Heizung, das auch den Strombedarf der Familie deckt. Dank dieser Einrichtungen sowie der wirksamen Dämmung können 50 Prozent des erzeugten Stroms ins öffentliche Versorgungsnetz eingespeist werden.

In der Brauchwasser-Recycling-Anlage wird das Wasser aus Badewannen, Duschen und Handwaschbecken gesammelt und für die Toilettenspülung verwendet. Damit lassen sich 40 Prozent des Wasserverbrauchs einer Durchschnittsfamilie einsparen.

Die Inneneinteilung des ursprünglich dreistöckigen Gebäudes ist einfach. Im zwei Etagen hohen Erdgeschoss hat man auf Zwischenwände verzichtet. Freiliegende Stahlträger vermitteln einen Eindruck von der Vergangenheit des Bauwerks. Das Elternschlafzimmer und ein Bad befinden sich im Obergeschoss, zwei weitere Schlafräume im Stock darüber.

Aus verschiedenen Gründen war es nicht möglich, zusätzliche Fenster in die Außenwände des Wohnbereichs einzubauen. Um den Lichteinfall zu verbessern, hat man auf der Dachterrasse Lichtschächte angelegt, die verglast und mit verspiegeltem Plexiglas ausgekleidet sind. Gleichzeitig wurde über der neuen Treppe ein dreifachverglastes Oberlicht eingesetzt. Der Fußboden unter dem Oberlicht besteht aus sandgestrahltem Glas, so dass alle Stockwerke Licht von oben erhalten.

Viele Materialien wurden unter dem Gesichtspunkt ihrer Umweltfreundlichkeit ausgewählt, wobei auch der Preis eine Rolle spielte. Der Fußboden des Wohnbereichs besteht aus OSB-Platten, die Küche ist mit Marmoleum, einer Linoleumart, ausgelegt. Linoleum ist ein Naturprodukt aus erneuerbaren Rohstoffen. Für das Pflaster der Dachterrasse wurde der zu 80 Prozent aus Altglas bestehende Baustoff »Glasscrete« verwendet und für die Dachhaut alte Schieferplatten von Abbruchhäusern.

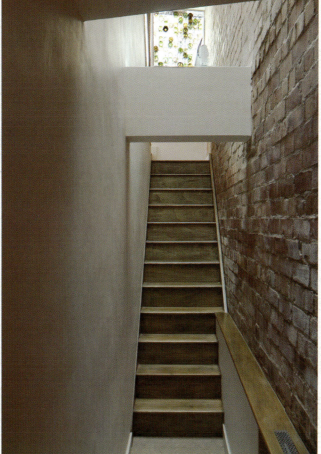

Ganz links: Ein mit bunten Flaschenböden bedecktes Fenster im Lichtschacht filtert das einfallende Licht und erzeugt verspielte Reflexe.

Links: Die Umwandlung eines alten Fabrikgebäudes in ein modernes Öko-Haus zeigt die Möglichkeiten auf, die bei der Renovierung von Altbauten genutzt werden können.

Unten links: Ein mit Erdgas betriebenes Blockheizkraftwerk sorgt für warmes Wasser und Heizung und liefert zudem einen Großteil des im Haus verbrauchten elektrischen Stroms.

ERKLÄRUNGEN

1 SONNENKOLLEKTOREN
2 OBERLICHT
3 DACHGESCHOSS

4 SCHLAFRAUM
5 DACHTERRASSE
6 SCHLAFZIMMER
7 ANKLEIDEZIMMER
8 ESSZIMMER
9 NEBENZIMMER

ÖKO-FAKTEN

• Renovierung eines Altbaus.
• Hochwirksame Dämmung.
• Sonnenkollektoren für Strom und Wärme.
• Mit Erdgas betriebenes Mini-Blockheizkraftwerk für Warmwasser, Heizung und elektrischen Strom.
• Brauchwasser-Recyclinganlage für die Toilettenspülung.
• Nachhaltige, recyclebare und wiederverwendete Baustoffe.
• Energieeffiziente Elektrogeräte und Energiesparleuchten.

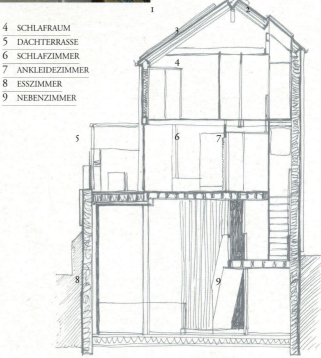

NÜTZLICHE ADRESSEN

Links: Materialien wie Beton, Stein oder Ziegel weisen eine hohe thermische Masse auf – ein entscheidender Faktor beim Bau von Passivhäusern.

NÜTZLICHE ADRESSEN

ARCHITEKTEN

Arktis Öko Blockhaus
Friedrichstr. 50,
10117 Berlin
Telefon: 0700 33220800
www.arktis-oeko.de

a.t.f architektur technik fassade
Nordendstr. 22,
60318 Frankfurt am Main
Telefon: 069 959690-0
www.atf.ffm.de

Alexanderhaus
Puschkin-Platz 5,
01587 Riesa
Telefon: 03525 734444
www.alexanderhaus.de

Arch+E architekten
Marktplatz 2,
61118 Bad Vilbel
Telefon: 06101 349426
www.archplusE.com

Architekturbüro Bucher + Hüttinger
Gleiwitzer Str. 22,
91074 Herzogenaurach
Telefon: 09132 735695
www.bucher-huettinger.de

Architekturbüro Kopff & Kopff
Samerhofstr. 23,
81247 München
Telefon: 089 88999988
Telefon: +44 (020) 84041380
www.doppelkopff.de

Architekturbüro Läßig
Altmockritz 7,
01217 Dresden
Telefon: 0351 4033587
www.laessig-architekt.de

Architekturbüro Rainer Grotegut
Weiherstr. 6, 53111 Bonn
Telefon: 0228 658848
www.grotegut.de

Architekturbüro Thiel
Rothenburgstr. 34,
84143 Münster
Telefon: 0251 57478
www.architekturbuero-thiel.de

Baubiologie Brida GmbH
Frühlingstr. 1,
82166 Gräfelfing
Telefon: 089 89860623
www.baubiologie-brida.de

Baufritz (UK) Ltd
T: +44 (0)1223 235632
www.baufritz.co.uk
www.baufritz.de
UK und Deutschland

Bischof Partner Architektur
Bahnhofstraße 40,
CH-8590 Romanshorn
Schweiz
Tel. +41 (0)71 4667676
www.bischof-partner.ch

Bryan Roe
The Green Shop
Cheltenham Road, Bisley,
Gloucestershire GL6 7BX
Telefon: +44 (0)1452 770629
www.greenshop.co.uk

Buntfisch, Architektur und Landschaftsplanung
Kornstr. 89, 28195 Bremen
Telefon: 0421 531290
www.buntfisch.de

Claesson Koivisto Rune
Östgötagatan 50
116 64 Stockholm
Telefon: +46 8 6445863
www.claessonkoivistorune.se

Dipl. -Ing. Rudolf Schlamberger
Freier Architekt des BDA
Schaezlerstr. 17,
86150 Augsburg
Telefon: 0821 5093
www.schlamberger.de

Ellerbeck Schwedenhaus GmbH & Co. KG
Am Fallturm 9,
28359 Bremen
Telefon: 0421 217776
www.schwedenholzhaus.de

Epting Oekohaus AG
Eichtalstr. 1,
8634 Hombrechtikon (CH)
Telefon: 044 7842281

Eric Gizard & Associés
14 rue Crespin du Gast,
F-75011 Paris
Frankreich
Telefon: +33 (0)1 55283858
www.gizardassocies.com

Frieder Gros
Friedrichstraße 71,
88045 Friedrichshafen und
Muttelsee 8/1,
88069 Tettnang
Telefon: +49 (0)171 2712285

Henrik E Nielsen Arkitektkontor AS
Bispegata 12,
PO BOX 9208 Greenland
NO-0134 Oslo
Norwegen
Telefon: +47 23002140
www.hen-arkitektur.no

Holzbau Kappler GmbH & Co. KG
Gelbachstr. 3,
56412 Gackenbach-Dies
Telefon: 06439 90296-0
www.holzbau-kappler.de

Holzleben GmbH
Fehrbacherstr. 11,
66954 Pirmasens
Telefon: 06331 97761
www.holzleben.de

Ingenieurbüro Karl-Günther Lange
Jahnweg 18 a,
21365 Adendorf
Telefon: 04131 8549
www.beratender-ingenieur-lange.de

Jean-Baptiste Barache
32 rue Sainte-Marthe
F-75010 Paris
Frankreich
Telefon: +33 (0)1 4 013387

Kobus – Die Hausmanufaktur GmbH
Einharting 12,
83567 Unterreit
Telefon: 08638 9870-0
www.kobus-haus.de

Kevin Fellingham Architecture
Wharf Studios, Baldwin Terrace
London N1 7RU
Telefon: +44 (0)20 73540677
www.kfellingham.com

Kruczek & Kawelke
Ingenieur- und Architektenbüro
Ursulinenstr. 2, 52351 Düren
Telefon: 02421 95878-0
www.kruka.de

Lagerhaus Vlatten
Quellenstr. 4b,
52396 Heimbach-Vlatten
Telefon: 02425 90 37 38
www.lagerhaus-vlatten.de

Marcus Lee
FLACQ
4 John Prince's Street,
London W1G 0JL
Tel.+44 (0)20 7495 5755
www.flacq.com

Marsh. Grochowski Architects
16 Commerce Square,
The Lace Market,
Nottingham NG1 1HS
Telefon: +44 (0)115 9411761
www.marsh-grochowski.com

Planungsbüro Gebr. Rösch
Enzmannstr. 4,
09112 Chemnitz
Telefon: 0371 4011011
www.planungsbuero-roesch.de

Planungsbüro Schilling
Lindwurmstr. 126a,
80337 München
Telefon: 089 74747891
www.pb-schilling.de

Schickramm Bauprojekt GmbH
Brandenburgische Straße 23,
10707 Berlin
Telefon: 030 88711230
www.schickramm.de

Solarc Architekten und Ingenieure GbR
Am Flugplatz 4,
23560 Lübeck
Telefon: 0451 5040390
www.solarc-architekten.de

Südmeyer und Wagner GbR
Winckelmannstr. 30,
39108 Magdeburg
Telefon: 0391 50676986
www.suewa-ingbuero.de

Tamkus Landschaftsarchitektur
Castroper Str. 154,
44357 Dortmund
Telefon: 0231 9143131
www.tamkus.org

Team Kanadablockhaus GmbH
Herrenwaldweg 17,
71540 Murrhardt
Telefon: 07192 909025
www.kanadablockhaus.de

Tim Pyne
m-house,
10 Charlotte Road
London EC2A 3PB
Telefon: +44 (0)7855 493932
www.m-house.org
www.timpyne.com

Xylotec GmbH
Dr. Klaus Hoffmann
Kotthausenerstr. 68,
53819 N.-Seelscheid
Telefon: 02247 702182
www.xylotec.de

ÖKOHAUS Systembau GmbH
Latzendorf 100,
A-9832 Stall
Telefon: 04823 20700
www.moelltaler-oekohaus.com

**81 FÜNF high-tech &
holzbau AG**
Querdeich 1,
29451 Dannenberg
Telefon: 05861 98923
www.81fuenf.de

UMWELTBILANZ

www.alles-und-umsonst.de
Nicht mehr benötigte Sachen
werden hier verschenkt.

www.clevel.co.uk
Berechnet Ihren ökologischen
Fußabdruck.

www.ebay.de
Größter Online Marktplatz,
auf dem jedem Tag tausende
verschiedener Artikel verkauft
werden.

www.footprint.ch
Anhand eines Fragebogen wird
berechnet, wie viele Ressourcen ein
Mensch benötigt.

www.holzhaus-nachrichten.de
Zahlreiche Informationen, gute
Tipps, Hinweise, Hersteller,
Empfehlungen, Tests, Anbieter,
Erfahrungsberichte und vieles mehr.

www.hood.de
Deutschlands größte, kostenlose
Online-Auktion. Über 1 Mio.
Versteigerungen pro Tag.

www.oekoadressen.de
Ökologisches Branchenbuch.

www.oekotest.de
Kritische Verbrauchermagazin.

www.valevida.de
Naturtextilien und -mode.

RATGEBER

www.holzbauwelt.de
Energiesparratgeber und Infoportal.

**Federation of Master Builders
(FMB)**
Gordon Fisher House,
14–15 Great James Street
London WC1N 3DP
Telefon: +44 (0)20 72427583
www.fmb.org.uk
Veröffentlicht eine Liste seiner
Mitglieder.

Nature Homes
Syncron Werbeagentur GmbH
Alemannenring 19,
89415 Lauingen
Telefon: 08225 3090828
www.nature-homes.de

**Royal Institute of British
Architects**
66 Portland Place
London W1B 1AD
Telefon: +44 (0)20 75805533
www.architecture.com
Veröffentlicht eine Liste seiner
Mitglieder.

Casa Intera Planungsbüro
Hottelnerstr. 8,
31157 Sarstedt
Telefon: 05066 9968306
www.architekturberatung.net

ÖKOLOGISCHE
ORGANISATIONEN

Construction Resources
111 Rotherhithe Street,
London SE16 4NF
Telefon: +44 (0)20 72321181
www.constructionresources.com
Ökologisch arbeitende Baufirmen,
Bezugsquellen für ökologische
Baustoffe und -systeme.

ECOBINE
Bauhaus-Universität Weimar
99421 Weimar
www.ecolog-building.de
Informationssystem für
ökologisches Bauen. Bietet online
alle relevanten Informationen. Der
Lehrstuhl bietet ein einschlägiges
Masterstudium.

ECO-INSTITUT GmbH
Sachsenring 69,
50677 Köln
Tel 0221–931245–0
www.eco-institut.de
Das eco-Umweltinstitut ist ein
international anerkanntes
Unternehmen zur Prüfung von
Bedarfsgegenständen und
Ausstattungsmaterialien auf
verbotene oder gesundheits-
gefährdende Stoffe.

Greenpeace
www.greenpeace.de
Weltweite »Umweltpolizei« mit
Info-Service und Herstellerliste für
gentechnikfreie Produkte.

**IVN- Internationaler Verband der
Naturtextilwirtschaft e.V.**
Haußmannstraße 1,
70188 Stuttgart
Telefon: +49 (0)711 – 232752
www.naturtextil.com
Der Internationale Verband der
Naturtextilwirtschaft e.V., kurz
IVN, verbindet rund 90 Akteure
der Naturtextilbranche. Er fördert
die allgemeine Bekanntheit,
Verwendung und Qualität von
Naturtextilien und so die ideellen
und gewerblichen Interessen seiner
Mitglieder.

NABU – Naturschutzbund Deutschland e. V.
Charitéstraße 3,
10117 Berlin
Telefon: 030 284984-0
www.nabu.de

Robin Wood e. V.
Langemarckstr. 210,
28199 Bremen
Telefon: 0421 598288
www.robinwood.de
»Wir von ROBIN WOOD suchen Menschen, die gemeinsam mit uns für die Umwelt aktiv werden wollen.«

Scottish Ecological Design Association
28 Albert Street,
Edinburgh EH7 1LG
www.seda2.org
Entwicklung umweltfreundlicher Materialien, Produkte und Systeme.

SÖL – Stiftung Ökologie und Landbau
Weinstraße Süd 51,
67089 Bad Dürkheim
Telefon: +49 (0)6322 98970-0
www.soel.de

Umweltbundesamt
Wörlitzer Platz 1,
06844 Dessau-Roßlau
Telefon: 0340 2103-0
www.umweltbundesamt.de

Wrap
www.wrap.org.uk/construction
Ratgeber für Abfallminimierung und -management.

WWF – World Wide Fund for Nature/WWF-Deutschland
Rebstöcker Str. 55,
60326 Frankfurt
Telefon: 069 79144-0
www.wwf.de
Eine der größten unabhängigen Naturschutzorganisationen der Welt.

ENERGIE

ABB Power and productivity for a better world
Affolternstrasse 44,
CH-8050 Zürich
Telefon: +41 (0)43 3177111
www.abb.de

Alwitra – Die Dachmarke
Am Forst 1,
54296 Trier
Telefon: 0651 9102-0
www.alwitra.de

Bundesverband WindEnergie e. V.
Marienstraße 19/20,
10117 Berlin
Telefon: 030 28482-106
www.wind-energie.de
www.ases.org
Die weltweit größte Datenbank zur Windenergie-Nutzung in Deutschland, Europa und der Welt.

British Eco.com
268 Bath Road, Slough SL1 4DX
Telefon: +44 (0)845 2570041
www.britisheco.com
Solarenergie.

British Wind Energy Association
Renewable Energy House,
1 Aztec Row, Berners Road,
London, N1 0PW
Telefon: +44 (0)20 76891960
www.bwea.com

Das Energieportal
Heilmann Software
Laiblinger Weg 12,
71701 Schwieberdingen
Telefon: +44 (0)20 72220101
www.das-energieportal.de

Energy Saving Trust
21 Dartmouth Street,
London SW1H 9BP
Telefon: +44 (0)20 72220101
www.energysavingtrust.org.uk

E.ON Energie AG
Brienner Straße 40,
80333 München
Telefon: 089 1254-01
www.eon-energie.com

Erneuerbare Energiequellen
www.erneuerbareenergiequellen.com
Alle Informationen zu den verschiedenen Energiequellen (regenerativ oder nicht) und deren Vor- und Nachteilen.

FGW-Fördergesellschaft Windenergie e. V
Stresemannplatz 4,
24103 Kiel
Telefon: 0431 6687764
www.wind-fgw.de
Fördergesellschaft für Windenergie und andere erneuerbare Energien.

Heliotherm Wärmepumpentechnik Ges.m.b.H.
Sportplatzweg 18,
A-6336 Langkampfen/Tirol
Telefon: +43 (0)5332 87496-0
info@heliotherm.com

Initiative Erdgas pro Umwelt GbR
Huttropstraße 60, 45138 Essen
Telefon: 0201 1843221
www.moderne-heizung.de
Modern Heizen mit Erdgas-, Brennwert- und Solartechnik

Karl Dörr Elektrotechnik GmbH
Maybachstr. 12,
71332 Waiblingen
Telefon: 07151 95924-0
www.karl-doerr-gmbh.de

Kingspan
Brunswick House, Units 122
New Brunswick Street,
Wakefield,
West Yorkshire, WF1 5QR
Telefon: +44 (0)845 8120007
www.kingspansolar.co.uk
Solarenergiesysteme, abgestimmt auf individuelle Bedürfnisse

Kübler GmbH
Energiewende Verlag & Vertrieb
Sägewerkstr. 3,
83395 Freilassing
Telefon: 08654 771889
www.solarenergie.com
Infos zu Solarstrom, Solarwärme, Windenergie.

Kübler Hallenheizungen
Am Bubenpfad 1a,
67065 Ludwigshafen am Rhein
Telefon: 0621 57 000-0
www.kuebler-hallenheizungen.de
Energiesparende Systeme für Sport-, Agrarindustrie, Fertigungshallen.

LichtBlick AG
Zirkusweg 6,
20359 Hamburg
Telefon: 040 6360-0
www.lichtblick.de
Die Zukunft der Energie – Energie aus regenerativen Quellen.

Redring
Applied Energy Products Ltd
Morley Way,
Peterborough PE2 9JJ
Telefon: +44 (0)1733 456789
www.redring.co.uk
Heizungs- und Warmwasserlösungen.

Solar Century
91–94 Lower Marsh,
London SE1 7AB
Telefon: +44 (0)20 78030100
www.solarcentury.com
Lieferanten für Solartechnik, Solarzellen und Solardachplatten

Solarenergie – Sonnenenergie
www.solarenergie-sonnenenergie.de
Alle Infos rund um Solarenrgie und allem, was dazu gehört.

Unternehmen GOMS
CH-3985 Münster-Geschinen
Telefon: 079 434 34 79
www.unternehmengoms.ch

Vattenfall Europe AG
Windenergie-Agentur
Bremerhaven/Bremen e.V.
(WAB)
Schifferstrasse 10–14 (1. OG),
27568 Bremerhaven
Telefon: 0471 391770
www.windenergie-agentur.de
Firmennetzwerk für die Windenergiewirtschaft in der Nordwest-Region Deutschlands

ÖKO-Energie Thomas Oberholz
Fasanenweg 7,
63694 Limeshain-Himbach
Telefon: 01805 9 43 00 04
www.oeko-energie.de
Produkte zur Energieeinsparung
und Ressourcenschonung.

Syntonic Solar
63–65 Penge Road,
London SE25 4EJ
Telefon: +44 (0)20 8778 7838
www.solarheating.uk.net/
Entwurf und Ausführung von
spitzentechnologischen Lösungen
für Grüne Energie.

Thermo-Floor
Unit 1, Babsham Farm,
Chichester Road,
Bognor Regis PO21 5EL
Telefon: +44 (0)1243 822058
www.thermo-floor.co.uk
Fußbodenheizung und -kühlung.

The Unico System
Telefon: +44 (0)1443 843261
www.unicosystem.co.uk
Heizung und Klimaanlagen –
energie- und kostensparend

Vaillant Deutschland GmbH &
Co. KG
Berghauser Str. 40,
42859 Remscheid
Telefon Infoline: 0180 5824 55268
info@vaillant.de

Viessmann Werke
GmbH & Co KG
Viessmannstraße 1,
35108 Allendorf (Eder)
Telefon: 06452 70-0
info@viessmann.com

Wind & Sun Ltd
Humber Marsh,
Leominster,
Herefordshire HR6 0NR
Telefon: +44 (0)1586 760671

Windhager Zentralheizung
Zentrale Seekirchen:
Telefon: 06212 2341-0
www.windandsun.co.uk

ISOLIER- UND DÄMMSTOFFE

Getifix GmbH
Haferwende 1,
28357 Bremen
Telefon: 0421 207770
info@getifix.de

Michael Graen Naturwaren,
Biologische Baustoffe
Kölner Str. 2,
51580 Reichshof
Telefon: 02296 991104
www.graen.de

BIA Bau Innovation Alternativ
GmbH
Schloss Altenhof 1,
A-4142 Hofkirchen im Mühlkreis
Telefon: (+43) 7285 60214
www.bau-innovation.at

bausep GmbH & Co. KG
Am Haag 4,
74838 Limbach
Telefon: 06287 933722
www.bausep.de

Klober Ltd
Ingleberry Road, Shepshed,
Loughborough LE12 9DE
Telefon: +44 (0)1509 500660
www.klober.co.uk
Holzisolation.

Natural Insulation
Plant Fibre Technology Ltd
The BioComposites Centre
Deiniol Road, Bangor,
Gwynedd LL57 2UW
Telefon: +44 (0)1248 388486
www.naturalinsulation.co.uk
Naturfaserisolation

Tonis
Schwermeketal 6,
59846 Sundern
Telefon: 02933 77559
www.tonis.de

ISOCELL Vertriebs GmbH
Bahnhofstraße 36
A-5202 Neumarkt am Wallersee
Telefon: +43 6216 /4108-0
office@isocell.at

BAUMATERIALIEN

Archebau
Geibelstr. 45, 30173 Hannover
Telefon: 0511 6266801
www.archebau.de
»Gesund wohnen, heißt biologisch
wohnen.«

Antik & Natur Baustoffhandel
Sallenthin Dorfstraße 36,
29416 Jeggeleben
Telefon: 039009 90864
www.antik-natur.de

Calch Ty-Mawr Lime
Telefon: +44 (0)1874 658249
www.lime.org.uk
Anfertigung und Zulieferung von
traditionellen und ökologischen
Baumaterialien.

Construction Resources
111 Rotherhithe Street,
London SE16 4NF
Telefon: +44 (0)20 7232 1181
www.constructionresources.com
Baumaterial und -produkte.

Baumarkt Steinebach GmbH &
Co. KG
Konrad-Adenauer-Str. 25,
56414 Wallmerod
Telefon: 06435 300100
www.baumarkt-steinebach.de

Biber GmbH
Artilleriestr. 6, 27283 Verden
Telefon: (04231) 957111
www.biber-online.de
Biologische Baustoffe und
Einrichtungen.

Der Naturbaumarkt Fluhr und
Walter GmbH
Großingersheimer Str. 8,
74321 Bietigheim-Bissingen
Telefon: 07142 919562
www.dernaturbaumarkt-shop.de
Spezialist für ökologische Baustoffe.

eiwa Lehm GmbH
Hauptstraße 29, 67806 Bisterschied
Telefon: 06364 9210-0
www.eiwa-lehmbau.de
Ökologische Baustoffe aus Lehm.

Historische Baumaterialien
Achim Jutzi
Nackterhof 8,
67311 Nackterhof/Tiefenthal
Telefon: 06351 125635
www.historische-baumaterialien.de

Holz & Öko Christoph Klug
Ubaldstraße 1, 63820 Elsenfeld
Telefon: 06022 7743
www.holz-klug.de
Farben und ökologische Baustoffe.

Kalkdesign+mehr, Ralf Koch
Wiesenstr.2,
57539 Fürthen
Telefon: 02682 967792
www.kalkdesign.de
Ökologische Farben und Putze.

Lime Green
Coates Kilns,
Stretton Road,
Much Wenlock,
Shropshire TF13 6DG
Telefon: +44 (0)1952 72 611
www.lime-green.co.uk
Hersteller von Isolierputzen.

Lignolith-Holzbausysteme
Weiherweg 14,
93092 Barbing-Illkofen
Telefon: 09481 94371
www.lignolith.de

Maroton GmbH
Didierstr. 30,
35460 Staufenberg
Telefon: 06406 9092811
www.maroton.de
Keramische Rohstoffe –
Ökologische Baustoffe.

Meurer – Natürliches Bauen
GmbH
Am Ufer 17,
56070 Koblenz
Telefon: 0261 31069
www.naturbaustoff.de

Michael Fritz – Historische
Baumaterialien
Reinfelder Straße 2,
23845 Bahrenhof
Telefon: 0451 891060
www.spolia.de

NaturKlimaHaus SB GmbH
Max-Braun-Straße 6,
97828 Marktheidenfeld
Telefon: 09391 504104
www.baubiologie.naturklimahaus.de

PEICO Limited
Jahnstraße 28a/12,
67245 Lambsheim
Telefon: 06233 369389
www.peico.de
Edelputze und ökologische
Baustoffe.

Pro Natur
Am Mühlbach 24,
87487 Wiggensbach bei Kempten
Telefon: 08370 8808
www.pro-natur.com

The Green Shop
Cheltenham Road, Bisley
Stroud GL6 7BX
Telefon: +44 (0)1452 770629
www.greenshop.co.uk
Vervollständigung von Solar- und
Windenergieausrüstung.

**Ökologische Baustoffe
Andreas Breuer**
Weimarer Straße 15,
99441 Hohlstedt
Telefon: 036425 50008
www.natuerlich-bauen.de

Ökologische Baustoffe
Siechenmarschstr. 21,
33615 Bielefeld
Telefon: 0521 64942
www.oeko-bauwelt.de

**Ökologisch Bauen Markus Boos
& Gerd Hansen**
Flößerstr. 56,
74321 Bietigheim-Bissingen
Telefon: 07142 921775
www.oekologisch-bauen.info

**Ökologische Baustoffe &
Bautechnik Kurt Kessel e.K.**
Am Rott 1,
29439 Grabow
Telefon: 05864 988970
www.oekobaustoffe.com

BAMBUS

BambusCentrum Deutschland
Saarstr. 3–5,
76532 Baden-Baden
Telefon: 07221 5074-0
www.bambus.de
Alle Infos rund um Bambus.

Bambuszentrum München
Rote-Kreuz-Straße 12,
85737 Ismaning
Telefon: 089 96201060
www.bambus-muenchen.de

Gärtnerei Hofstetter Mühle
88633 Heiligenberg/Bodensee
Telefon: 07554 98240
www.bambuswald.de
Bambus, Palmen, exotische
Pflanzen und Gartendekoration
für Haus und Garten.

Schreinerei Risch KG
Dorfstr. 28,
85135 Titting-Kaldorf
Telefon: 08423 602
www.bambus-zeitlos-schoen.de
Moderner hochwertiger Bodenbelag

TongLing Flooring (UK) Ltd
6 Camellia Drive,
Priorslee, Telford,
Shropshire TF2 9UA
Telefon: +44 (0)1952 200032
www.tlflooring.co.uk

TON & ZIEGEL

dieflieseonline.com
Scheidtweiler Weg 3,
52391 Vettweiß
Telefon: 02424 200245
www.dieflieseonline.com

Neue ZIEGEL-MANUFAKTUR
Glindow GmbH
Alpenstraße 47,
14542 Glindow
Telefon: 03327 6640
www.ziegelmanufaktur.com

Röben Tonbaustoffe GmbH
Klein Schweinebrück 168,
26340 Zetel
Telefon: 04452 880
www.roeben.com
Klinker, Dachziegel, Bodenkeramik.

Steuler Fliesen GmbH
Industriestr. 78,
75417 Münster
Telefon: 07041 801110
www.steuler-fliesen.de

**UNIPOR-Ziegel Marketing
GmbH**
Landsberger Straße 392,
81241 München
Telefon: 089 7498670
www.unipor.de

**Verband Österreichischer
Ziegelwerke**
Wienerbergstrasse 11,
A-1100 Wien
Telefon: +43 1 5873346-0
www.ziegel.at

**Wienerberger Ziegelindustrie
GmbH**
Oldenburger Allee 26
30659 Hannover
Telefon: 0511 61070-0
www.wienerberger.de

Ziegelwerk Freital EDER GmbH
Wilsdruffer Straße 25,
01705 Freital
Telefon: 0351 64881-0
www.ziegel-eder.de

BETON & PFLASTER

Betonwerk BePro
Schelde-Lahn-Str. 16,
35713 Eschenburg-Hirzenhain
Telefon: 02770 806
www.betonpflaster.net

**bvw beton- und
verbundsteinwerke Gmbh
& Co. KG**
Industriestraße 2–6,
46499 Hamminkeln
Telefon: 02852 9131-0
www.betonsteinwerke.de

**Hanse-Betonvertriebs-Union
GmbH**
Buchhorster Weg 2–10,
21481 Lauenburg/Elbe
Telefon: 04153 5906-0
www.hansebeton.de

**Plötner Carl GmbH
Werk Plaidt**
Ochtendungerstr. 50,
56637 Plaidt bei Koblenz
Telefon: 02632 950-0
www.ploetnerbau.de

Quad-Lock Building Systems Ltd.
7398 – 132nd Street
Surrey, BC V3W 4M7
Kanada
Telefon: +1 604 590 3111
Freephone: 888 711-5625
www.quadlock.co.uk
Isolierbetonverschalung – ein
Schlüssel für Beständigkeit der
Konstruktion.

**Rinn Beton und Naturstein
GmbH & Co. KG**
Rodheimer Strasse 83,
35452 Heuchelheim/Gießen
Telefon: 0641 60090
www.rinn.net

**RUF Baustoffwerk Haundorf
GmbH**
An der B 14,
91625 Schnelldorf
Telefon: 07950 9800-0
www.ruf-baustoffwerk.de

KORK

Kork-Fachhandel
Europastr. 15,
72622 Nürtingen
Telefon: 07022 33655
www.kork-bodenbelag.de

kork-onlineshop
In Ettischleben 30,
99310 Wipfratal
Telefon: 03628 76272
www.kork-ickert.de

Kork-Store Potsdam
Lindenstr. 60,
14467 Potsdam
Telefon: 0331 2706808
www.kork-store.de

GLAS & FENSTER

Emmel GmbH Glas-Fenster-Türen
Rodenbacher Strasse 32,
63755 Alzenau
Telefon: 06023 96550
www.emmel.de

Febove GmbH
Marie-Curie-Str. 13,
27283 Verden
Telefon: 04231 98580
www.fenster24.de

Glas + Fenster Willy J. Rohde
Vörn Barkholt 26,
22359 Hamburg-Volksdorf
Telefon: 040 6037651
www.glas-rohde.de

Glas Krause
Hans-Böckler-Str. 5, 51503 Rösrath
Telefon: 02205 919171
www.glas-krause.de

Glaserei Wopersnow
Ewige Weide 4,
22926 Ahrensburg
Telefon: 04102 22230
www.kronshorst.de

Heinrich HELLWEG GmbH Co. KG
Wassermühle 11,

59846 Sundern-Allendorf
Telefon: 02393 918622
www.glas-hellweg.de
Glas, Fenster & Fassaden.

Paxton Restoration
Telefon: +44 (0)8700 27 84 24
www.paxtonrestoration.co.uk
Doppelglas für Fensterflügel.

ROYAL Glas & Fenster GmbH
Pannierstr. 11,
12047 Berlin
Telefon: 030 62409712-13
www.royalglas.com

Velfac
The Old Livery, Hildersham,
Cambridge CB21 6DR
Telefon: +44 (0)1223 897100
www.velfac.co.uk
Spezialisiert auf Aluminium und
Holzfensterrahmen.

VELUX Deutschland GmbH
Gazellenkamp 168
22527 Hamburg
Telefon: 040 54707-0
Dachfenster und Dachluken.

BELEUCHTUNG

BB Leuchten
Vor der Westermarsch 5,
21357 Bardowick
Telefon: 04131 7277981
www.bb-leuchten.de

Crescent
Telefon: +44 (0)1635 87888
www.crescent.co.uk
Energiesparende Einbauleuchten.

Solatube
SolaConcepts
Sola House, 17 High Street,
Olney MK46 4EB
Telefon: +44 (0)1234 241466
www.solaconcepts.co.uk

Lamp & Licht b.v.
Leemskuilen 15,
5563 CL Westerhoven (NL)
Telefon: 0900 1110122 (Hotline)
www.lampundlicht.de

Lampenwelt GmbH & Co. KG
Ringmauer 20, 36110 Schlitz
Telefon: 06642 406990
www.lampenwelt.de

simpLED – Lösungen mit Licht
Markt 12,
49497 Mettingen
Telefon: 05452 918853
info@simpled.de

LINOLEUM & PARKETT

Armstrong Flooring
Armstrong World Industries Ltd
Fleck Way,
Teeside Industrial Estate,
Thornaby on Tees,
Cleveland TS17 9JJ
Telefon: +44 (0)1642 768660
www.armstrong-flooring.co.uk

bioraum GmbH
Rimsinger Weg 3,
79111 Freiburg
Telefon: 0761 89642214
www.linoleum-online.de

Forbo Flooring GmbH
Steubenstrasse 27
33100 Paderborn
Telefon: 0 5251 1803 -0
www.forbo-flooring.de
Weltmarktführer bei Linoleum
und Anbieter von Vinyl- und
Nadelvliesen.

Forbo Nairn Ltd
PO Box 1, Kirkaldy,
Fife KY1 2SB
Telefon: +44 (0)1592 643777
www.forbo-flooring.co.uk

Gerflor Mipolam GmbH
Mülheimer Str. 27, Tor 7,
53840 Troisdorf
Telefon: 02241 2530-132
www.gerflor.de
Spezialist für Linoleum &
Bodenbeläge.

Grüne Erde Wohnstudio GmbH
Frauenstraße 6, 80469 München
Telefon: 089 1200990
www.grueneerde.com

Parkett-Broker
Newtonstr. 3,
85221 Dachau
Telefon: 08145 9979937
www.parkett-broker.de

Sinclair Till Flooring Company
791–793 Wandsworth Road,
London SW8 3JQ
Telefon: +44 (0)20 7720 0031
www.sinclairtill.co.uk

WdB Facility Management Ltd.
Kaulsdorfer Straße 249,
12555 Berlin
Telefon: 030 65499231
www.weltderboeden.net

NATURFABRIKATE & BODENBELÄGE

Biodomus GmbH
Gallscheiderstr. 11,
56281 Dörth/Industriegebiet
Telefon: 06747 6822
www.biodomus.de
Dielen, Parkette und textile
Bodenbeläge.

Christopher Farr
Contemporary Rugs & Carpets
6 Burnsall Street,
London SW3 3ST
Telefon: +44 (0)20 7349 0888

Crucial Trading
79 Westbourne Park Road,
London W2 5QH
Telefon: +44 (0)20 7221 9000
www.crucial-trading.com
Naturfaserbodenbeläge aus
Kokosfaser, Sisal und Jute.

Die VERBRAUCHER INITIATIVE e. V.
Elsenstraße 106,
12435 Berlin
Telefon: 030 5360733
www.oeko-fair.de

fussbodenshop.de
Zum Taubengarten 36,
63571 Gelnhausen
Telefon: 06051 6182989
www.fussbodenshop.de

Ian Mankin
109 Regent's Park Road,
London NW1 8UR
Telefon: +44 (0)20 7722 0997
www.ianmankin.co.uk
Naturtextilwaren.

Kaindl Flooring GmbH
Kaindlstraße 2,
A-5071 Wals
Telefon: +43 (0)662 8588-0
www.kaindl.com
Perfekt inszenierte Bodenbeläge auf
über 800 m² Ausstellungsfläche.

NATURALIS
Gasstr. 8,
83278 Traunstein
Telefon: 0861 15652
www.naturalis-traunstein.de

Naturbaustoffe Traud
Schmiedeweg 6,
36093 Künzell-Pilgerzell
Telefon: 0661 9339015
www.naturbaustoffe-traud.de

Naturfabrik Ahorn
Ahorn 57,
A-4183 Traberg
Telefon: +43 (0)7218 8080
www.naturfabrik.at

Naturteppichladen
Freiligrath Str. 12,
90480 Nürnberg
Telefon: 0911 2164533
www.naturteppichladen.de

**Objectflor Art und Design
Belags GmbH**
Wankelstraße 50,
50996 Köln
Telefon: 02236 96633-0
www.objectfloor.de

**ÖKODEAL® – Das Natur-
Bau-Haus**
Rudolf-Leonhard-Straße 5,
01097 Dresden
Telefon: 0351 8012674
www.oekodeal.de

The Healthy House
The Old Co-op
Lower Street,

Ruscombe, Stroud,
Gloucestershire GL6 6BU
Telefon: +44 (0)1453 752216
www.healthy-house.co.uk
Reine unbehandelte Baum-
wollteppiche und andere Produkte.

Roger Oates Floors and Fabrics
1 Munro Terrace (off Riley Street)
London SW10 0DL
Telefon: +44 0845 6120072

FARBEN, LACKE
& VERSIEGELUNGEN

Auro Paints UK
Cheltenham Road,
Bisley, Stroud,
Gloucestershire GL6 7BX
Telefon: +44 (0)1452 772020
www.auro.co.uk

ABW oikoartec GmbH
Am Treptower Park 44,
12435 Berlin
Telefon: 030 53014607
www.abwshop.de
Verkauf von Kalk-, Silikat-,
Lehmfarben für Innen & Außen.

Biofa
45 Gloucester Street,
Brighton BN1 4EW
Telefon: +44 (0)1273 808370
www.biofa.co.uk
Naturfarben.

**NanoConcept Hofmann &
Bucher GbR**
Moselstrasse 2b, 63452 Hanau
Telefon: 06181 6689946
www.nanoconcept.de

**Naturalfarben.de Lipfert
& Co e. K.**
Wöhrdstr. 44,
96215 Lichtenfels
Telefon: 09571 3616
www.natural-farben.de

Biodomus GmbH
Gallscheiderstr. 11,
56281 Dörth/Industriegebiet
Telefon: 06747 6822
www.biodomus.de

TAPETEN

**Die VERBRAUCHER
INITIATIVE e. V.**
Elsenstraße 106,
12435 Berlin
Telefon: 030 5360733
www.oeko-fair.de
Neben Papiertapeten, die in vielen
Mustern erhältlich sind, hält der
Markt auch Tapeten aus Raufasern,
Vlies, Vinyl, Textil und Glasfasern
bereit.

Fashion Design Tapeten
Hilleckerstr. 4,
83339 Hart bei Chieming
Telefon: 08669 787026
www.fashion-design-tapeten.de

KUNSTSTOFF

Herbold Meckesheim GmbH
Industriestrasse 33,
74909 Meckesheim
Telefon: 06226 932-0
www.herbold.com
Kompetenter Ansprechpartner zum
Thema Recycling von Kunststoff
und Plastikabfällen.

LEHMMÖRTEL

**NaturBauHof – Zentrum für
umweltgerechtes Bauen**
Dorfstraße 18/20,
16845 Roddahn
Telefon: 033973 80929
www.naturbauhof.de

Ökobaustoff Handel
Tucholskystr. 22,
10177 Berlin
Telefon: 030 2832100
www.oekobaustoffhandel.de

STEIN

Bath and Portland Stone
Moor Park House,
Moor Green, Corsham,
Wiltshire SN13 9PH
Telefon: +44 (0)1225 810390

Delabole Slate
Pengelly, Delabole,
Cornwall PL33 9AZ
Telefon: +44 (0)1840 212242
www.delaboleslate.co.uk

**Christian Dietz Rustikaler
Natursteinbau**
Nossener Str. 19d,
01723 Wilsdruff
Telefon: 035204 394590
www.rustikaler-natursteinbau.de

jonastone GmbH & Co. KG
Meckenheimer Str. 2–4,
68199 Mannheim
Telefon: 0 621 842563-0
www.natursteine-shop.de

Kohmann Naturstein GmbH
Ellengrund 6,
77716 Fischerbach
Telefon: 07823 24 40
www.natursteinbau.de

Naturstein-Bau-Service LTD
Bachstr. 19,
31737 Rinteln
Telefon: 05751 9246250
www.balisky.de
Exklusive Ausstattung für Bad,
Haus und Garten.

Natursteinbau Schmeissner
Mitterweg,
A-5324 Faistenau
Telefon: +43 06228 2344
www.natursteinbau.net

Rinser Natursteinwerk
Hauptstrasse 28,
83109 Tattenhausen
Telefon: 8067 391
www.rinsernaturstein.de

Stonell Ltd
521–525 Battersea Park Road,
London SW11 3BN
Telefon: +44 (0)20 7738 0606
www.stonell.com

Strasser Optima Steinbau GmbH
Kirchenstraße 6,
A-4113 St. Martin i. Mühlkreis
Telefon: +43 (0) 7232 22 27-0
www.strasser-steine.at

BAUHOLZ

Associated Timber Services Ltd
Honey Pot Lane,
Colsterworth,
Grantham NG33 5LT
Telefon: +44 (0)1476 860117
www.associatedtimber.co.uk
Anbieter von zertifiziertem Bauholz.

Firstwood GmbH
Vistrastraße 06,
14727 Premnitz
Telefon: 03386/21252-0
www.firstwood.de
Thermoholz.

Gelasius Gar, Sägewerk u. Holzhandel
Aumühle 8,
82544 Egling
Telefon: 08178 4788
www.holz-gar.de

GELO Holzwerke GmbH
Sparnecker Str. 1,
95163 Weißenstadt
Telefon: 09253 9550
www.gelo.de

Holz-Süd
Heidelbergweg 20/1,
89233 Neu-Ulm
Telefon: 0731 72565215
www.holz-sued.de

Holz & Öko
Christoph Klug
Ubaldstrasse 1,
63820 Elsenfeld
Telefon: 06022 7743
info@holz-klug.de

HuSS-Holz GmbH & Co KG
Eselbach 99,
77773 Schenkenzell
Telefon: 07836 346
www.huss-holz.com

proHolz Austria
Uraniastraße 4,
A-1011 Wien (A)
Telefon: +43 (0)1 7120474
www.proholz.at

HOLZFUSSBÖDEN

Die Holzschmiede
Lindenstraße 46,
74238 Krautheim-Klepsau
Telefon: +43 (0)1715 51520
www.holz-schmiede.de

Fußbodenverlegung Michael Günther
Schafstallstr. 5
33378 Rheda-Wiedenbrück
Telefon: 05242 403416
www.fussbodenverlegung-guenther.de

Innenausbau Martin Kohstall GmbH
Geisenhausener Str. 18,
81379 München
Telefon: 089 35465437
www.innenausbau-kohstall.de

Mordhorst Holzfachhandel
Kieler Straße 367
22525 Hamburg
Telefon: 040 54887-0
www.mordhorst-hamburg.de

Wohngesund International
Weyrgasse 7,
A-1030 Wien
Telefon: +43 (0)6294 – 95510
www.holzfussboede.at

RENOVIERUNG & SANIERUNG

Burgaß Bau GmbH
Sandfeldstr. 14,
17121 Loitz
Telefon: 0399 9810028
www.burgass-bau.de

Edinburgh Architectural Salvage Yard
31 West Bowling Green Street
Leith, Edinburgh BS2 0JY
Telefon: +44 (0)131 5547077
www.autempsperdu.co.uk

EGS GmbH
Haupstr. 7,
77948 Friesenheim
Telefon: 0 78 21/95 44 86
www.gebaeudesanierung.com

hbq Bauberatung GmbH
St. Dionysstr. 31,
CH-8645 Rapperswil-Jona
Telefon: +41 (0)848 100848
Telefon: +41 (0)55 2124681
www.hbq-bauberatung.ch

List Gebäudeinstandsetzung GmbH
Luisenstr. 30,
16727 Velten
Telefon: 033 04 254115
www.list-velten.com

Morgenroth Gebäudesanierung
Guttenbrunnstr. 18,
88297 Amtzell
Telefon: 07520 923440
www.morgenroth-gs.com

Runder Tisch Gebäudesanierung e.V.
Waldenburgerstr. 19,
33098 Paderborn
Telefon: 05251 700152
www.runder-tisch-pb.de

GRÜNE DÄCHER

Christian Lang Dachbegrünungen GmbH
Hauptstrasse 5,
79238 Ehrenkirchen
Telefon: 07633 9333104
www.top-gruen.de

FlorDepot International GmbH
Friedrich-Besse-Str. 2,
50126 Bergheim
Telefon: 0 22 71 83 813 – 0
www.flordepot.de

GDT Gründach Technik GmbH Südwest
Dammstr 4,
72669 Unterensingen
Telefon: 0 7022 9632042
www.gruendachtechnik.de

Grünes Dach
Metallstr. 2,
41751 Viersen-Dülken
Telefon: 02162 51433
www.gruenes-dach.de

Grüne Dächer
Franz-Schubert-Weg. 4,
73230 Kirchheim unter Teck
Telefon: 07021 480066
www.gruene-daecher.de

Olymp Grüne Dächer
Kanalstr. 2,
66130 Saarbrücken
Tel.. 0681 37 63 40
www.olymp-gruene-daecher.de

GARTEN- & LANDSCHAFTSDESIGN

Amar
CH-7405 Rothenbrunnen
Telefon: +41 (0)81 65012 12
www.amar-ag.ch

Bundesverband Garten-, Landschafts und Sportplatzbau e. V.
Alexander-von-Humboldtstr. 4,
53604 Bad Honnef
Telefon: 02224 77070
www.galabau.de

Hans Ries & Co. KG
Parkstrasse 8,
82061 Neuried
Telefon: 089 759970
www.pflanzen-ries.de

Forster Garten- und Landschaftsbau
Ernst-Robert-Curtius-Str. 31,
53117 Bonn
Telefon: 0228 98990
www.forster-garten.de

Garten- & Landschaftsbau Siegwarth
Fabrikstr. 29,
78224 Singen (Bohlingen)
Telefon: 0731 23095
www.siegwart.com

Garten- und Landschaftsbau Mesenbrink
Rotbachstr. 58,
54295 Trier
Telefon: 0651 9930353
www.mesenbrink.de

Grasberger Karin und Hermann
Fliesserau 393,
A-6500 Landeck in Tirol
Telefon: +43 (0)5442 62710
www.grasberger.at

Hansel Garten- und Landschaftsbau GmbH
Am Hahnweg 5,
01328 Dresden
Telefon: 0351 262070
www.hansel.de

Ludowig Garten- und Landschaftsbau
Ilmenauweg 3,
30926 Seelze
Telefon: 05137 124990
www.dunett.com

Ulrich Schweizer
Im Breiten Löhle 6,
72622 Nürtingen
Telefon: 07022 42948
www.forumgruen.de

Starkl Wien
Paul-Heyse-Gasse 5,
1110 Wien (A)
Telefon: +43 (0)1 7674840
www.starkl.at

REGISTER

Grauwasser 59, 61, 63
Greenpeace 26
Großbritannien 24, 34,
    35, 36, 38, 44, 46, 145
Großprojekt 104
Grubenhaus 150
Grunddienstbarkeit 143
Grundrisslinie 128
Grundstückerschließung
    143
Grundstücksgrenze 141
Grundwasser 129
Grünes Material 167
Grünfläche 149
Gusseisenklappe 235

H

Halogenglühlampen 56
Handmäher 158
Hanf 33
Hanglage 141
Hartholz 218
Hauptwindrichtung 141
Haus, emissionsfreies 130
Haus, klimafreundliches
    146
Hausgrundstruktur 104
Hausrückseite 135
Haustechnik 133
Hauswirtschaftsraum 126
Heimische Pflanzen 158
Heißwasserleitung 33
Heizkörper 26, 28, 35
Heizöl 34
Heizung 24, 26, 28, 30,
    32, 34, 36, 38, 40, 42,
    44, 46, 47, 133
Heizung, umweltfreund-
    lich 126

Heizungsrohr 133
Hemsedal 188
Herd 26, 28
Hobbyraum 126
Hochleistungsglas 123
Hochwärmedämmung 133
Hohlraum 145
Holz, naturbelassen 190
Holzabfall 145
Holzbauplatte 196
Holzbauteil 196
Holzbauteil 239
Holzbauteil, vorgefertigt
    223
Holzblockbauweise 145
Holzhaus 196
Holzherd 186
Holzkonstruktion 144,
    212
Holzofen 46, 47
Holzpaneel 203
Holzrahmenbau 145
Holzskelett 144
Holzständerbau 145
Holzständerrahmen 184
Holztafelbau 145
Holztragwerk 144
Holzverschalung 122
Humus 166
Hybrid-Konstruktion 228

I

Immobilienpreis 126
Industrieländer 26
Infrastruktur 216
Infrastruktur, energetische
    26
Innendekor 55
Innenhof, abgesenkt 196

Innenwände 184
Insektenbefall 145, 147,
    224
Insektenschutzmittel 179
Isolieren 26, 28, 32, 33
Isolierglas 246
Isolierglasfenster,
    Skandinavien 239
Isoliermaterial 248
Isolierschaum, auf
    Sojabasis 206
Isolierschicht 28
Isolierung 26, 28, 30, 32,
    33
Isolierverglasung 195

J

Jahresbilanz 24
Jalousie 184, 246

K

Kachelofen 46, 200
Kadmium 174
Kalkputz 105
Kalkstuck 105
Kaltbitumen 152
Kaltraum 136
Kamin 190
Kamineffekt 50. 112
Kaminofen 235
Kaminventilation 32
Kanalisation 133, 152
Keller 144
Kellerausbau 126

Kellererweiterung 128
Kellergeschoss 126, 130
Kellerlichtschacht 126
Kellertreppe 129
Kernkraftwerke 26
Kiesschüttung 154
Kinderspielzeug 172
Klapp-Schwing-Fenster
    123
Klapptisch 115
Klebstoff, umweltscho-
    nend 219
Kleinstadt 140
Kleinwindkraftanlage 44,
    204
Kletterhilfe 235
Klimaanlage 25, 48
Klimaanlage, geothermisch
    192
Klimafreundlichkeit 130
Klimawandel 24, 25, 48
Klinker 195
Kohle 24, 34
Kohlendioxid 24
Kohlendioxidausstoß
    verringern 232
Kohlendioxidmenge 248
Kollektor 38
Kompaktleuchtstofflampe
    56
Kompetenzenvielfalt
    120
Kompostaufbereitung
    167
Kompostbehälter 166
Kompostieren 59, 166
Kompostkasten 166
Komposttoiletten 61
Kontinentalklima 195
Konvektionsprinzip 34
Kosteneffizienz 130
Kostenplanung 106
Kostenvoranschlag 105

DANK

Der Autor dankt folgenden Fotografen, Agenturen und Designern für ihre freundliche Genehmigung folgenden Fotografien zu benutzen:

3 Obie Bowman; 4 Tim Pyne Creative Director m-house; 8–9 Paul Warchol/Steven Holl Architekten; 10 PA Photos/Riccardo de Luca; 12–13 Arcaid/Alan Weintraub/Backen Gillam Architekten; 14 Photozest Inside/Eric Saillet/Architekt Bruno Pantz; 17 Jefferson Smith/Bere Architekten; 18 Micheal Winter/Bill Dunster/Zedfactory; 21 Ake E:son Lindman/Architekt Claesson Koivisto Rune; 22 Siehe Bild/Hufton und Crow/Sheppard Robson Architekten; 24 Alamy/Chris Batson; 25 Reiner Blunck/Stuchbury & Pape; 26 Science Photo Library/David Nunuk; 27 Edifice/Gillian Darley; 28 Laurent Rouvrais; 29 links Laurent Rouvrais; 29 rechts IPC/Living etc/Dan Duchars; 30 Simon Kenny/Architekt John Cockings 31 Siehe Bild Hufton und Crow/Stephen Robson Architekten; 34 Camera Press/MCM Philippe Garcia; 35 Narratives/Jan Baldwin; 36 Alamy/Jan Sandvik; 37 view Pictures/Hufton und Crow/Stephen Robson Architekten; 39–41 Michael Franke/Architekt Bill Dunster/zedfactory; 43 Camera Press/Coté Sud/Bernard Touillon; 44 Alamy/Pearlimages; 45 Photozest/C Fiorentini; 46 Alamy/Mark Bolton; 47 Lluis Casals/Architekt Victor Lopez Cotelo; 48 Photozest/Inside/D Vorillon/Archeo Architekten & Putnam Pritchard; 49 Contactsphotography/Jared Fowler/Architekt Donovan Hill; 51 Richard Davies/Seth Stein Architekten; 52 Elizabeth Felicelli/Pulltab Design; 54 links Reiner Blunck/Bischof-Partner; 54 Rechts Solatube; 55 links Simon Kenny/Architekt Bruce Rickard; 55 Rechts Michaelis Boyd Architekt/Richard Lewisohn; 56

Zapaimages.com/Conrad White; 57 Reiner Blunck/Bischof-Partner; 58 links Camera Press/MCM/Alexandre Weinberger; 58 Rechts Richard Davies/Architekten Seth Stein; 60 Simon Kenny Architekt John Cockings; 61 Laurent Rouvrais; 62 Simon Kenny/Architekt Bruce Rickard; 63 GAP Photos/Elke Borkowski; 64–65 Richard Powers/Bark Design Architekten; 66 Mainstream Images/Ray Main/architect Jonathan Manser; 68 Camera Press/MCM/Marie Kalt/Daniel Rozenstroch; 69 Simon Kenny/artist Jo Bertini; 70 links Alamy Andrew Butterton; 70 rechts Michael Franke; 71 oben Narratives/Architekt Annalie Riches; 71 unten IPC + Syndication/Living Etc/Paul Massey; 72 links Eco Space/Andy Spain; 72 rechts Mainstreamimages/Ray Main Baileyshome andgarden.com; 73 oben Mainstreamimages/Arch Mole Architekten; 73 unten Richard Barnes/Fougeron Architecture; 74–75 Simon Kenny/designer Genevieve Furzer; 76 links IPC + Syndication/Homes & Gardens/Tom Leighton; 76 rechts Camera Press/Coté Ouest Guillaume de Laubier; 77 links Taverne Agency/Prue Ruscoe Producer Tami Christiansen; 77 rechts Redcover.com/Winifried Heinze; 78 Michael Franke; 79 IPC + Syndication/Living Etc/Paul Raesdie; 80 Amy Eckert; 81 links Arcaid/Martine Hamilton-Knight; 81 rechts Jake Fitzjones www.burdhaward.com; 82 Interieurs/ChiChi Ubina; 83 oben Narratives/Jan Baldwin/architect Derick de Bruyn; 83 unten Michaelis Boyd Architekt/Richard Lewisohn; 84 Camera Press MCM/Jerome Galland/architects Anne Lacaton und Jean-Pierre Vassal; 85 oben Narratives/Jan Baldwin; 85 unten Michaelis Boyd Architekt/Richard Lewisohn; 86 links IPC +

Syndication/Living Etc/Thomas Stewart; 86 rechts Simon Kenny/architect Clinton Murray; 87 IPC + Syndication Homes & Gardens/Paul Raeside; 88 Mainstreamimages/Ray Main; 89 Paul Warchol/Seven Holl Architekten; 90 links Richard Powers/Harvey Langston-Jones Architekt; 90 rechts Simon Kenny/Architekt Clinton Murray; 91 Richard Powers/Architekt Harvey Langston-Jones; 92 Richard Powers/Lindsey Claire Architectus; 92–93 Taverme Agency/Nathalie Krag/Producer Tami Christiansen; 93 oben Simon Kenny/Morgan Dickson Architekten; 93 unten Simon Kenny/Architekten: Response Group/Perry ; 94–95 Degelo Architekten/Rudi Walti; 97 Narratives/Alejandro Mezza & Escalante/Diego Montero; 98 Camera Press/MCM/Catherine Ardouin; 99 The Interior Archive/Mark Luscombe-White/design Lindi Trost; 100 Linnea Press/Heidi Lerkenfeldt styling Pernille Vest; 101 Richard Powers/Jenny Kee; 102 Tim Pyne Creative Director m-house; 105 oben Jean-Baptiste Barache, Architekt DPLG; 105 Centre und unten Marcus Lee of FLACQ Architekten; 107 Paul Smoothy Shariar Nasser/Belsize Architekten; 108 oben Paul Smoothly/Shahrian Nasser Belsize Architekten; 108 unten Camera Press/MCM/Gaelle le Boulicaut; 109 oben Camera Press/MCM/V Leroux/Catherine Ardouin/Jacques Ferrier Architekten; 109 unten Richard Powers/MXA Development; 110–111 Michael Franke/FLACQ Architekten; 112 links Camera Press/Maison Française Gaelle le Boulicaut; 112 Rechts Narratives/Jan Baldwin; 113 IPC + Syndication/Marie Claire/Rebecca Duke; 114 links Narratives Quickimage; 114 Rechts Obie Bowman/Tom Rider; 115 links Mainstreamimages/Ray Main; 115 Rechts Richard Powers;

116 Arcaid/Alan Weintraub Architekt Howard Backen; 116 unten Media 10 Images/Edina van der Wyck; 117 Reiner Blunck/Stutchbury & Pape; 118–119 Camera Press/MCM Gilles de Chabaneix; 121 Baufritz; 122 links Mainstream/Ray Main lasdun.com; 122 Rechts Narratives/Alejandro Mezza und Ezequiel Escalante. Architekt Antonio Ledesma; 123 oben Redcover.com/Warren Smith; 123 unten links IPC + Syndicatin Living Etc/Mikkel Vang; 123 unten Rechts Narratives/A. Mezza & E. Escalante; 124 oben Auro Paints; 124 unten Holly Joliffe; 125 redcover.com/Paul Ryan/Goff; 127 Narratives/Jan Baldwin/Home of Alastair Hendy; 128 IPC + Syndication/Living Etc/Jennifer Cawley; 129 Camera Press/Home Anel van der Merwe; 131 Camera Press/ACP/Ute Wegmann; 132 Camera Press/MCM/Mai-Linh; 134 links Fab Pictures Thomas Ott; 134 Rechts Siehe Bild/Sue Barr/Robert Dye Associates; 135 Redcover.com/Dan Duchars; 136 Robert Dye Associates; 137 Robert Dye Associates/Julian Cornish Trestrail; 138 Above links Richard Davies/Architekten Seth Stein: 138 oben Rechts Timothy Soar/RDA; 138 unten Marcus Lee of FLACQ Architekten; 139 links Ake E:son Lindman Architekt Claesson Koivisto Rune; 139 Rechts Paul Smoothy/Shariar Nasser/Belsize Architekten; 140 Camera Press Maison Française/Francis Amiand; 141 Arcaid designed by Paxton Locher Architekten/Contact Alex Fergusson; 142 Arcaid/Backen Gillam Architekten; 143 Marcus Lee of FLACQ Architekten; 144 Simon Kenny/Architekten Lindsay und Kerry Clare; 145 oben Taverne Agency/Nathalie Krag/Producer: Tami Christiansen; 145 unter Michael Lee of FLACQ; 146 Simon Kenny/Architekten Lindsay und

Kerry Clare; 147 Arcaid/Associated Architekten; 148 Architekt Kevin Fellingham; 150 fabpics/Jésus Granada; 151 Ecoscene/Bruce Harber; 152 links Rex Features Geoffrey M Blackman; 152 Rechts Mainstream/Ray Main MichaelisBoyd.com; 153 Harpur Garden Images/Steve Putnam RHS Chelsea 2007; 154 Harpur Garden Library/Jeff Dutt und Philippa O'Brien RHS Chelsea 2003; 155 Camera Press/MCM/Gilles de Chabaneix; 156–157 Harrison Architekten/Contractor: CJR Associates/Photo Rob Harrison; 158/MMGI/Marianne Majerus; 159 Arcaid/Associated Architekten; 160 Gap Photos/Suzie Gibbons; 161 oben links MMGI/Bennet Smith, Holiday Inn Green Room, RHS Hampton Court Flower Show 2008, design: Sarah Eberle; 161 oben Rechts Gap Photos Photos/Pernilla Bergdahi; 161 unter Links Derek St Romaine design: Claire whitehouse, RHS Chelsea 2005; 161 unter Rechts Derek St Romaine/design: Scenic Blue, RHS Chelsea 2007; 162 links Derek St Romaine/design Michael Gallais, Chaumont-sur-Loire 2001; 162 Rechts IPC + Syndication Country Homes & Interiors/Tim Young ; 163 links Gap Photos//Elke Borkowski; 163 Rechts Derek St Romaine/design Cleve West; 164 Gap Photos/Leigh Clapp; 165 oben Eric Gizard Associé; 165 unter Simon Kenny/designer Genevieve Furzer; 166 Derek St Romaine; 167 MMGI/Marianne Majerus, design: Stephen Hall; 168 Gap Photos Leigh Clapp; 169 Harpur Garden;Library; 170 Simon Kenny/designer Genevieve Furzer; 172 IPC + Syndication Beautiful Kitchens/Kristen Chamley; 173 IPC + Syndication Carolyn Barber; 175 IPC + Syndication Living Etc/Nick Keane; 176–177 Marianne Majerus; 178 Camera Press MCM/Mai-Linh; 180–181 Camera Press/MCM/Gaëlle Le Boulicaut;

182 Ed Reeve/Adjaye & Associates Eurban; 184–187 Reiner Blunck Glen Murcutt; 188–191 Espen Grønli/Henrik E Nielson Arkitektur; 192–195 Richard Halbe/Zoka Zola; 196–199 Ed Reeve/Adjaye & Associates Eurban; 200–203 Camera Press/MCM Philippe Garcia/Catherine Ardouin architecte Jean-Baptiste Barache; 204–207 Doug Fogelson/DRFP Wilkinson Blender Architekten; 208–211 Simon Kenny/Roth Architekten Pty; 212–215 Siehe Bild/Artur/Frank A Rummele/Frieder Gros ; 216–219 Siehe Bild/ESTO Peter Aaron/Joel Sanders Architekten und Andrea Steele AND Architekten; 220–223 Ake E:son Lindman Architekt Claesson Koivisto Rune; 224–227 Simon Kenny/Sandberg Schoffel Architekten; 228–231 Whitney Sander Catherine Holliss, Sander Architekten; 232–235; Camera Press/Avantages/Paul Kozlowski; 236–239 Siehe Bild Peter Cook/Bere Architekten; 237 Bere Architekten/Jefferson Smith; 238 Siehe Bild/Peter Cook/Bere Architekten ; 240–243 Photozest Inside/Eric Saillet architect Bertrand Bonnier; 244–247 Richard Barnes/Anne Fougeron Architekten; 248 Marsh:Grochowski Architekten; 249 Michael Franke Marsh: Grochowski Architekten; 250 Marsh:Grochowski Architekten 251 links Marsh:Grochowski Architekten; 251 rechts Michael Franke/Marsh: Grochowski Architekten; 253 Reiner Blunck/Bischof-Partner; 272 Taverne agency/Nathalie Krag.

Es wurden alle Anstrengungen unternommen, um alle Inhaber vor Urheberrechten ausfindig zu machen. Wir entschuldigen uns im Voraus für jede unbeabsichtigte Auslassung und sind dankbar für jede angemessenes Rückmeldung, die wir in Nachauflagen gern berücksichtige werden.